K 이론

(Management for Korean Firms)

K 경영연구소 김성환 지음

한국능률협회

目　次

2부 K 경영관리의 Structure(계획, 평가, 임금 · 직급 체계)

3부 K 경영관리의 Technical System(직무와 인력의 관리)

5부 K 이론의 철학적 배경

結論 K 경영관리의 통합모델

序 K 이론이란?

K 이론(Management for Korean Firms)은 한국적인 것이라 불려지는 속성들에 대한 비판적 입장에서 출발한다. 여기서 '이론'이라 하였지만 이것은 Popper의 반증 가능성 기준(falsification criteria)을[1] 준거로 구축되어진 과학적인 이론이 아니고, 현재 한국에서 일어나고 있는 인사, 조직, 노사, 전략의 문제들을 총체적으로 분석하여 이를 가장 잘 설명할 수 있는 경영이론(management theory)의 틀과 기법들을 정리한 것이다.[2] 이 방면에서 전문적인 일을 하고 있는 사람들과 경영학자들 뿐만 아니라 노동운동을 하는 사람들과 회사원들 그리고 일반 독자들에게도 도움을 줄 목적으로 쓰여졌다. 왜냐하면 조직생활과 사회생활에서 일반인들이 부딪치는 문제와 고민을 다루고 있기 때문이다. 일차적으로는 경영관리를 책임지는 임원들에게 초점을 맞추었다.

문제의 출발은 "무엇이 한국적인 경영 풍토인가?"에 있다. 70년대와 80년대의 수많은 논문과 책자들에서 한국적인 경영 풍토를 동서양의 비교적 관점에서 집단주의, 가족주의, 가부장적 특질, 전문성보다는 인간적 品性의 우선시, 연공서열, 종신고용 관계 등으로 표현하였다. 그래서 McGregor의 X, Y 이론을 한국에 적용할 때 情이라는 또 다른 축이 집단과 개인 행동을 설명할 수 있음을 강조하기도 하였다. 기업들도 人和라는 말을 자주 쓰고 때마다 종업원들에게 人和에 힘쓸 것을 강조하였다. 노사관계에서도 노조 전임자들의 임금을 회사가 지불하여 왔고, 노사의 對立은 이해관계의 대립이기는 하지만 그것이 폭발하는 과정을 보면 매우 "非人間的(?)"인 사건이 촉발시키고 있었다. 이 점에서 보면 노무담당자의 가장 큰 무기는 포용력에 있었다고 볼 수 있다. 즉 따뜻한 마음으로 노동자들의 애환을 배려하는 것이다.

그런데, 90년대를 넘어서면서부터 회사는 "능력주의" 인사체계로의 전환을 서두르며 젊은 신진들을 발탁해서 경영일선에 포진하기 시작했다. 그러다 90년대 후반에서는 성과주의를 내세우고 있다. 명예퇴직이 고개를 들기 시작했고, 경영자로서의 전문적인 자질이 한층 더 요구되었다. 흔히 말해 왔던 이른바 "한국적"이라는 경영풍토의 틀이 변하고 있는 것을 쉽게 감지할 수가 있다. 아마 1990년대 초반을 분기점으로 보아야 할 것 같다. 그 이전부터도 변하고 있었지만, 大勢가 기울고 변화의 속도가 가속화하는 시점이 이즈음일 것이라는 것이다. 대체 어떠한 변화이고 또 어디를 향해 가는 것일까?

William Ouchi의 "Z"이론을 되새겨 보자.[3] 이에 따르면 日本기업의 특징은 종신고용, 일반경력관리, 집단적…이라고 특징 지워지고 있다. 그리고 이러한 속성이 조직의 응집력과 유연성을 제고하면서 一流기업의 기틀을 이루고 있다고 하였다. 그런데 日本은 변화하고 있다. 직장을 자주 이동하고, 전문성이 더욱 강조되며, 개인주의가 증가한다. 인사제도에 있어서도 연공보다는 능력과 직무가치를 우선하는 성과주의의 연봉제가 보편화 되어가고 있다.

日本사회의 이러한 변화는 80년대 후반을 기점으로 뚜렷하게 나타나기 시작했다. 이때부터 일본기업의 특질을 Z이론 같은 틀로 설명하는 문헌도 줄어들고 있다. 한국적인 것, 동양적인 것이 점차 퇴색되어 가는 것일까? 서양문물에 휩쓸려 우리들의 아이덴티티(identity)가 상실되고 있는 것은 아닐까? 세계경제의 중심부에 자리잡은 미국과 서구라파에 편입되는 주변부 포디즘으로의 변화인가? 아니면 일시적인 유행일까? 아니다. 이 변화는 유행도 아니고 종속경제에 의한 편입도 아니고 또 우리 것이 퇴색하는 것도 아니다. 종전의 일본 또는 한국사회의 이러한 특질들은 한국적인 것도 또 동양적인 것도 아니라는 사실에 주목할 필요가 있다.

이런 특질은 Gemeinschaft(공동사회)의 속성이라는 표현이 더 타당할 것 같다. 자본주의 경제구조의 기반이 들어서기 이전의 사회에서 동서양을 막론하고 지배적으로 나타나고 있었던 인간관계의 기반이 공동사회이다. 미국의 남북전쟁 이전의 남부 사회 또 중세의 유럽사회에도 있어왔다. 좀 거친 표현이긴 하지만 한 사회가 Gesellschaft (이익사회)로 이행하면 노동력의 이동이 증가하고 전문성이 강화되는 한편 개인주의가 두드러지게 된다. 그런데 왜 농경사회의 경제구조를 기반으로 한 Gemeinschaft의 사회·문화적 가치가 일본에서는 80년대 후반 그리고 한국은 90년대 초반까지 지속되는가? 이런 현상을 두고 어떤 학자들은 문화 지속론을 주장하기도 한다. 유의할 점은 경제구조가 변하였다고 사회·문화적인 분위기가 금방 뒤따라 달라지는 것은 아니라는 것이다. 때로는 1-2세기가 걸리기도 하고 현대 한국과 일본사회의 경우는 약

30-40년의 시차가 필요했던 것으로 보여진다. 애초에 이 문제는 문화·정치구조(상부구조 ; super-structure)와 경제·기술구조(하부구조 ; infra-structure)의 관계에 대한 古典的인 논의의 하나이다. 양자의 관계는 interaction이 있다. 어느 것이 먼저이고 어느 것이 나중인지는 꼭 분간하지 않더라도 경제구조의 변화는 사회·문화구조에 영향을 주는 것이 정설이다. 당연히 우리사회도 Gesellschaft의 속성이 인간관계의 주류를 이루게 되어 갈 것으로 想定된다.

한국적이라는 특수성을 강조하는 논의에서는 변하지 않는 것 또는 변해서는 안되는 속성에 초점을 두기 때문에 이러한 변화에 다분히 저항감을 가질 수 있다. 그러나 그것이 공동사회(Gemeinschaft)의 속성임을 알게 되면 굳이 붙들고 지켜야 할 가치관으로 받아들일 필요가 없고, 따라서 능동적인 변신을 구사할 수 있게 된다. 21세기를 목전에 둔 한국사회의 문화변동이 농경사회에서 산업사회로의 이행과정에서 발생하는 문제였다니 자못 놀라움을 감추기 어렵다. 그렇다. 21세기의 정보화, 세계화로 이어지는 현대 한국사회에 있어 인간관계 변화의 주류를 형성하고 있는 특징은 공동사회(Gemeinschaft)에서 이익사회(Gesellschaft) 사회로의 이행에 있다.

그래서 K이론이 추구하는 바는 한국 사회의 고유의 변하지 않는 특질을 찾아 한국적 정체성(identity)을 부여하자는 것이 아니고, 이와 같이 우리사회가 이익사회로 변화하는데에 대한 총체적인 분석을 토대로 조직, 인사, 노사, 경영전략에 대한 보다 통찰력 있는 해석을 내리기 위한 것이다. 현장 실무를 하는 사람들은 매우 기민하게 이러한 변화에 대처한다. 실무를 통하여 방법(know-how)을 터득한다. 그러나 요즈음 같이 변화의 폭이 크고 관련된 변수가 많아지면 한 걸음 더 나아가 근거(know-why)에도 주목하여야 한다. 왜 그런 현상이 일어나고 있고 또 어떻게 대처했더니 효과적이었는가를 다시 한번 되새기는 일은 이론의 몫이다. 이런 점에서 보면 理論은 현실과 떨어진 것이 아니고 실천(action)을 위한 개념이고 틀인 것이다. 유명대학에서의 학위가 곧 실력을 의미하는 것이 아닌 것처럼 이 방면에서의 오랜 실무와 성공이 정답을 보장하는 것은 아닐 것이다. know-how와 know-why의 씨줄과 날줄로 엮어 우리 기업에 유용한 개념과 기법들을 찾아 나서자.

한국 기업에 있어 경영은 여러 가지 요인들이 복잡하게 얽혀 전개되고 있기 때문에 實

用的인 代案을 찾기 위해서는 총체적인 사고와 경험이 필요하다. 이를 위해서는 이익 사회의 전형인 美國을 一次的인 Model로 삼아 한국사회의 현재의 변화과정을 가늠하 면서 이를 수정 보완하여야 한다.[4] 기업 경영문제에 관한 한 미국에서 실험과 검증을 통해 개발되는 경영 기법들은 전세계적으로 약 90%정도가 전파되고 있다 해도 과언 이 아니다. 우리들이 필요한 것은 이렇게 수많은 실험을 통해 개발된 풍부한 기법과 개념들을 주저 없이 섭렵하는 일이다. 일본 역시 그들의 응용력은 배워야 할 대상이 다. 한국의 현실은 巨視變動의 틀로 보아야 한다. 이에 대하여는 Europe 전통의 사 상 특히 辨證法은 이러한 한국사회의 거시적 變化와 그 複合性을 파악하는데는 놀라 운 통찰력을 제시해준다. 韓國的인 것도 Europ인 것도 日本的인 것도 그 특수성을 지나치게 과장해서는 안되며, 지역적인 다양성(divergency)이 있을 뿐 Management이론의 보편적 중심은 하나이다. 실용적인 시사점은, 보다 보편적이 고 풍부한 것을 指向해야 한다는 것이다.

이제 K이론이 당면한 구체적인 문제들을 일별하여 보자. 선진화할수록 차갑게만 느껴 오는 향후 우리 기업사회에 꽃피울 수 있는 미덕과 가치관은 무엇일까? 기업은 점차 강력해지는 사회의 倫理的 요구를 어떻게 처리해야 하는가? 개인주의는 어떻게 평가 할 것인가? 나쁜 것일까? Team과 개인과는 배타적인 개념인가? 직능자격제도 중심 의 신인사제도는 앞으로 어떤 점을 보강하여야 하는가? 목표관리(MBO)는 또 하나의 다른 경영혁신 기법인가? 민노총의 미래는 무엇일까? 노사협력의 실질적 기반은 무엇 일까? 왜 기업문화는 조직 하부까지 침투하지 않는 것일까? 우수기업의 조건은 유연 성일까? 유연성은 어디에서 올 수 있는가? TQM보다 시급한 과제가 있지 않을까? 기 성세대는 요즈음 유행하는 신세대의 노래를 배워야 하는가? 연봉제 개념이란 무엇일 까? 돈은 무엇을 의미하는가? 임금관리의 주요변수는 무엇일까? Team제는 어떤 문 제점을 안고 있는가? Re-engineering이 성공할 수 있는 가장 큰 요인은 무엇인가? Leadership은 어떻게 발휘하여야 하는가? 전략적인 의사결정 이전에 정비해야 할 일 은 무엇인가?…이러한 문제들에 대하여 앞으로 하나하나 답하여 가도록 하자. 그러나 그 답은 1 對 1의 응답은 아니고 이러한 문제들이 안고 있는 구조적인 요인에 대한 분 석을 통해서 답은 얻어질 것이다. 우리는 위대한 理論(Grand Theory)을 찾아 나서지 않는다. 우리가 주변에서 흔히 부딪치는 문제들을 제대로 볼 수 있는 실용적인 개념의 틀과 실천기법들을 정리하여 갈 뿐이다.

1부. "총론 ; K Culture Transformation"에서 기업문화를 話頭로 그것이 그저 좋은 말이 아니라, 우리 기업들이 당면한 실제 문제들을 풀어 가는 데에 기업문화가 어떻게 활용될 수 있는지를 예시하고 있다. McKinsey의 기업문화에 대한 7S모델을 적용한 LG그룹의 경우, 기업문화가 하부조직의 구체적 사안에 침투하지 못하는 것은 그것이 가치 중심의 처리 방법이었기 때문이다. 이런 점에서 우리는 HP를 주목해야 한다. HP에서 기업문화는 경영전략을 실현하기 위한 조직의 운영방법으로 자리 매김되고 있으며, 이는 개개인의 행동규범의 틀로서 인사고과의 항목으로 처리되고 있다. 또한 기업문화는 현재 우리 나라 기업의 변화 속에서 발생하는 사람들 사이의 인식의 차이와 가치관이 상충하는 부분을 발전적으로 재해석해 내는 작업인 것이다. 목표관리를 제반 경영혁신을 통합하는 hard-ware로 본다면, 기업문화는 soft-ware에 해당한다. Style로서의 기업윤리의 성격과 그 처리방법 그리고 경영관리 기법들과의 연계성을 언급하면서 K 경영관리 통합모델의 윤곽을 제시한다.

2부. "K 경영관리의 Structure"에서는 목표관리를 통해서 계획하고 평가하는 경영의 기본 process와 이를 임금에 어떻게 반영하는가를 살펴본다. 그리고 임금체계를 중심으로 현행 한국기업의 인사관리제도의 문제점들을 제시하고 성과주의를 반영하는 방법들을 제시하였다. 임금 체계는 그 형식이 중요한 것이 아니라, 실질적으로 임금 총액(재원)을 개인별, 집단별로 장·단기적으로 차등화 시키는 문제에 관련된 변수 처리가 핵심이 된다. 그리고 임금차등화를 위한 개인 집단 평가의 관건은 목표관리에 있다. 그러나 우리 나라에서는 이 문제를 일본이나 미국에서 시행하던 제도를 그대로 답습해서는 무리가 따른다. 생각보다 고려해야 할 사항들이 많이 깔려 있다. 근본적으로는 임금과 인사 그리고 조직운영의 기본은 직무분석에서 출발한다는 점을 상기할 필요가 있다. 그런데 우리 나라에서 이 직무분석을 엄격히 시행한다는 것은 시간과 비용이 매우 많이 소요될 뿐만 아니라 그 실효성도 의문시되고 있다.

3부. "K 경영관리의 Technical System ; 직무와 인력의 관리"에서는 현행 팀제와 인력관리에서 나타나고 있는 제반 문제점들을 서술하고, 그 실천적인 대안으로 Activity Matrix를 제시하였다. 이는 직무분석보다 기술적으로 간편하고 훨씬 유용한 방법으로서, 팀단위로 직무의 요소인 과업(activity)을 분류하여 난이도 별로 등급을 매겨 놓는 것이다. Activity와 함께 이를 수행하기 위한 과업수행요건

(qualification)을 전문적 자질(technical skill)의 측면에 한정하여 구체화하고, 기업문화에서 구체화된 행동규범과 태도 및 의사결정 능력 등을 일반적 자질(general skill)로 크게 묶어 처리하는 것이다. 이 Activity Matrix는 인사와 조직운영의 기본이 되는 것으로서, 직능자격제도의 사람중심을 일 중심으로 개선할 수 있는 토대가 되기도 하며, 이것 없이는 경영혁신은 자칫 관념적으로 흐를 위험이 있다.

4부. "K 경영관리의 Practice"에서는 실제로 K이론을 경영현장에서 실천할 때에 유념하여야 할 점을 서술하고 있다. 우선은 Module의 방법을 활용하여 이를 집단학습의 토대로 삼고, 다음으로는 조직의 실체가 움직이는 역학관계를 파악하는 일이다. 이어서 리더십을 발휘하는 기본적인 자세에 대하여 언급하였다. 협력적인 노사관계에 있어서는 근원적인 접근의 토대를 제시한다. 리더십과 관련하여 우리는 너무나 좋은 말에 현혹되어 있다. 말 이전에 정말 우리 기업에서 필요한 것이 무엇이고 직원들을 통솔할 때에 필요한 것이 무엇이냐를 따져 보아야 한다. Empowerment가 무엇이고, leadership이 무엇인지, 그리고 그것이 왜 필요한지를 리더인 팀장의 입장에서, 관념이 아닌 실제문제에 견주어 보면서 파악해야 한다. 우리에게 필요한 것은 멋부리기 보다는 기본을 잘 지키는 데에 있다. 그것이 바로 멋이다.

5부. "K 이론의 철학적 배경"에서는 공동사회에서 이익사회로의 이행축에서 기업을 둘러싼 우리 사회의 인간관계와 사회생활의 변환을 서구라파 지성인들이 즐겨 쓰는 변증법과 유물론의 시각에서 설명하고 있다. 경영학 원론도 다시 읽어야 할 필요성과 그 내용을 제시하고 있다. 경영학의 시조라는 F. Taylor의 과학적 관리를 제대로 이해하는 방법과 함께 한국기업들에게 유용한 개념의 틀을 설정하였다. 또한 사회학의 과제이기도 한 조직의 Integration 문제를 언급하면서 진정한 Politics의 의미를 되새기고 있다.

결론에서는 지금까지 언급된 사항들을 기업의 현업 관리자의 입장에서 Strategic, Cultural, Systemic한 차원에서 요약 정리하면서, 실천 가능한 K 경영관리의 통합 모델을 제시하고 있다.

독자는 결론부터 읽어 가면, 실용적인 측면에서 전체 내용을 파악하기가 쉬울 것이다.

각장 마다 각주와 Q & A (Question & Answer)를 수록하였는데 각주에서는 학술적인 주제에 대한 근거 문헌과 논의를 보강하였고, Q & A에서는 필자가 관련된 내용을 전달하면서 흔히 질문 받은 바 있는 사항에 대하여 답변하였다. 골치 아픈 주제를 싫어하는 독자는 5부, "K이론의 철학적 배경"과 각주를 생략하고 읽어도 된다.

미비한 부분들이 많이 있으나 추후 보완 드릴 것을 약속한다. 독자의 비평과 공개적인 토론을 언제든 환영한다. 知的인 흐름은 오세철 교수와 그의 제자들과 함께 한다. 기업체에 계신 분들도 실태조사를 많이 도와주시고 실제적인 문제점도 제기하여 주었다. 롯데그룹의 이승희 부장님, Philips의 맹중호 부사장님, LG그룹의 김영기 이사님, 김영수 이사님, 삼성중공업의 박원용 담당님, 코오롱의 김형권 이사님, 동부그룹의 김인환 이사님, ACE Consulting의 조재용 사장님, 현대자동차의 이창우 이사님, PSI consulting의 손원일 대표님, 중앙대학의 정연앙 교수님, 경총의 양병무 박사님과, 안희탁 박사님, Infinite의 박병천 사장님, 대우전자의 양재열 사장님과 배순훈 회장님. 표지 디자인과 책의 구성을 맡아준 Design Connections의 김혜옥 박사님께 감사를 더한다. 이 책이 나오도록 실타래를 풀어준 우리 노무법인의 문강분 노무사와 동료 노무사들에게 감사한다. 일러스트는 이양금씨가 수고하였다. 컨설팅을 같이 하였던 박우성 박사, 강정애 박사, 신택현 교수 그리고 특히 김영진 교수는 이 책의 공범이기도 하다.… and all my love to my daughter & wife!

![각주]

---

1. Karl Popper, "Science : Conjectures and Refutation", 1972, London
현대 철학사조의 양대 산맥은 Frankfurt학파와 Vienna Circle이다. 후자에 속하는 Popper는 과학성의 기준을 경험이나 실험적인 데이터에 의하여 반박 가능한(falsifiability, refutability or testability) 형태의 서술에다 두고 있다. Marxism이나 Psychoanalysis는, 설명력이 풍부한 이론들이긴 하나, 이러한 이론들은 한 번 그 틀 안에 들어가면, 좀처럼 그 오류를 어떤 데이터에 의하여 반박할 공간을 찾기 힘들어서 진정한 과학성에 근거한 이론들이라고 할 수가 없다고 한다.

2. 경영학에서도 Popper의 과학성이 필요하다. 이러한 방법으로 지식은 견고하게 축적이 되어 간다. 그리고 그의 "열린 사회의 적들"이라는 저서에서 밝힌 역사주의의 위험성도 귀담아 둘만한 점이다. 그러나 경영의 세계는 워낙에 많은 변수가 작용한다. 인간 세상에 해당되지 않는 것이 별로 없다. 이를 두고 경영학이 science냐 art냐는 논의가 있다. 대부분의 사람들은 art라고 한다. 미국의 유수한 경영대학원에서도 MBA의 중심은 문제 해결능력에 두고있지, 과학적인 진실성에 있는 것이 아니다. Harvard대학은 박사학위를 Ph. D(Doctor of Philosophy)라 하지 않고 DBA(Doctor of Business Administration)이라고 한다. 필자의 견해도 경영학은 art의 영역이라고 본다. 때문에 professionalism이 중심 개념이고 이 경우 그 기준은 "exhaustivness ; 철저함"이어야 한다. 여기에 더하여 Herbert Simon이 말한 Bounded Rationality에 따라, 상황에 적합한 정교함이 신속성과 실용성에 결합되어야 한다.

3. Ouchi교수의 Z이론의 중심 개념은 solidarity이다. Z이론은 일본기업 뿐만 아니라 미국 등 전세계의 우수기업에서도 그 효율성의 근거가 solidarity에 있다는 것이다. 기업에서는 이를 조직응집력이라 표현하기도 한다. 그러나 일본적인 집단의 특성은 clan으로서(Z이론에서 무려 17번을 언급하고 있다), 이해관계를 둘러싸고 장기적인 의리로 똘똘 뭉친 집단이다. 그가 언급한 Emile Durkheim의 Solidarity의 개념 중에서 Organic Solidarity의 개념과는 거리가 먼 것이다. Clan의 속성은 동질성과 획일성을 주로 하는 Mechanical Solidarity에 속하는 것으로 Gemeinschaft의 특질이기도 하다. 80년대 후반까지 서구인들의 눈에 비친 일본인과 일본기업의 가장 큰 특징은 이것이다. 그러나 일본도 이익사회로의 전환으로 집단의 동질성과 획일성에 의한 집단응집력의 한계가 드러나기 시작했다. K이론은 바로 이 틈새에서 출발한다.

4. SYMLOG라는 기업문화 진단 모델을 한국적인 정서와 문화를 반영하여, 유지지향, 친화적, 보전적, 창조적이라는 네 가지 축으로 변형시킨 모델이 있다. 필자는 이 모델을 기업문화 진단에 여러 차례 활용하였다. 그리고 이들 항목들에 factor analysis를 적용하였는데, 12개 내지는 13가지의 factor로 갈라져 나갔다. 다시 말하자면 이 설문에 대한 응답자의 관심과 성향은 이상의 4가지 축 보다는 12-13가지로 분산되고 있다는 것이다. 따라서 이상의 4가지 축으로 구분한 것의 의미와 타당성(validity)이 의문시된다. 한편, 12-13가지로 갈라져 나간 factor들의 성격은 업무라는 축으로 문화 유형을 설명하는 힘이 컸다. 미국에서 개발한 SYMLOG의 주요 변수인 것이다.

1부 총론 ; K Culture Transformation

1장　기업문화와 경영전략

「기업문화는 전략을 담는 그릇으로서 의식·제도·관행으로 구성된다」

1. 실용적인 과제

기업문화가 한창 유행하던 90년대 초까지. 돌 쪼개는 사람의 비유를 많은 사람들이 기억한다. "돌을 쪼개는 세 사람에게 각기 지금 무엇을 하느냐고 물었다. 첫째 사람은 돌을 쪼개고 있는데 왜 묻느냐고 반문하였다. 둘째 사람은 교회를 짓고 있다고 하였고, 셋째 사람은 하나님의 집을 짓고 있다고 하였다. 이중에서 셋째 사람은 자신이 하고 있는 일의 궁극적인 의미를 말하고 있었다. 이처럼 기업문화는 그 기업이 존재하고 있는 궁극적인 목적을 설명하는 틀이라는 것이다."[1] 이와 같은 시각은 한 사회가 공동사회의 특징이 주를 이루고 있을 때에는 기업 구성원의 결속과 동기 부여에 중요한 역할을 하고 기업과 사회를 잇는 정신적인 틀이 될 수는 있다.

그러나 이러한 시각은 이익사회에서는 설득력이 약할 뿐만 아니라, 상대적 가치체계에 속한 기업활동에 절대적인 가치체계를 단선적으로 부여하는 오류를 범할 수 있다. 그보다도 우리 기업들에게 시급한 일이 있는데 그것은 자신이 하고 있는 일을 통해 만들어내는 물건과 용역이 어떠한 것이기에 무엇을 어떻게 해야 된다는 것을 선명하게 설명하는 일이다. Product-concept가 출발점인 것이다. 앞의 예에서 들었던 돌 쪼개는 사람에게 당신이 쪼개는 돌의 용도가 무엇이고 어떠한 형태의 교회당을 지어야 한다는 것이 중요한 message이다. 그 교회의 모습이 중세의 고딕 사원을 방불케 하는 세기의 건축물인지, 시멘트로 평수를 넓혀 많은 사람을 수용하게 되는 회당인지를 모른다면 돌을 쪼개는 사람은 엉뚱한 방향에서 작업을 하게 된다. 여기에다 존재의 궁극적인 의미가 필요하다면 충분히 해석되어진 business의 언어로 환원하여 설명되어져야 하는 것이다.

그러려면 여러 가지를 고려해야한다. 한 기업의 영업상황, 향후의 중장기 계획, 기술적인 조건, 그룹총수의 열망, 조직의 분위기, 경쟁사와의 차별화…등이다. 기업문화는 이런 것으로부터 '말'을 만들어 내는 일이다. 다시 말하자면 product-concept라는 중요한 실체와 이를 둘러싼 여러 운영조건들이라는 실체가 있는데, 이를 사회적인 의미의 場[2]에서 말이라는 구어체, 그것도 간결하고 상징성 있는 표현으로 환원하는 것이다. 중요한 것은 실체(substance)가 반드시 있고 이를 상징화하는 것이어야 한다. 실체와 다른 표현을 하면 의사소통에 오히려 걸림돌이 되어 서로들 다른 해석을 내리거나 엉뚱한 생각과 말을 하게 되고, 공허한 말이라는 것을 알면 오히려 냉소와 불신을 조장한다. 기업활동의 궁극적인 목표가 어디에 있는 것일까? 아무리 생각해 보아도 필자가 보기에는 business는 business이다. 이것을 국가와 인류, 또는 이웃과 사회와의 관계에 대한 의미를 우선적으로 내세우려 해서는 기업활동의 부차적인 의미를 과장하게 될 뿐이다. 기업은 돈벌려고 잘 팔리는 재화와 용역을 만들어 팔 뿐이다. 결과적으로 사회에 공헌한다. 현대사회에서 그 존재를 아무도 부정하지 않는다. 그 운영 방법만을 따지고 들뿐이다. 핵심은 어떤 종류의 재화나 용역을 어떤 식으로 만들어 파느냐에 경영 전략에 있다. 이것이 기업문화의 핵심이다. 기업문화는 말이다. 말을 했으면 실천해야 한다. 그러려면 실천하기 어렵거나 불필요한 말은 오히려 안하느니만 못하다. 후술하겠으나, 직원들에게 제시하는 행동과 사고의 지침은 바로 인사고과의 평가항목으로 이어져야한다. 그냥 해 본 희망사항이 아니라 대안의 모색 속에서 찾아진 실천지침이어야 한다.

2. 기업문화에 대한 시각

기업경영의 주축은 사람이 아니라 일이다. 또 조직보다는 전략이 우선한다. 인적자원의 중요성이 강조되는 것은 인사를 위한 인사 또는 조직을 위한 조직이라는 의미와는 매우 다르다. 인사·조직을 잘한다는 것은 현업과 전략을 잘 지원하는 것이다. 인간적인 배려나 조직적인 팀웍이 중요하지 않다는 것이 아니라 일과 사람은 Matching 되어져야 하나 그 기본은 일에 있는 것이다. 조금 도식적이긴 해도 이해를 돕기 위하여 경영의 축을 대별하면 다음과 같다.

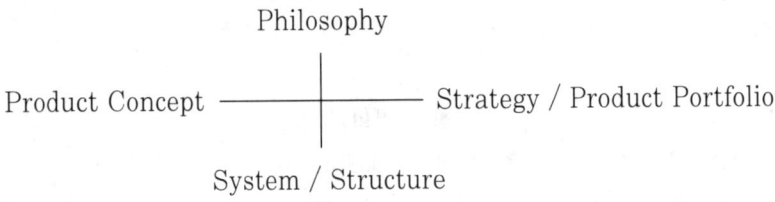

Y軸이 기업의 경영이념을 구체적인 틀로 구현하여가는 조직과 인사의 경영관리 축이고 X축이 기업경영의 첫 출발점인 product concept와 그 집합인 product portfolio를 결정짓는 strategy와 policy의 일 중심의 축인 것이다. 지금껏 기업문화는 Y축을 중심으로 설정되어 온 것이다. 그러다 보니 기업문화를 우선하여 역으로 product concept와 전략 및 부문별 운영방침을 찾아 나서거나 이와는 관계없는 말을 하게되는 어색한 국면에 접어들게 되는 것이다. 이점이 바로 기업문화가 "나"에게는 어떤 의미가 있고, 무엇을 어떻게 하라는 방향을 설정하는 틀로 작용하는데에 한계가 있다.

기업에는 일과 사람이 있다. Managerial Grid[3]에서는 일과 사람에 대한 배려를 동시에 높이는 방향으로 조직개발을 제시하고 있다. 또 인사가 경쟁력의 핵심이라는 J. Pfeffer의 "Competitive Advantage through People"[4]을 잘못 읽으면 일보다 사람이 더 중요한 것으로 오해 할 수도 있다. 우리 나라 인재육성형 인사제도가 표방하는 것도 인재확보라는 일 중심의 표현과 대비되어진다, 같은 말이기는 하지만… 기업문화 역시 조직운영이라는 측면에서 출발되어져 왔다.

이제 기업문화의 출발이라는 것이 이해되었을 것이다. 기업문화는 전략을 담는 그릇이다. 전략에 따라 그릇모양을 다듬어야 하고 그릇에 따라 전략을 가늠해야 한다. 따라서 기업문화의 출발은 기업의 전략적인 policy에서 출발하여 조직 운영과 개개인의 사고와 행동으로 이어져야 한다. 미국의 HP와 IBM에서는 조직운영과 그 주안점을 부각시키는 경영과 행동의 원리를 기업문화로 제시하고 있으나 이 역시 전략적 상황과 이에 대처하는 product concept를 중심으로 하는 policy를 염두에 두고 진행한 것이다. 더욱이 미국은 이미 직무급체계의 운용으로 사람의 문제는 직무와 전략을 우선하여 이를 지원하는 상황인 바, HP와 IBM 등의 기업문화는 전략과 직무를 간과하지 않으면서 그 역할을 잘 수행하고 있었다. 그러나 일본을 거쳐 우리 나라에 유입되어진 기업문화 형태는 추상적인 형태의 이념체계였다. 일본과 한국이 Gemeinschaft의 인간관계 구조를 갖고 있는 시기에 이러한 이념체계는 강력한 힘을 발휘할 수도 있는 것이나 이제 한국은 90년대 초반을 기점으로 인간관계는 Gesellschaft의 양상이 보다 지배적으로 나타나고 그 추세는 가속화되어진다. 이런 점에서 보면 현재와 미래는 우리 나라에서도 기업문화의 형태는, 보다 기능적인 방향에서 전개되어져야 할 것이다.

3. 전략과 기업문화

많은 사람들이 McKinsey가 구사하는 7S 모형의 진의를 오해하고 있다. Shared Value가 모형의 중심에 놓여 있는 것이다. 그러나 실제로 McKinsey는 Shared Value를 다른 방법으로 해석하고 있는 것이다. 바로 기업이 가져야 할 공유가치는 경영 전략에서 나오는 점이다. 그 이유는 전술한 바와 같다. Alfred Chandler의 Structure의 개념을 현대적으로 재해석하면 광의의 의미의 기업문화에 해당한다. 쉬운 표현으로 Chandler는 Strategy & Structure라는[5] 표현을 쓰고 있다. Structure라는 개념은 전략을 담는 그릇으로서의 기업문화이다. 기업의 생리 또는 기업의 구조라는 표현을 할 수 있다. 이 그릇이 광의의 기업문화이다. Structure라는 표현도 있고 또 Strategy Implementation 는 표현도 쓴다. 작전이 서면 그 작전을 수행하기 위한 편제와 행동지침, 그리고 명분과 의미를 부여한다.

전략과 기업문화는 상호관계에 있다. 전략수립에서 기업의 문화를 알아야 하고 또 역으로도 기업문화를 구축할 때에 전략에서 출발하는 것이다. 전략과 기업문화의 관계는 생각보다 긴밀하다. 모택동은 장개석과의 전투에서 게릴라전을 펼쳤다. 정규전으로는 초전에 박살날 것이 분명하다. 그의 군대와 민심, 다시 말하자면 전력의 특징으로 보아 게릴라전이 알맞다는 것이다. 그리고 게릴라전에 알맞은 조직을 꾸려 나갔다. 우리 나라 재벌들의 기업확장이 문어발처럼 보여도 흐름이 있다. 건설을 주종으로 하던 현대 그룹이 중공업 분야에 선두주자가 되었던 것은 우연이 아니다. 무역과 M&A를 잘 구사하는 대우, 섬유와 소비재를 기반으로 하던 삼성이 그들 직원의 모습과 말투 그리고 상거래의 style에서 각 그룹의 체취가 물씬 풍긴다. 이들 그룹들은 21세기를 목전에 두고 주력업종에 대한 전략을 토대로 체질을 가다듬어 간다.

다음으로 보면 7S 모형처럼 shared value를 중심으로 나머지 5S(Structure, System, Skill, Style, Staff)를 처리하는 것도 무리이다. 공유가치 내지는 의식으로 조직내부를 정돈하는 것은 자칫 ideology 성향을 띄울 우려가 있다. 그래서 필자는 기업문화의 내부구성 요소를 의식(Shared Value), 제도(System) 그리고 관행(Practice & Process)의 삼각 구도로 할 것을 제안한다.[6] 제도가 아무리 바뀌어도 의식이 변하지 않으면 안된다고 한다. 그런가 하면 제도를 만들어도 리더십을 발휘해서 실천하지 않으면 허사라는 것이다. 삼박자가 맞아야 한다. 의식이 바뀌고, 제도가 개선되고, 이를 최고 경영자부터 실천하는 리더십이 발휘되어 관행이 바뀌어야 한다. McKinsey는 기업의 문화를 기업 경영의 구체적인 사안과 연결했다는 점에 있어서 매우 큰 공헌이었으나, 자의적으로 7S를 만들려고 한 뉘앙스가 있다.

이제 이러한 사항들을 하나의 모델을 통하여 상호 연관성을 살펴보자.

4. 전략 문화 경영 Model

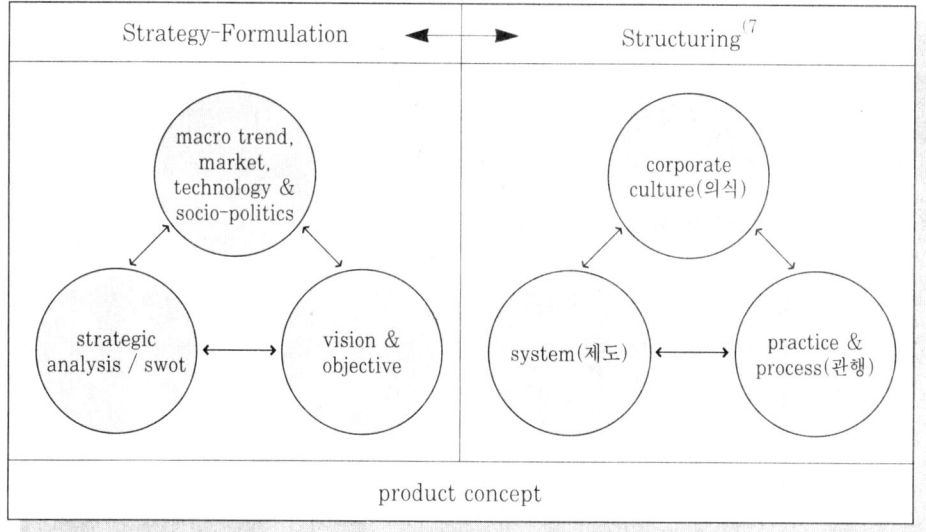

- Product Concept를 주축으로 한다.
- 전략수립과 조직의 구축(Strategy & Structure : A. Chandler)사이의 상호관련성 : 조직의 역량은 전략수립의 주요 변수이다.
- Structure(광의의 기업문화)는 전략을 담는 그릇이고, 의식, 구조, 관행으로 구성된다.

1) 전략과 Product Concept

회사 영업의 핵심에는 "Product Concept"이 있다. 환경요인과 자사의 장단점 그리고 경쟁상황을 고려한 전략수립의 요체는 어떠한 제품과 서비스를 어떻게 공급하는가에 있다. 전략은 이 제품 Portfolio를(제품군) 어떻게 구성하여서 이를 위한 회사운영 체계를 수립하는 일이다. 우리들의 consulting경험으로는 많은 기업들의 중장기 경영계획에서 이점을 간과해서 總量的인 분석과 Vision 그리고 기업문화와 운영체계의 구성에서 실패하는 사례들을 목격하였다. LG그룹의 경우처럼 Product Portfolio는 culture unit을 형성하고 이 culture unit사이의 synergy 효과증대 방안 그리고 각 culture unit별로의 중장기 경영계획의 수립이 필요하다. 바로 culture unit의 묶음이 全體的인 planning이 되는 것이고 culture unit와 product별로 사업부 및 팀제의 planning이 수립되어야 business의 실체를 중심으로 하는 중장기 비전과 이를 위한 광의의 기업문화체계를 형성하게 된다. 그룹에 있어서도 그 그룹이 주력하고 있는 industry에 따라 기업의 문화는 달리 표현한다. LG그룹이 "사랑해요"라는 slogan을 내는 것은 그룹의 주력이 소비재 상품이기에 적절한 것이지, 현대그룹과 같이 포장하지 않아도 되는 상품들(조선, 건설, 기계)인 경우 그와는 좀 다른 기업문화를 형성하는 것이 당연하다.

2) 전략수립의 Process(Strategy Formulation)

SWOT(Strength, Weakness, Opportunity, Threat)분석이라 일컬어지는 전략분석의 기법은 실제에 있어서는 환경요인과 내부역량의 평가와 대비라는 도식적인 분석으로는 경영의 dynamics를 파악하기 힘들다. 물론 이러한 요인들이 분석에 포함되어야 하는 것이지만 이는 product concept를 중심으로 key success factors들의 관점에서 macro trend(경영환경)와 조직구성원의 의지와 역량을 재조명해서 실제로는 수 차례에 걸친 feed-back과 trial & error를 통하여 strategy는 찾아진다. 또 culture unit별로 objective 설정과정에서 구체적인 사업부문의 현장과 접목되면서 전체적인 vision은 다듬어지게 되는 力動的인 process를 갖고 있다. 원래 business는 dynamic한 것이기 때문이다.

3) 전략과 기업문화와의 관계(Structuring)

비전, 경영방침, 경영이념, 행동이념과 같은 기업이념은 좁은 의미에 있어서의 기업문화이다. 그러나 기업의 문화는 McKinsey가 제시한 7S(Shared Value, Strategy,

Structure, Style, Staff, System, Skill)를 포괄하는 조직전반의 Planning과 Administration 기능의 統合을 의미하고 그래야만 文化는 공허한 것이 아니고 現業에 직접적인 영향을 갖게 된다. 여기에서 우리들이 접근하는 것은 Strategy를 별도로 분리하여 Chandler가 설파한 Strategy & Structure의 개념으로서의 Structure에 해당하는 것을 기업문화라고 부른다. 즉 광의의 기업문화는 전략을 담는 그릇에 비유된다. 그리고 또한 Shared Value는 절대적인 것이 아닌 조직구성의 三要素인 Shared Value(의식), System(제도) 그리고 Process & Practice(관행)의 한 요소로 다룰 것을 권유한다.

1. 전 문화체육부 장관이었던 이어령 씨의 말이다. 이분은 한국통신 등 여러 기업의 기업문화 설정 작업에 조언 하셨고, 특히 기업이 문화활동을 지원하는 메쎄나 운동을 일으켰다. 이어령 장관의 의도는 프랑스 드골 행정부의 문무성 장관을 지냈던 작가 앙드레 말로의 '고급문화를 대중에게로' 라는 슬로간을 연상케 한다. 문화를 박물관과 예술의 전당에 가두어 두지 않고 일반인의 생활에 침투시키자는 뜻이다. 당연히 이어령 장관의 의도는 기업내에서 살아가는 직장인들에게 그 생활 자체에서 문화적인 향기와 가치를 느낄 수 있는 방안을 기업문화에서 찾고 있었던 것으로 생각된다.

2. 장(field)이라는 의미는 자연과학에서는 磁場의 場과 같은 개념이다. 磁場이라고 할 때에 磁氣의 흐름이라는 각도에서 시간과 공간을 바라보게 된다. 사회적 의미의 장이란 기업의 중추적인 활동과 연관된 사람들의 perception과 또 여러 사람들 간의 관계에서 서로 주고받는 말과 무언의 communication이 발생하는 dimension이라고 표현할 수 있다. 場이라고 할때에는 흐름과 분위기의 力學관계를 주목하게 된다.

3. Robert R. Blake and James S. Mouton, "Building a Dynamic Corporation through Grid Organization Development" Addison Wesley, 1969

4. Jeffrey Pfeffer, "Competitive Advantage through People" HBS, Press, 1994

5. Alfred D. Chandler, "Strategy and Structure", MIT press, 1962

6. Pierre Jarniou, "L'entreprise comme système politique" Puf, Paris 1981

Jarniou의 용어로는 Culture, Structure(System), Pratique이다. Culture에는 두 가지의 속성을 유념하게 되는데, 하나는 지배 그룹이 사회적 기능을 위해 만들어내는 의미의 총체가 있고(Pierre Bourdieu ; Arbitraire Culturel : Instrument fondamental de la continuité historique, l'éducation considérée comme processus à travers lequel s'opère dans le temps la reproduction de l'arbitraire culturel par la médiation de la production de l' habitus producteur de pratiques conformes à l'arbitraire culturel), 또 다른 하나의 측면은 자연 발생적으로 흐르고 있는 욕망의 표현(G. Bachelard ; on doit chercher dans le rêve et reconnaitre la puissance du désir. L'homme crée des ruptures grâce à sa force imaginative, et à partir de ses pratiques il se crée un univers de représentations. Ces représentations conduisent à de nouveaux états de réalités. Cette aventure humaine, c'est-à-dire cette production d'un surplus d'images, rend possible le passage de la nature à la culture.)이 있다.

Structure(System)는 업무의 분장과 위계의 질서를 나타내는 관리조직, 각 unit별 관리 방법, 그리고 상호관련성이 있다. 전체적으로 보면, 집단을 움직이는 rule의 총체를 의미한다.

Pratiques는 행동, 일에 대한 태도 그리고 의사결정 등의 문제에 대한 것으로 세 가지 의미를 갖는다. 첫째는 무엇인가를 형성해 가는 과정, 둘째는 구조화된(structured) 것을 실제의 형태로 가시화 하는 것(improvisation), 그리고 사회적인 관습을 조직에 반영하는 것이다.

P. Bourdieu, " La Reproduction", Paris, Le Seuil
G. Bachelard, " La Psychanalyse du feu" Paris, Gallimard, 1969

7. 광의의 의미에서 structure는 조직의 구조를 구성하는 의식(culture), 제도(system) 그리고 관행(practice)을 모두 포함하는 것으로 간주한다. 그리고 Jarniou가 말하는 좁은 의미에서의 structure(제도 ; system)는 집단을 움직이는 rule의 총체를 말하고 있다.

Q & A Q & A Q & A Q & A Q & A Q & A Q & A Q & A

Q : 필자가 의미하는 기업문화는 행동강령에 해당하는 것이고 그것 말고도 기업문화는 기업이 존재하는 이유, 또는 경영의 원칙 같은 것도 필요하지 않습니까?

A : 앞으로는 기업이 존재해야 하는 이유보다는 어떻게 존재해야 하느냐가 더 논의의

핵심이 되어진다는 의미입니다. 말씀하신 대로, 사실 아직 우리 나라 국민들의 정서에는 자본주의에 대한 인식과 그것이 어떤 식으로 운영되어야 하는가, 그리고 대기업에 의한 경제력집중에 대한 대안 등이 석연치 않을 정도로 혼란한 것으로 보여집니다. 이러한 주제를 포괄해서 기업활동과 자본주의 내에서 사람들이 어떻게 사고하고 행동해야 하는가에 대하여, 필자는 "이익사회는 아름답다"라는 제목으로 다음번 책을 쓰려고 합니다. 경영의 원칙은 통합모델 부분에서 다루고 있습니다. 이 장에서는 전략과의 관계에 초점이 맞추어져 있습니다. 참고로 마쓰시다씨의 경영철학을 소개합니다. 필자는 이러한 형태로 보다 구체적인 표현이 우리기업들에게도 필요하리라 보여집니다.

1) 사업 파트너를 가족처럼 대하라. 사업의 성공은 파트너로부터 얼마나 많은 이해를 얻어내느냐에 달렸다.
2) 애프터서비스가 판매지원보다 더 중요하다. 영구적인 고객을 확보하려면 애프터서비스를 통해서만 가능하다.
3) 고객들의 관심을 끄는 상품이 아닌, 그들에게 이익이 되는 상품을 판매하라.
4) 재고가 바닥나는 것은 부주의 때문이다. 재고가 없어 판매가 불가능한 경우 고객에게 사과하고 그들의 주소를 파악, 즉시 배달해 주겠다고 약속하라.
5) 열심히 일하는 것만으로는 충분치 않다. 무슨 작업을 하든지 자신이 최종 책임자라고 생각하고 자신의 업무에 최선을 다하라.
6) 이익을 내지 못하는 기업은 사회에 죄를 짓고 있는 것이다. 인력과 자원을 동원했는데도 이익을 내지 못하는 것은 다른 곳에서 유용하게 쓰일 자원을 낭비했다는 것을 의미하기 때문이다. 기업은 이익을 내야할 책임이 있다.

Q : 기업문화를 다루는 부서는 그렇다면 홍보부 보다는 경영기획부가 어울리는 것이 아니겠습니까?

A : 이점 때문에 필자는 기업문화에 대한 consulting을 할 때에 많은 애를 먹고 있습니다. 우선, 회장님이나 사장님의 생각을 들어보고 그 줄거리를 전략에 적합하도록 보완하기도 하고 또 직원들과 외부인 들에게 어떻게 전달할 것인지를 조율합니다. 그 다음 이를 실천하기 위하여서는 strategy implementation 차원에서 다루어야 하기 때문에 경영관리에 해당하는 전부서의 참여가 필요합니다. 그런데 이 과정에서 기업문

화는 우리와는 관련이 없다고 몇몇 부서가 참여를 등한히 하면, 전체적인 유기적 관련성이 약화됩니다.

Q : 기업문화에 대한 체계적인 공부를 하지 않은 사람들은 이 책을 보면, 서두에서 논의부터 시작되어 이해하는데 어려움이 있지 안습니까?

A : 기업문화에 대한 체계적인 정리는 이학종 교수의 "기업문화"라는 책을 보십시오. 그러나 이 책의 내용은 이런 책을 미리 보지 않았다 하더라도 주의를 기울여 읽어보면, 그 맥을 따라 갈 수 있습니다만, 그냥 스쳐가며 읽기에는 너무 많은 내용들이 함축되거나 생략되어 있고 더구나 그냥 지식을 습득하기에는 논의가 너무 회전합니다. 이 책의 약점입니다.

2장 기업과 사회

「기업윤리는 style의 문제이다」

1. 기업윤리의 시대적 요청

윤리의 문제는 대부분 어느 날 갑자기 자신의 내부에서 정신적인 각성으로 오는 것보다는 외부의 충격으로 오는 수가 많다. 특히 기업은 도덕적 主體이기에는 많은 논란이 있고 자체의 생리적 구조로 보아 윤리를 먼저 생각한다는 근거가 희박하기 때문이다. 1990년대 중반 한국의 기업들은 다각적인 면에서 윤리에 대한 도전을 받아오고 있고 이들 이유는 대부분 시대적인 변화에서 오고 있다. 이제 그 이유들을 살펴보도록 하자.

1) 정치개혁

과거의 모든 정권들이 그러하였듯이 정권의 변화는 구시대의 부정부패의 척결을 내세우고 과거의 기득권자에 대한 사정의 칼날을 세워왔다. 그러나 이번 문민정부의 정치개혁에는 새로운 특징이 있다. 공직사회에 대한 부정 부패 척결이 전세계적인 흐름에 편승하고 있다는 点이다(이태리, 프랑스, 일본… 등). 이것은 2차대전 후 냉전 구도 하에서 외부의 적을 대처하기 위하여 강력한 정부를 필요로 하였고 정보부의 활용 등 비밀활동을 보장하여 내부적인 부정부패를 어느 정도 감수하는 분위기였다. 그러나 이제는 탈냉전시대에 접어들면서 국민들은 내부의 비리를 묵과하지 않겠다는 분위기가 팽창하고 있다. 우리 나라도 北韓의 위협에 대처하는 능력이 以前보다 현저히 강해져서 공직사회의 활동들이 정상적이지 않는 경우 과거와는 달리 그대로 넘어가려 하지 않을 것이란 추세는 명백해졌다.

2) 재벌의 형성과정

더욱이 우리 나라 재벌의 형성과정에서는 여러 가지로 생각할 점이 많이 있다. 삼성그

룹의 이병철 회장은 事業報國이라는 기업이념을 사용하였었고 당시의 시대적 배경에
서 보면 적절한 표현이기도 하였다. 5 · 16이후 전경련이 만들어지게 된 배경에는 피
폐해진 경제를 일으켜 세우는데에 재벌들이 앞장서고 정부와 온 국민들이 함께 많은
희생을 감수하고 이러한 경제성장 정책에 헌신하였었다.

재벌의 재무구조는 부채비율이 90%를 넘었었고, 노동자들은 그들의 노동 3權을 제대
로 행사하지 못하고 주는 대로 받았다. 산업구조 조정에 의해 독과점을 보호했었고 농
촌은 피폐하여 탈 이농이 생겨났었다. 저축자로서의 국민, 일하는 사람으로서의 국민,
농촌 인구로서의 국민 그리고 소비자로서의 국민은 경제성장의 혜택자이기도 하지만
희생이라기 보다는 헌신했다. 국민들은 이점을 잊지 않고 있다.

3) 환경과 산재

경제성장을 해나가는 동안 오염과 환경파괴에 대하여 신경 쓸 겨를이 없었으나 국민
소득 $10,000을 넘어서서 삶의 질이 궁극의 목표임을 새롭게 인식하게 되었다. 기업
활동과 이윤추구가 반드시 환경파괴의 주범이 아닌 것만은 확실하나, 페놀 유출사건
으로 곤욕을 치렀던 기업도 있었고, 점차로 환경을 파괴하는 기업의 행위에 대하여 法
的인 제제 뿐만 아니라 그 이상으로 국민여론의 따가운 시선이 기업의 성장과 발전에
치명적인 영향을 끼치고도 있다. 산업재해율 또한 세계 제1위를 고수하고 있다. 연간
산재에 의한 피해가 약 4조원에 이른다고 하는데 그 금액의 액수에 관계없이 산업재
해는 노사관계 뿐만 아니라 해당 회사의 이미지에 커다란 영향을 주고 있다. 외국의
우수기업(例 : HP, IBM)에서는 최고경영자가 제1차적으로 챙겨야할 사안이 환경과
산업재해라고 지침을 말하고 있다(Ecology & Safety). 우리 나라뿐만 아니라 선진
국에서도 이 문제는 기업의 최대현안의 하나로 부상하고 있다.

시장경쟁을 치러 내기에도 힘겨운 과제인데 환경과 산재가 어떻게 최고경영자가 제일
먼저 유념해야 할 과제인가? 그러나 지구의 오존층이 파괴되고 산림의 훼손, 온난화 등
으로 지구촌 자체가 생태계의 위협을 받고 있어서 인류는 이 걱정을 앞세우고 있다. 기
업으로 보아도 이들은 소비자이고 종업원이다. 시장경쟁에서 이기기 위해서도 산재와
환경파괴를 방치할 수 없는 과제이다.

4) 소비자 단체의 조직화

상품이 중고가 품으로 이동하면서 소비자들은 제품의 하자와 상거래상의 부도덕한 행위를 참지 못한다. 싸구려를 사갈 때와는 달리 줄만큼 다 주었던데 그 기대에 부응 못하면 속았다는 인상을 지울 수가 없다. 여기에 가세하여 여성유권자들의 지지를 업고 소비자 단체들은 보다 조직화 되어가고 그 영향력 행사를 키워가고 있다. WTO체제의 출범 또한 시장이 공급자 우위의 시장(supplier's market)에서 소비자 우위의 시장(buyer's market)으로의 이행을 가속화하고 있다. 소비중심의 사회로 이행하면서 기업들은 상거래의 도덕성을 지키고 한 걸음 더 나아가 소비자의 편의와 욕구를 만족시키려는 노력이 한결 절실하게 되어가고 있다.

이 부분은 Marketing의 倫理이기도 하다. 광고 활동에 있어서는 ICC(국제상공회의소)의 광고 활동 기준 강령이 있고 미국의 FDA(food & drug administration)는 식품과 약품에 대한 규제를 전담하는 部로 독립되어 활동하고 있다. 우리 나라 산업계에서 야기되는 윤리의 문제는 아직은 문제의 탐색단계에 머무르고 있으나 향후 관심이 커져갈 분야이다.

5) 지방화

지방자치제가 실현되었다. 각 지역 단체장과 의원들의 선거공약에서도 나타나듯이 기업체의 유치와 발전이 지역발전과 직결됨이 부각되었다. 한 지역에서 기업체는 지방자치 단체와 이전보다 더더욱 밀접한 관련을 갖는다. 고용, 조세부담, 도로확장, 문화행사 개최 등에 있어서 지방자치단체는 이전보다 기업에 많은 도움을 요청할 것이고 기업 또한 지방정부와 지역주민과의 관계 개선에 많은 관심을 갖게 된다.

2. 기업자유의 윤리적 기반과 그 한계

1) 기업의 도덕적 무관심론

근본적으로는 기업의 도덕적 책임을 반대하는 이유는 두 가지이다. 하나는 義務論的

으로 기업의 이익극대화 정책과 도덕적 무관심 정책은 기본적인 권리와 자유의 행사를 반영하고 있다는 것이고, 다른 하나는 目的論的인 주장으로 기업의 도덕적인 무관심에 의해 사회가 더욱 이로울 수 있다는 것이다.

a. 義務論的 주장

기업이 도덕적 주체임을 강조하면 소비자의 자유, 결사의 자유 그리고 소유권의 침해가 따른다는 것이다. 생산자는 소비자들이 원하는 재화를 공급하는 것이 아니라 자신들이 도덕적인 기준을 마련하여 소비자의 선택할 권리를 박탈하게 된다. 또한 결사의 자유란 반드시 도덕적으로 고상한 목적만을 추구하도록 보장되는 것은 아니다. 사적으로 주주들은 자유롭게 그들이 원하는 심지어는 어리석기까지 한 목적을 추구하도록 기업을 구성할 수도 있는 것도 결사의 자유인 것이다. 그리고 다음으로는 기업은 주주의 소유물인 것이고 주주는 그들이 원하는 대로 자신의 소유물을 자유롭게 다룰 수 있어야 한다고 한다.

b. 目的論的인 주장

기업이 이익극대화를 추구하고 도덕적으로 무관심하면 결과적으로 사회에 더욱 많은 공헌을 할 수가 있다는 것이다. 경쟁과 장기적인 이익의 극대화는 사회적으로 능률을 높이고 기능의 전문화가 자연스럽게 이루어진다고 한다. 경쟁은 자의적으로 도덕을 가르칠 필요가 없게 한다. 올바른 규칙 하에서 경쟁하면 자기이익이라는 야망이 共同善을 위해 봉사하게 된다. 또한 단기적이지 않고 장기적인 이익이 극대화하려면 도덕적인 이유에서가 아니라 소비자와 종업원에게 좋은 것을 주어야 장기적인 이익을 노릴 수가 있다. 한편 생산조직은 생산에 관하여 전문화하고 도덕적, 사회적 정치적인 문제에 기업이 말려들지 않고 기업 영역을 전문화하여 갈 수가 있다. 기업이 사회적인 책임을 1次的이거나 매우 중요한 책임으로 다루어 어정쩡한 조직체로 남아 생산활동이 부실하여 간다면 오히려 바람직하지 않다는 주장이다.

2) 도덕적 무관심에 대한 비판

우선 의무론적인 주장의 핵심인 소유권에 대하여 살펴보면 소유권의 권리가 인정되는 대신 소유권 행사의 의무도 있다는 것이다. 판매, 계약, 구매 등으로 기업행동이 묘사될 수 있지만 자신의 소유권 행사가 타인에게 피해를 주는 경우 이는 마땅히 제한되어야 한다. 또한 사유재산의 행사는 실력주의와 민주주의의 전통적 가치와의 충돌을 제거하는 방향으로 개혁되어야 한다. 민주주의는 다수에 의한 통치를 의미하며 1人 1標의 원칙을 따르지만 시장에서의 영향력은 그렇지 않다. 어떤 사람은 돈을 더 많이 갖고 있기 때문에 그 결과는 소수에 의해 통치되는 경제체제를 구축하게 되고 시장뿐만 아니라 정치적으로도 더 많은 영향력을 행사하게 된다. 富가 상속되어지는 것도 어느 사람의 실력과는 무관하게 출생에 의해 이루어지는 것이다.

目的論的인 논의에 대하여서도 살펴보면 순수경쟁에 의한 완전자유시장은 여러 가지 형태로 변형되어져 있는 점을 지적할 수가 있다. 현대에 와서는 대부분의 서구 경제학자들은 자유시장을 전적으로 포기하는 대신 중요한 수정을 하였다. 시장의 불완전성을 인정하는 결과중의 하나는 시장에서의 정부의 활동을 받아들이는 것이다.(Keynes)

3) Style로서의 기업윤리

이런 점에서 보면 의무론적인 주장과 목적론적인 주장 모두가 기업이 도덕적인 문제에 대한 숙고를 면제받는다는 사실을 나타내지는 못했다. 시장체제는 이익동기를 활용함으로서 효율, 기업가 정신 및 경제발전을 촉진하도록 고안되어져서, 기업의 근본목적이 이익이어서는 안 된다는 것을 나타내주는 것은 없어 보인다. 그러나 "보이지 않는 손"을 주장한 아담 스미스 조차도 도덕적인 규칙은 시장이 적절히 가능하도록 하는 사회의 필요한 장치이며 시장이 최적의 것이 되기 위하여서는 도덕 자체가 시장에서의 주요 세력이어야 한다고 하였다. 그럼에도 도덕적 무관심론에는 기업의 사회적 책임이 기업의 1차적인 책임일 수 없다는 것과 소유권행사에 제한에는 신중해야 한다는 중요한 시사점이 있다. 이것은 기업의 윤리 문제는 딱딱하게 다루어질 수 없다는 의미이다. Style의 문제이다.

倫理가 Style의 문제라는 데에 독자는 생소한 느낌을 받을 것이다. 일차적으로는 법적인 규제가 필요하나(이런 점에서는 기업은 사회적 결정과 규제에 따른 뿐이라는 도덕적 무관심론이 타당하다) 법적인 규제만으로 되어진다면, 이미 윤리의 문제는 아니다. 그렇다고 敎理적인 해석이 가해지면 시장기능의 공학적 토대가 흔들린다.(교리적인 경영원리는 없다 ; 神이 있다면 그 神은 기업이 경영을 잘하여 번영하기를 원한다) 그렇다면 기업윤리의 기반은 무엇인가? 종교적으로는 Hermeneutic(해석학), 철학적으로는 美學, 사회 경제적으로는 體制의 문제이지만, 경영인에게는 Style 의 문제이다. Style로 볼 때 Shared Value 의 일부이긴 해도 관념이 아닌 action이지만, 규제나 이윤동기에 의해 강제되어지지 않는, 그러나 드러나서 분명히 보고 느낄 수 있는 사후적으로(ex post) 만들어져 가는(constructed) art의 영역이다. 따라서 필자는 이 문제를 기업문화의 측면에서 기업을 둘러싼 이해관계자들 간의 조정과 조직운영의 상식을 회복하는 실용적인 접근을 권유하다.

4) 法的인 해결의 한계

企業倫理를 확보하기 위하여 法的조처가 필요할 것은 당연한 일이다. 그러나 윤리의 문제를 해결하기 위하여는 법적 조치만으로는 미비하다. 法과 倫理의 관계를 좀더 살펴보면 이 문제는 보다 명백하여진다. 法은 사람들에게 부정적인 언어를 사용하여 무엇을 해서는 안 된다고 규정하는 경향이 있으나 도덕적 철학자들의 견해로는 윤리는 긍정적인 언어로 무엇을 해야 한다고 선도하는 것이다. 그래서 법률은 사람들이 그 기준을 넘어서 행동하고자 할 때 무엇을 해야 하는지를 언급하고 있지 않으며 도덕적 행위는 강제되어지고 만다. 법은 표준적인 행위에 초점을 두고 있어서 새롭고 비정상적인 환경을 미리 예상하여 조처하는 능력도 부족하다. 또한 법적인 규제사이에는 효율성과 규제사이의 해묵은 갈등이 존재한다. 윤리는 기본적인 출발이 美的인 哲學에 기초한다. 그렇게 하면 결국 자신과 모든 사람들의 자연스런 상태에서 행복할 수 있는 길을 제시하여 놓은 것이라는 점이다. 그 출발이 억압적인 행위에 있는 것이 아니라 아름답고 선한 美的 감각에 의존하고 있다는 것이다.

5) 관료제도의 문제

지금까지는 국가와 사회 전체적인 안목에서 기업의 도덕적 책임이 필요한 것임을 살펴보았다. 이제 기업 내부로 눈을 돌려보면 개개인이 조직화되어 조직행동을 하고 있는 상황에서 도덕적 책임의 소재가 유실될 가능성이 있음을 살펴보자.

비인간적의 규칙의 증대로 책임은 규칙 속에 흡수되어진다. 규칙에 의해 통제되는 개인은 자기 행동에 대해 책임지기를 거부할 수 있다. 규칙에 따랐을 뿐이기 때문이다. 궁극적인 책임은 그 규칙을 만든 자에게 귀속한다. 그러나 규칙은 그것을 만든 사람보다 더 오래 남고, 그 규칙을 만들거나 수정하는 사람들은 위원회이며 그 명령을 따르는 사람들은 종업원과 근로자이다.

여기에 더하여 관료주의는 중앙 집권적인 권한을 생성시킨다. 기업의 하부계층과 상부계층과의 계층간의 분리가 일어나고 또한 마음의 거리마저 생긴다. 더 이상 개인의 의사에 의존할 필요가 없고 명령에 복종해야 할 의무는 있지만 도덕적으로 책임을 져야 하는 것은 아니다. 조직의 중심부에서도 문제가 발생한다. 중심부는 일반 대중과 직접 관련이 있는 조직의 주변과는 분리된다. 계층의 분리문제가 중앙집권화와 겹치게 된다.

현대기업은 기술적, 사회적, 법적 환경이 복잡해져서 전문인들을 많이 필요로 하고 있다. 그런데 이 전문인들은 관료주의 세계에서 독특한 존재가 된다. 그들의 활동은 규칙에 의해 중앙으로부터 지시되어지지 않는다. 전문가들만이 그 일을 할 수 있기 때문이다. 이러한 전문인들은 종래의 전문인들(의사, 법률가, 교수)과는 좀 다른 속성을 갖고 있다. 시스템분석가, 노사관계 협상자, Designer들에게는 의사, 법률가, 교수들과 같이 윤리적인 특성이 강조되지도 않을 뿐 그들에게 무엇이 윤리적인 것인지도 잘 정리되어 있지가 않다.

이상으로 기업 내적으로도 관료주의는 기업의 행동에 대한 개인의 책임을 악화시킨다는 것을 보아왔고 이러한 문제에 대하여 기업은 다음과 같은 개선 대책을 마련할 수 있다.

관료주의에 의해 파괴된 개인의 책임을 회복시키기 위하여는 종업원의 참여가 필요하다. 종업원들이 참여한다는 사실은 그런 규칙을 만들어낸 사람들이 책임을 져야 하는 것을 의미하고 동시에 중앙집권화로부터 생기는 기업 계층간의 분리 현상을 완화시켜 준다. 이 문제는 작업환경의 설계에 많은 근로자를 참여시키는 방법 같은 방법도 있어서 노동생활의 질(QWL : Quality of Working Life)과 깊숙이 연결되어 있다. 전문인의 책임을 강조하는 것은 의사, 변호사와 같이 전통적인 전문인 역할을 하던 사람들에게 요구해 왔던 윤리를 비슷한 수준으로 기업내의 전문인에게도 적용시키는 것이다. 한편 관료주의적인 의사결정과정을 개선하는 방법으로는 윤리에 관련된 정보망을 개선하여 이를 전담하는 부서를 신설할 수도 있는 것이다.

이러한 문제점들을 개선하는 방법들은 지금 현재로서는 제안의 수준에 머무르는 것들 이지만 충분히 검토하여 볼 만한 가치가 있는 것으로 향후의 연구과제로 남는다.

3. 기업의 사회정책

이제 기업의 윤리를 현실화시킬 수 있는 방법들을 구체적으로 고려하여 보도록 하자. 사회적으로 기업이 윤리문제에 각성하도록 촉구하는 장치가 있을 수 있고 기업 스스로 이 문제를 슬기롭게 타개해 갈 수 있는 방안이 병행되어야 한다. 여기서는 우선 경영관리라는 점에서 후자 쪽에 비중을 더 두도록 한다. 기업은 한마디로 선언적 의미 (理想的 道德主義)보다는 현재 가동하고 있는 경영혁신과 연계하여 내부적 의사결정 구조를 유연하게 변화시키는 일에 초점을 두어야 한다.

1) 기업문화와 기업윤리

기업문화의 정의를 내리는 것에 대하여는 1장을 참조하고 여기서 필요한 논의는 기업문화를 다루면서 기업이념, 경영이념 그리고 행동이념까지도 다루고 있는 사실이다. 이 부분은 기업의 윤리와 접하여진 부분으로 기업문화의 제정에서 당연히 기업의 윤리가 포함되어 진다.

위의 그림에서 보는바와 같이 전략수행을 위하여 조직개발을 포함한 포괄적 의미로 기업문화를 다루면서 그 안에 윤리의 문제를 포괄하면 윤리는 보다 현실적인 次元과 관련되어진다. 다시 말하자면 倫理的 理想主義에서 출발하기 쉬운 기업의 윤리는 효율적으로 생산하여 이익을 창출하여야 하는(기업생존의 일차적 조건) 기업 현실의 여건 속에서 윤리문제를 다룰 수 있게 된다.

이때 기업문화(기업이념, 경영이념, 행동지침)를 설정하여 본 컨설턴트(consultant)의 경험으로 보면 기업의 이윤동기와 기업의 윤리는 가끔 상호 배타적인 갈등관계로 나타나기도 하지만 상당한 부분들이 본연의 의미들을 찾아 변증법적인 통합의 윤리를 찾아 낼 수 있는 가능성이 많은 것을 발견하였다. 例를 들면 사회가 요구하는 윤리적 기준을 소화하여 오히려 소비자, 종업원, 지역주민 및 일반 국민들과의 관계개선에 나선다면 소비자와의 관계개선은 시장의 확장에 도움이 되고 종업원 만족은 생산성 향상과 직결된다. 호의적인 지역주민과 일반국민 여론은 유리한 정부정책으로 지원 받을 수가 있는 것이다. 현실적으로 보면 윤리이상주의에 근거하여 마치 기업이 자선사업단체라도 되는 양 기업문화를 설정하면 오히려 종업원과 관련 당사자들은 의혹의 눈초리를 보낼 것이다. 이윤이 어떻게 발생하였고 어떻게 처분하였는지를 밝히면서 기업의 목표와 소비자, 종업원, 그리고 일반 국민의 이해가 상충하지 않는다는 방향으로 기업문화를 설정하여가는 것이 필요하다. 能力主義를 기업 내에서는 신인사제도의 수립과정에서 반영한다는 것은 성별, 나이, 학력, 지역, 종교 등에 의한 차별화를 하지 않는다는 윤리적 기준과도 일치하는 것이다. 이렇게 보면 기업윤리는 기업의 성장과 발전에 기여할 수도 있는 가능성이 많이 열려 있다.

2) 倫理規範의 例

某기업의 윤리 규범은 총론과 6章으로 구성되어 있다.

1장 고객에 대한 책임과 의무
2장 공정한 경쟁
3장 공정한 거래
4장 임직원의 기본윤리
5장 임직원에 대한 책임
6장 국가와 사회에 대한 책임

이상의 例는 아직까지 하나 하나의 사항에 대하여 판례가 축적되어 있지 않아서 뜻은 분명하지만 구체적인 사건은 어떻게 해석하여야 하는지는 정돈되어 있지 않다. 또한 이러한 윤리규범을 실천적으로 어떻게 확보할 수 있는지 제도적이고 실천적인 장치가 마련되어 있지 않고 선언적 의미가 있을 뿐이다. 그러나 기업이 윤리규범을 스스로 마련 한 것은 이제 우리 나라 기업들에서 윤리의식이 커져가고 있는 바람직한 현상의 시작임을 알리고 있다.

한편 외국의 기업들은 Business Conduct Manual을 활용하고 있는데 이것은 대부분 종업원들이 직원으로서 지켜야 할 회사를 보호하는 차원에서 마련되어지고 있는 것이다. 외국(미국)기업들은 취업규칙 이상으로 이 Business Conduct Manual을 중요하게 다루고 있어서 여타의 잘못은 그냥 넘어가는 경우가 많으나 이 규정을 어겼을 때에는 상대적으로 중대한 문책을 받는 수가 있다.

우리 나라 기업에서의 윤리규범은 Business Conduct Manual의 규정을 완화하고 수정 보완하면서 기업을 둘러싼 이해관계자들(주주, 소비자, 협력업체, 정부, 노동조합, 지역사회… 등)과의 관계를 정립하고 이에 따른 구체적 실천지침과 그 의미를 보강하는 차원에서 다루어져야 한다. 이것으로 임직원은 그 회사에서 어떠한 자세를 갖고 어떻게 행동하는 것이 바람직한가를 포괄적으로 알 수 있게 될 것이다. 현재로서는 너무나 여러 가지 것들이 때로는 상호 관련성이 없이 散在하여 잘 이해 못하거나 혼돈을 일으킬 가능성도 있다.

3) 관리적 제도화

윤리규범이 설정되었다고 하여도 그 실행을 보장하려면 관리적인 제도화가 필요하다. 우선 사회가 회사에 요구하는 바를 보장하기 위한 장치가 필요하고 다음으로는 기업 스스로가 자신이 설정한 윤리규범을 임직원이 지킬 수 있도록 하는 것이다.

외적으로 기업에 부과할 수 있는 방법으로 우선 사회보고를 들 수가 있다. 기업의 재무 제표와 마찬가지로 필요한 윤리적인 지표들을 기업이 성실하게 사회에 보고하도록 하는 것이다. 예를 들면 프랑스는 고용, 임금, 산업안전, 작업조건, 교육훈련, 노사관계, 생활의 質 등을 포함하는 "기업 사회대차대조표"를 매년 보고하도록 되어 있다. 어떠한 항목들을 어떻게 공표 하도록 하는 문제는 통계치의 수집가능 여부, 의미 그리고 기타 여건들을 감안하여 마련할 수 있을 것이다.

내적으로 기업은 관료주의를 극복할 수 있는 제도적 장치가 가장 큰 것이다. 그 내용을 열거하여 보면 다음과 같다.

① 이사회에 종업원과 소비자 대표를 포함시키는 방안
② 도덕적 행위를 유발하는 보상제도
③ 기업 규약의 확정과 이를 시행하는 전담기구

이상의 제도적 장치에서 유념할 점을 살펴보자. 우선 기업내부의 의사결정구조를 주주중심에서 이해 관계자를 보다 더 포괄하는 형태로 전환하는 일이다. 공교롭게도 이러한 방향의 변화는 현대조직론의 목표로 하고 있는 관료제 모형의 극복방안과 일치하고 있으며 그 핵심논리는 참여에 있다. 이사회에 종업원과 소비자 대표를 참여시키는 것은 독일의 공동의사 결정제도를 방불케하고 생산현장에서 노동자의 참여를 유발하여 계획단계와 업무실행단계에서 제한된 자치권을 부여하는 QWL(Quality of Working Life) 내지는 산업민주화와 궤를 같이 하고 있는 것으로서 요즈음 와서는 각종 경영혁신으로 팀제, 커뮤니케이션의 活性化, 창의력 개발 등과 같은 생산성 향상 운동과 합류하고 있다.

4) 이해관계자 관리 방안

이해관계로 보면 소유권에 근거한 이해관계는 소유경영자 및 대주주와 일반주주가 속한다. 권리에 근거한 것으로는 근로자, 소비자, 채권자, 공급기업이 있고 포괄적인 이해 관계로 보면 지역사회, 생태계, 정부, 금융기관, 경쟁기업, 언론매체, 노조연합, 해외진출지역을 들 수가 있다.

기업은 일차적으로 지배주주의 것이고 이것을 중심으로 기업의 경영과 윤리가 다루어져야 하는 것에 틀림없지만 향후 기업환경은 이상에 열거한 관련 이해관계자들과의 상호관련성이 더욱 부각되어 이른바 social management가 강조되게 되었다. 다시 말하자면 지배주주의 일방적인 입장을 전략 전술적으로 관련 이해당사자들에게 설득하는 management가 아니고 기업의 목표, 전략, 관리, P.R등 기업경영의 축을 관련 이해관계자들과의 상호관련성에서 재구성하는 것을 의미한다.

이에 대한 구체적인 각론 들은 차후의 과제로 미루기로 하고 노사관계분야에서의 대종업원관계에 대하여만 언급하기로 한다.

5) 종업원 관계

기업의 종업원에 대한 책임은 크게 세 가지로 나누인다. 인간으로서의 基本權을 침해하지 않는 것이고, 생애 발전에 필요한 성장과 자아 실현을 돕는 것이고, 셋째로는 生을 영위하도록 보상하는 것이다. 기본권으로서는 표현의 자유, 프라이버시, 종교·정치활동의 자유 등을 포함한다. 성폭력의 문제도 이것에 속한다. 노동조합의 결성과 그 활동도 보장하여야 하는 반면 노동조합의 활동 자체도 윤리적이어야 한다. 생애발전과 자아실현을 위해 균등한 기회를 주고 업적과 능력에 따른 인사제도가 확립되어야 한다. 조직설계와 직무설계(QWL)에도 개인의 경력개발을 감안하고 교육·훈련을 통하여 개인이 발전할 기회를 주는 일이다. 生을 영위할 수 있도록 임금을 지불하고 산업현장에서의 재해를 줄이는 일들이 이것에 속한다.

이상에서 보면 전술한 바와 같이 종업원 관계에서 나타나는 기업의 윤리문제는 바로 인사 · 조직문제의 핵심이고 현대기업들이 경영혁신을 통해 조직의 활성화를 이룩하려는 목표들과 일치하고 있다. 또 노사관계의 원만한 관계개선을 위해서도 개별 근로자들에 대한 기업의 對 종업원 정책들이 간과해서는 안되는 항목들이 대부분 열거되어 있는 點을 유념할 필요가 있다. 신인사제도가 추구하는 기회균등(선발, 승진, 승급, 전보)과 CDP(Career Development Program : 경력개발)와 교육훈련, 사업장 전체의 교육 · 훈련 분위기 강화, 성폭력으로 부터의 해방을 포함한 기본권에 대한 각성(신세대의 프라이버시 요구 등), 산업재해 예방, 노조활동의 보장 등이 모두 기업윤리의 문제이자 조직개발과 협조적 노사관계의 선행조건들로 부상하고 있다.

Q & A Q & A Q & A Q & A Q & A Q & A Q & A Q & A

Q : 필자는 윤리의 문제를 매우 복잡하게 설명하고 있으나 결국은 기업으로 보면 적절한 윤리헌장의 제정으로 귀결하는 문제가 아닙니까? 우리 나라 기업들에게 적절한 윤리헌장의 sample은 무엇입니까?

A : 윤리헌장의 제정으로 사람들이 윤리적으로 되었다면, 세상은 벌써 천국이 되었을 겁니다. 물론 K 경영관리 모델에 sample이 있긴 합니다만, 다른 문제와 마찬가지로 단순한 기법의 복제만으로 부족합니다. 기업윤리의 문제의 근원은 생각보다는 복잡합니다. 우리 나라 사람들의 대부분은 사실 자본주의 체제에 잘 익숙하지 않습니다. 종업원들의 생각에 기업이 제일 먼저 고려해야하는 이해 당사자에 대한 책임에서 종업원에 대한 책임이 우선 순위에서 첫째이어야 한다고 합니다. 그러나 자본주의 체제하에서 사실상 주주는 주인입니다. 거의 절대적인 것이지요. 또 윤리라 하면 마치 대기업은 국민의 생활을 책임져야 하는 것처럼 과장할 수도 있습니다. 윤리헌장이 중요합니다만, 그것만으로는 또 다른 규제와 규칙으로 오히려 윤리적이지 못한 결과를 나을 우려가 있습니다. 그래서 style의 문제로 접근해야 한다는 것입니다.

Q : Business Conduct Manual과는 무슨 차이가 있읍니까?

A : 얼마전 외자기업에서 부장 한사람이 흘러 들어온 돈을 개인이 착복한 것이 아니고 부서 회식에 사용했다가 Business Conduct Manual에 위배되어 직장을 그만둔

사례가 있습니다. 이런 Manual을 적용하면, 국내 기업들의 종업원 중에 살아 남을 사람이 몇 명 없을 겁니다. 규정을 완화하여야지요. 그리고 자본주의 체제에 익숙한 사람들에게 그 토대 위에서 BCM을 만들어 사용하는 것을 당연히 받아들이지만, 우리 기업 풍토는 우선 윤리의 토대가 혼란스러워 우선 이것부터 정돈해야 합니다. 기업문화의 접근이 필요합니다.

Q : 필자는 윤리 문제와는 거리가 멀어 보이는 문제들을 너무 많이 언급해서 초점이 흐려지는 것 아닙니까?

A : 윤리적인 문제를 직접 겨냥하는 것보다는 윤리적일 수 있는 토대를 마련하는 것이 중요합니다. 참여와 자율의 증진이 그것입니다. 그런데 이 문제가 사실상 현재 기업들이 추구하고 있는 경영혁신과 같은 것이라는 것입니다. 개인의 인격이 숨쉬고 상식이 통하는 집단을 가꾸는 것이 윤리의 지름길이라 보여집니다.

요즈음 "Organizational Citizenship" 이라는 조직행동의 새로운 개념이 학계에 등장하고 있습니다. 역할뿐만 아니라 역할 외의 행동을 포함한 시민정신 같은 것이 조직 내에 숨쉬고 있으면, 조직은 한결 efficient할 뿐 만 아니라 바로 윤리의 문제도 해결 할 수 있습니다. 그런데 우리 나라에서 조사한 내용을 보면,(송필수 ; 동덕여대 박사학위 논문 1997) 참여와 자율이 "Organizational Citizenship"에 가장 중요한 변수라고 합니다.

3장 경영관리의 Paradigm Shift

「발전적인 합의를 도출하고 기본업무관리를 정비해야 한다」

1. Paradigm 변화의 방향과 人的資源의 중요성

기업의 경쟁력이 강화되어야 한다는 것은 어제 오늘의 일이 아니고 언제나 그래 왔다. 그러나 요즈음 이야기하는 것은 보다 경영적인 의미가 강조되는 것이다. 과거와 같이 무역특혜국의 수혜를 누리면서 국내시장에서는 독과점과 저임금 그리고 특혜 금융을 받아가며 방만한 경영을 하다가는 WTO체제에서 살아남기 힘들다는 공통된 인식을 하게 된 것이고, 그 결과 기업들은 밖으로는 globalization을 안으로는 경영혁신을 서둘러 추진하게 되었다. 과거 계획경제하에서 고도성장을 하던 기업들은 양적인 팽창에서 오는 모순과 갈등도 수면위로 떠오르기 시작하였다. 삼풍 사고와 정경유착의 고리는 국민들의 따가운 시선을 받게되고 노사관계에 있어서도 임금과 복지후생의 증가만으로는 감당하기 힘든 구조적인 갈등이 표출하면서 국제적인 눈총을 피할 길이 없게 되었다. Life-style의 변화 또한 가속도가 붙는 듯 하다. 10년 전과 비교하여도 격세지감이 있어 이곳이 코펜하겐인지 New-York인지 서울인지 분간하기가 어렵기도 하다. 2001年에 국민소득 $20,000을 눈앞에 두고 천태만상이 증폭한다.

人事 · 組織을 관리하는 사람들의 역할이 증대하였다. 경영혁신자체를 인사 부서에서 추진한다는 것이 아니라 facilitator로서의 역할, 즉 관리와 통제가 아닌 business partner로서의 임무가 추가되어진다. 기업윤리도 인간과 사회에 대한 文理가 트인 사람의 몫이다. 인사 · 조직을 다루던 사람이 적합하여 보인다. 그리고 과거의 인사관리는 관료제 모형에 따라 선발, 교육, 임금, 승진 等을 다루면 되었으나 이젠 system을 움직이는 professionalism이 필요해졌다. 한 마디로 말하자면 기업과 사회 전반을 아는 generalist이자 인사 · 조직의 system을 움직이는 전문인의 역할이 요청되고 있다.

기업경쟁력의 원천으로 자본, 시장점유율, 기술, 인재, 정보를 꼽는다. 최근에는 문화를 추가시키는 사람도 있고 경영을 말하는 사람도 있으나 並列的인 나열로 보면 틀림이 없으나 dynamic을 설명하기에 미흡한 점이 있다. 이 모든 것이 필수적인 요소임에는 틀림이 없으나 현재 기업환경이 변화하면서 인사의 중요성이 부각되어지고 그 인사의 내용 또한 달라지고 있다 :

자본 또는 자금능력에서 보면 한 때 이것만으로도 기업경쟁의 절대적 우위를 확보하던 시기가 있었다. 지금도 반도체 산업 같은 것은 대규모 투자와 비례하여 생산성향상이 급증하기도 하나 여타부문에서 규모의 경제(economy of scale)만으로 경쟁력을 설명하기는 어려운 상황이다. "Small is beautiful"이라는 표현이 유행일 정도로 규모의 경제가 오히려 효율성을 저해하는 요인으로도 작용한다. 소품종 다량생산의 직종에서 규모의 경제는 발휘되어지나 점차 시장은 다양화된 상품을 요구하고 있다. 또 대기업들의 경쟁에서 어느 한 기업의 자금력이 우월해서 경쟁적 위치를 확보하는 경우는 드물다. 자본은 국내외에서 어느 정도 유입이 가능하기 때문이다. 다만 중소기업이 대기업과의 경쟁에서 규모의 경제가 주고 있는 벽을 허물기는 힘든 일이고 대기업이라 해도 재무구조가 약하고 판매부진에 처하면 자금의 동원이 문제가 되어 부실로 빠질 위험은 다분하기는 하다.

시장점유 특히 독과점구조는 과거 우리 나라 산업에 있어서 결정적인 경쟁력 우위를 지켜주고 있었다. 그러나 WTO체제 이후 국내기업들은 안에서조차도 외국기업과 경쟁을 해야하고 해외시장에서는 선진국과 후발 개도국의 중간에서 양면으로 오는 압박을 이겨내야만 한다. 시장점유율에서의 우위는 경쟁진입을 어느 정도 막아주기는 하지만 이전과 같이 구조적인 보호장벽이라고 보기에는 어렵게 되었다. 반도체 산업을 보더라도 후발 주자였던 국내의 대기업들이 이제는 세계시장을 석권하고 있다. 先占의 효과를 지속하기가 이처럼 어려운 상황에 이르렀다.

이점은 기술력에 있어서도 마찬가지로 나타난다. IBM과 Xerox는 신 기술의 개발로 일거에 세계시장을 점유하고 또 오랫동안 호황을 누려왔다. 그러나 기술이 가장 큰 무기이긴 하지만 제품의 생명주기가 짧아지고 있고 새로운 기술은 속출하고 있어 기존의 기술과 특허가 갖고 있었던 경쟁력 우위의 힘은 상대적으로 감소하고 있다. 전세계적으로 특허는 평균 3개월 이내에 복제가 가능하다고 한다. 유사한 특허를 만들어 내는데에 그리 많은 시간이 필요한 것이 아니란 것이다. 逆工學 즉 완제품을 분해해서

거꾸로 필요기술을 습득해내기도 한다. 그 뿐 아니라 신제품은 간단한 공정개선 또는 아이디어나 디자인의 변경으로도 출현한다. 오히려 어려운 기술보다 이렇게 사소해 보이는 아이디어나 디자인 그리고 공정과 marketing channel에서의 완벽함이 시장에서의 우위를 가져다주기도 한다. 그러고 보면, 기술 자체가 아니라 유용한 기술을 계속적으로 창출하는 기업의 체질이 경쟁우위의 관건이다.

M&A(Mergers & Acquisition)와 전략적 선택(strategy), 즉 그룹단위의 경영능력이 대세를 좌우하는 것은 틀림없다. 그러나 재무적인 판단만으로 M&A를 하여 단기적인 leverage는 높일 수는 있어도 경영의 synergy가 발휘되지 않으면 미국처럼 쉽게 기업을 처분할 수 있는 상황은 아니다. 또 전략적 선택도 우리 나라 대기업들이 문어발 식의 확장을 했다고 하지만 자세히 관찰하면 기본적인 해당기업의 체질과 부합하는 영역으로 확장되어 갔었다. 이처럼 탁월한 경영의 기본적인 전제가 되는 것은 기업의 체질에 있다. 경영혁신의 대상도 이 체질을 말하는 것이다.

다른 요인들은 어느 정도 복제하거나 유입할 수는 있어도 기업의 체질만은 쉽사리 복제되지 않고 경쟁력 있는 체질의 형성은 매우 오랜 시간을 요한다. 왜냐하면 기업의 역사 속에 충격과 적응을 통해 몸으로 체득되어진 집단의 경험이기 때문이다. 인사와 조직 속에 스며있는 것이다. 범위를 넓혀 생각해보면 기업의 체질은 다른 요인들과의 동전의 양면관계에 있기는 하다. 자금력과 규모의 경제가 경쟁우위를 가져다주는 시기에 빨리빨리 시장을 선점하고 공급을 늘려야 하는 체질을 형성시켜주었다. 기업이 다루는 상품과 서비스는 기업의 체질을 결정짓는다(중공업과 전자산업의 대비). 그러나 우리가 다루려는 문제의식은 어떻게 이러한 기업의 체질을 개선할 수 있는 가이다. 재정상태, 상품과 기술구조, 시장점유율, 경영전략과 맞물려진 기업의 체질개선을 경영이라는 능동적인 시각에서, 움직일 수 있는 인사와 조직의 변수를 통해 추진하는 일에 초점을 두고 있는 것이다. 이런 점에서 보았을 때 단순히 인사관리의 기능적인 문제를 매끄럽게 처리하는 것이 문제가 아니고 business의 본령인 영업과 생산을 지원하고 체질개선을 위한 경영혁신의 facilitator로서의 역할에 주안점이 두어져 있는 것이다.

경쟁력의 원천이 인사 · 조직에 있다는 것은 경영의 자원이라고 일컫는 자본, 기술, 시장력 등등의 절대적인 우위가 지속적이지 않고 다만 인적자원만이 쉽게 복제될 수 없는 기업의 특유한 체질을 생성하고 原因連繫의 출발점으로 진정한 의미에서 경쟁력의 원천이 될 수 있다는 총론적인 의미는 대체로 수긍되어지고 있는 것 같다. 그리고 이러한 경쟁력을 갖추기 위하여 인사 · 조직의 paradigm은 인사관리라는 좁은 영역에서 영업파트너로서의 보다 큰 역할을 수행하는 경영혁신 전반에 핵심 facilitator로서의 자리 매김이 필요해 진 것이다. 다시 말하자면 인사를 위한 인사가 아니라 고객만족을 위한 인사, TQM(Total Quality Management)를 위한 인사, 기업 Vision을 體化시키기 위한 인사, 노사협력을 생산성 향상으로 끌어올리는 인사 · 조직 즉 총체적 변화의 중추에 자리잡고 生成能力(generic capacity)을 펌핑해 내는 힘을 발휘하는 일이다.

그런데 이 문제는 사실상 각론으로 돌아와 구체적인 방법들을 검토하다 보면 의외로 亂脈에 얽혀 있는 것들을 발견하게 된다. 또 그 전체적인 양상은 기실 인간과 사회라는 한도 끝도 없는 망망대해에 연결되어진 것이다. 이중에서 핵심사안이라고 생각되는 몇몇 측면들을 중점적으로 다루도록 한다.

우선 인사 · 조직은 영업 파트너로서 현업의 업무를 담당하여야 하며 현시점에서는 연공서열의 기축에서부터 업적 평가 중심으로 탈피하여 가야 한다. 90년대 초반을 기점으로 그 기본 틀이 변화하고 있어 이 환경변화에 적용해야 하기 때문이다. 어느 만큼 어떻게 변화해야 하는가가 문제일 뿐이다. 한편으로는 인사 · 조직의 기능이 facilitator로서 작용해야 하기 때문에 연공이라는 정적인 개념보다는 동태적으로 현업의 일들이 반드시 인사제도와 맞물려 돌아가도록 설계되어야 한다는 의미도 있게 된다. 그러려면 개별적 업무를 잘 할 수 있도록 인사 · 조직이 지원해야 한다.

따라서 경영관리 paradigm 변화의 모습은 연공서열에서 탈피하여 현업의 구체적인 사안들과 전략적 변수들을 지원하는 영업 Partner로서의 역할을[1] 담당하도록 인사 · 조직을 설계 운영하는 것을 의미하며, 이것이 성공적으로 정착하기 위해서는 전략과 관리 system과 잘 연계되어진 구조를 갖추는 것이라고 할 수가 있다.

2. Paradigm 변화의 핵심사안

이번 연구에서는 깊게 다루지는 않고 있지만 사실 이러한 변화에 가장 중요한 것은

top management의 의지와 성향인 것이다. 최고경영층이 안정적이고 합리적이지 못하면 조직 내부는 동요하고 어느 장단에 맞추어야 하는가를 두리번거리게 된다. 물론 정치적인 점에서 보면 민주화의 물결은 이러한 변화를 수반하게 되고 이런 가운데에서도 참다운 안정이 추구되어질 수 있는 것이지만, 많은 이견이 있을 수 있으나 주인이 없는 기업은 장기적인 안목에서의 추진력을 잃게 되기 때문에 공기업 내지는 중심인물이 결여된 여타 조직들보다도 사기업이 보다 효율적인 경영관리를 하게 되는 것은 이러한 이유 때문이라고 보아야 한다.(기아 그룹 같은 경우는 특정 owner는 없으나, 종업원지주제가 활성화되어 주인이 없다고는 볼 수 없다. 일본의 경우도 특정 주주가 잘 안 보이는 경우 종업원들이 일차적으로 기업에 대한 주인 역할을 하고 있다.) 다음으로는 최고경영층이 안정되었다 하더라도 전략적 선택과 합리적인 관리를 정착하려는 의지가 없으면 서로 최고경영층의 눈치를 보게 되고 이런 경우 아무리 관리 수준에서 좋은 system을 고안하고 업무를 추진하여도 그 효과는 반감되고 만다.

이러한 전제하에 managerial level에서 하여야 하는 것은 첫째는 의식개혁 내지는 여러 가지의 가치체계가 충돌하고 있는 것을 조정하고 두 번째로는 기본적인 조직 운영의 방식들을 정비하여야 하는 것이다. 이를 가설로 표시하면 다음과 같다.[2]

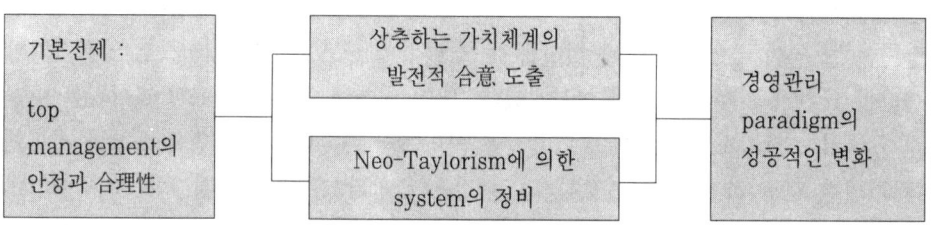

첫 번째 가설 : 상충하는 가치체계의 발전적 합의 도출

첫 번째는 경영관리의 paradigm이 성공적으로 변화하기 위해서는 현재까지 습관으로 받아들이고 있었던 의식이 개혁되어져야 한다. 그러나 요즈음 기업은 이러한 변화에 있어서 전통적 가치관과 반대되는 가치관을 내세우고 있어서 내부적 혼란이 우려되고 있다. 예를 들면 자율경영, 창조, 능력주의, 사회적 책임 팀웍 등이 강조되고 있

는 이러한 가치관은 "자율경영 - 통제, 창조 - 반복업무, 능력 - 인화, 사회적 책임 - 영리추구, 팀웍 - 개별화"와 같이 각기 다른 측면에서 간과할 수 없는 반론이 제기 되고 또 당연히 제기 되어져야 한다. 통제 없이 자율경영이 가능한 것인가? 창조만 하고 매일의 업무는 어떻게 하란 것인가? 능력주의에 의해 인화가 깨어지는 것은 아닌가? 팀웍을 존중하는데 개인은 팀의 한 부품인 것인가?

이러한 문제에 대하여 변증법적인 틀에 의한 가치체계의 발전적인 합의를 도출한다는 것은 보다 근원적이고 풍부한 개념을 이해하면 양자는 모순됨이 없이 새로운 통합의 의미가 찾아질 수 있다. 예를 들면 통제란 직접 이래라 저래라 하는 것이 아니고 부하 직원과 함께 목표와 기본적인 접근 방법을 합의하고 예외적인 사항의 발생하였을 때나, 정기적인 점검을 해 가는 방식의 통제라면 얼마든지 자율적인 움직임이 가능하여 진다.

두 번째 가설: Neo-Taylorism에 의한 system 정비

Taylor의 최대 업적은 직무에 대한 과학적인 관리였다. 당시에는 표준화와 세분화가 가장 중요한 합리화의 조건이었으나 요즈음으로 보면 표준화와 세분화보다는 좀더 포괄적인 의미로 담당업무에 대한 보다 명확한 정의와 업적 평가를 통한 임금 보상의 차별화가 한국기업에서 문제시되고 있다. 공장 내에서는 구체적인 작업이 준비되고 할당되며 그 일이 무엇인지를 잘 설명하고 그 일에 대한 보상이 합리적으로 이루어져야 한다는 의견이 지배적으로 나타나고 있다. 따라서 현재 우리 나라에서 벌어지는 비인간화 내지는 작업방식에 대한 불만요인은 구미에서 나타나는 현상인 표준화나 세분화에 기인한 것 이라기 보다는 오히려, 잘 정돈이 안되고 계획되어지지 않는 무질서에 기인한다고 볼 수 있다. 팀제, QC, TQM 또는 Re-engineering 등 신경영기법이 투입되면서 더욱 필요한 것은 직무에 대한 분석과 그 수행 방법과 절차 등이 잘 정돈되어야 할 필요가 있는 것이다. 그러나 요즈음 신경영 또는 경영혁신의 내용을 살펴보면 조직은 유연(flexible)하여야 하고 팀장은 결재권한 강화되어야 한다는 이유로 지나치게 필요한 절차를 무시하고 자율에 맡기는 경향이 짙다.

이는 경영혁신이 Taylorism 또는 Bureaucracy를 탈피해야 한다는 발상에서 나오고 있기 때문이다. 그러나 우리 나라는 연공급체계의 운영으로 구미와 같은 직무분석이 한

번도 제대로 정착되지 않은 단계이고 다만 그 기법들이 산발적으로 산재하여 있는 상황이다. 다시 말하자면 공정 process 자체의 합리화는 매우 진전되어져 있다고 보여지나 이것이 인력자원의 활용과 제대로 연동되어져 있기 때문에 개개인의 입장에서 보면 업무는 혼란스러워져 있는 것이다. 교육 훈련에 있어서도 집체 교육과 외부교육은 어느 정도 진전되어 있으나 소위 말하는 OJT(현장교육)이 미비한 상태에 있다. 연공서열에서 탈피하여 성과중심의 인사제도 이행은 이렇게 Taylor의 기본 아이디어인 직무관리와 이에 필요한 절차 그리고 어떤 Skill이 구체적으로 요구되고 이를 개발하는 구체적인 방법과 같은 것이 인사관리와 총체적으로 연동 되어져야 함을 의미하고 있다.

3. 사안에 대한 실태조사

(1) 설문조사의 내용

설문은 9개의 항목으로 나뉘어져 있고 이중 5개 항목은 가설 1에 해당하고 나머지 4개의 항목은 가설 2에 해당한다. 전체적으로는 바람직한 사고방식과 방법을 제시하고 이것을 선택하도록 유도되어졌다. 우리가 찾으려고 하는 것은 과연 많은 종업원들이 이러한 바람직한 방향을 이해하고 또 공감하는가에 있다. 이해하고 공감한다면 조직 적합성이 있다고 판별되는 것이고 그렇다면 다음 단계로는 이러한 전제하에 필요한 system을 설계하는 일로서 사례연구와 함께 통합 모델을 제시하는 일이다. 검증의 방법은 95년 근로자 8백명을 대상으로 9개 항목에 대한 설문조사를 실시한 바 있다.

(2) 가설에 대한 검증

1) 첫 번째 가설

첫 번째 가설은 상충되어 보이는 가치관은 보다 풍부한 의미를 해석하면서 정반합의 틀에서 발전적인 의미를 가짐으로서 해결될 수 있다는 것이었다. 경영관리에 있어서 현안으로는 자율경영과 통제, 창조적인 활동과 성실성, 능력주의와 인화, 기업의 사회적 책임과 영리추구, 개인과 팀에 대한 문제였다. 이를 다섯까지 항목으로 대별하여 설문하였던 바 이 가설은 유효하다고 볼 수가 있었다. 이를 항목별로 정리하며 그 의미를 되새겨 보도록 하자. 아래에서 인용부호를 표기한 부분은 설문의 주요 내용이다.

a. 자율경영

"통제가 목표관리 식으로 진행되어 사전에 업무계획을 상사와 협의하고 그 결과에 객관적인 평가를 내린다면 자율과 필요한 통제는 동시에 이루어진다."

자율경영과 통제란 경영조직론에서는 개별화(differentiation)와 통합화(integration)의 유기적 결합의 문제로 다루었다. 다시 말하자면 자율경영이 촉진되려면 적절한 통제가 잘 발달하여 있어야 한다는 의미이다. 설문분석의 결과 자율경영이 혼란을 가져올 수도 있다는 의견도 12.8%나 나타나고 그저 그렇다는 의견도 25.1%나 되고 있었다. 그리고 자율경영이 시행되면서도 더욱 심한 강압적 통제가 가해지고 있는 경우가 있다는 의견도 74.2%나 보이고 있다. 응답자는 설문의 주요 statement를 충분히 이해하고 또 공감하였다.(84.2%)

물론 이러한 질문은 유도성 질문이긴 하다. 그러나 경영관리란 성격자체가 유도성이 있는 것이다. 문제는 이러한 방향으로 경영관리를 이끌어 간다고 하였을 때 종업원은 그 의미를 이해하고 따라와 줄 것인지 여부인데 설문 응답으로 보면 매우 긍정적이었다. 한편 다른 경영혁신도 마찬가지이겠으나 자율경영의 정착에 있어서도 인사관리의 정비가 긴요함도 나타내고 있다.

b. 창조활동

"창조활동의 과정을 보면 많은 정보를 소화해서 수많은 실험과 연구 끝에 몇 가지가 성공되어 빛을 보게 됩니다. 그러나 결과만을 보면 우연히 발생하는 게으른 작업으로 보여집니다. 다음 사항에 대하여 어떻게 생각하십니까? 성실하다는 것은 역시 창조활동에도 필요하다. 따라서 창조적인 일에 대하여서 빛을 보지 못한 업적들도 좋은 평가를 하고 장려할 필요가 있다."

창조활동이 한가한 것이 아니고 생산과정과 마찬가지로 정보와 시간 그리고 수많은 시험적 아이디어의 출현에 의해 결과적으로 성공적인 창조성이 나올 수 있다는 의미이었다. 창조성이 강조되면 성실한 사람들이 뒷전으로 밀린다는 의견이 26.7%나 보이고 있어서 역시 성실성과 창조성에 대한 정반합의 발전적 의미의 해석이 필요함을 보여주었고 이를 위해 창조과정에 대한 중간평가로 실패한 사례에 대한 보상 등이 필요함에 매우 공감하고 있었다. 또한 생산활동과 마찬가지로 창조적인 활동을 위해서도 시간과 자금의 지원이 필요하고 그래서 이제부터는 창조적인 활동의 전 부문에로의 확산을 위해서는 창조과정에 대한 충분한 이해와 이에 대한 실제적인 지원이 필요함을 공감하고 있다.

c. 능력주의

"능력주의라고 하면 근본적인 의미는 능력 없는 사람은 도태되고 능력 있는 사람만이 살아남는다는 것이라기보다는 모든 사람이 자신의 능력과 노력에 따른 적절한 기회를 제공받아 人和에도 도움이 될 수가 있습니다. 이 점에 대하여 어떻게 생각하십니까?"

능력주의 역시 인화를 해칠 우려가 있음을 46.7%의 응답자가 표시하고 있었다. 이 문제에 있어서도 능력주의란 객관적 평가에 따른 적절한 보상으로 해석했을 때 오히려 인화에도 도움을 준다는 사실에 75%가 공감하고 있었다. 인화와 능력주의란 언뜻 상충되는 것으로 보이는 것이나 능력과 업적을 잘 평가해서 너무 크지도 않고 적지도 않은 적절한 보상으로 이어졌을 때에 획일적인 처우를 하는 것보다 오히려 인화에 도움이 된다는 의미이다. 인화라는 의미를, 전체가 모두 능력에 상관없이 화목하여야 한다는 무리한 해석이 가해질 때 능력주의와 배타적인 관계로 나타나게 된다. 이 점에 있어서 신인사제도와 함께 조직구성원은 개인적으로 공감하고는 있으나 집단적으로 노동조합이 저항 할 것이라는 응답이 상당히 있었다. 이는 노총과 민노총이 현재 명분에 있어서 신인사제도를 반대하고 있어서 집단의 역학이 개인들의 집합적인 의견과는 다르다고 할 수가 있는 것이다. 한편 이러한 능력주의 인사로의 이행에 있어서 간부들의 의식이 제대로 바뀌지 않을 것이라는 우려가 매우 높게(70.5%) 나타나고 있었다.

d. 기업의 사회적인 책임

"기업이 사회적인 책임을 수행하도록 시민들이 법의 제정과 시민운동을 통해 압력을 가하고 그 테두리 안에서 기업은 본연의 목적인 영리추구만을 하여야 한다."

기업윤리에서도 기업이 도덕적인 존재인가 아닌가에 대한 논의가 있었다. 필자의 견해로는 기업이 도덕적인 존재임에도 불구하고 기업에 사회적 책임을 지나치게 강조하는 것은 무리라는 것이다. 오히려 사회운동과 시민의식의 발현을 통하여 법과 제도가 기업이 지켜야할 윤리적인 면을 제시하고 그 안에서 기업은 최대한 영리추구의 활동을 하도록 하는 것이 바람직한 것으로 보았다.

사회적인 선을 형성하는 것은 개별적 주체의 도덕적 의식과 행동이나, 기업 자체내에 있다기 보다는 사회분위기 자체와 통제(social control)에 더 큰 비중이 있다고 보여지기 때문이다. 그렇다고 기업이 부도덕해도 된다는 의미는 아니고 기업은 사회적 요구를 적극 수용해야 하는 차원에서 책임을 다할 수 있다는 의미이다. 이러한 가운데에 영리추구는 사회적 책임과 배타적이지 않는 통합적인 의미를 갖게 된다.

그러나 이 문제에 대한 응답은 부정적이었다. 응답의 내용은 "기업은 사회적인 역할을 담당해야 한다.(88.6%)", "적극적으로 수용해야 한다(92.5%)"로 나타났고 도덕적 무관심론을 대변하여 시민운동이 더 중요함을 표현하는 물음에 42.4%로 부정적인 의견이 더 지배적이었다. 어떠한 이유에서이건 응답자들은 기업이 도덕적인 존재로서 사회적 역할을 통해 이 사회에서 윤리적인 면에서 앞장서 줄 것을 요구하고 있는 실정이다.

e. 개인과 팀

"개인이 팀에 대하여 얼마나 기여했는가를 평가하면 설령 개인별 평가가 이루어진다 해도 팀의 결속이 오히려 강화 될 수 있다."

개인과 팀에 있어서도 우리 사회는 개인보다는 집단에 대한 가치를 더 두고 있다. 개인적인 희생이 약간 뒤따르더라도 팀 자체에 다 비중을 두어야 한다는 의견이 59%였다. 개인별 평가에 있어서도 40.6%가 부정적 의견을 나타내고 있었다. 그러나 이 문제 역시 적절한 개인별 평가는 오히려 팀을 결속한다는 통합적인 의미에 대하여 69.6%의 높은 긍정적인 응답을 하고 있었다.(아니다는 10.9%) 그리고 이 문제에 대한 실질적인 문제는 객관적 평가와 이를 담보할 관리자의 의식과 관행의 중요성에 대하여 각기 95.9%와 88.5%의 높은 공감대를 형성하고 있었다.

2) 두 번째 가설

두 번째 가설은 Neo-Taylorism에 의한 현장에서의 직무에 대한 과학적 관리라는 매우 기본적인 문제가 우선 해결되어야 하는데 이는 유연한 조직의 바탕이 된다는 것이었다. 따라서 적절한 직무분석을 통해 업무의 성격을 명확히 하고 이를 인사관리에 연동 시켜 금전적 보상으로 이어져야 한다는 고전적인 관리가 유연한 조직운영의 바탕이 되고 있음을 나타내는 설문이었다. 가설은 계수적용과 금전적 보상에 대한 설문을 제외한 타 항목에서 그 이해와 공감도가 충분하다고 검증되었다.[3]

a. 직무분석

우리 나라에서 여러 번 직무분석이 필요해서 이를 시행하는 기업들이 많이 있으나 그 자료들이 충분하게 활용되고 있지 못하였다.(71%) 그럼에도 이러한 직무분석이 유연한 조직 운영에 필요하다는 의견이 36%나 되고 있어서 결국 직무분석의 방법에 문제가 있음을 시사하고 있다. 그래서 직무분석을 플로우(flow) 개념으로 능력과 적성에 연결시키는 정도의 업무수행능력 조사표와 같은 방법을 사용하는 것을 제시하였던 바, 이에 대한 공감도가 매우 높게 나타나고 있었다.(92.6%) 그리고 현재 운영되고 있는 팀제에 있어서도 직무분석이 필요하다는 응답이 77.1%로 나타나고 있어서 팀제의 운영에서 팀장의 재량으로 무분별한 인사가 이루어질 수 있는 것에 대한 경종을 표현하고 있었다. 이처럼 팀제와 같은 매우 유연한 조직운영에 있어서도 직무분석이 필요하나 그 방법이 적절한 수준에서 보다 간이하게 이루어져야 할 것으로 사료된다. 이 직무분석의 방법에 대하여 Activity Matrix의 설정부분에서 자세히 서술되어져 있다.

b. 계수적용과 금전적 보상

"모든 것을 돈과 계수로 다루려는 물질주의적인 시각이 문제입니다만, 그러나 업적과 능력을 평가하는 과정은 어느 정도 계수 적인 표현으로 가능하고 임금과 같은 금전적인 보상도 반드시 뒤따라야 하는 문제로 보여집니다."

계수란 실체의 반영이고 금전은 상대적 가치를 계량화 한 것이라는 것이 필자의 의견이다. 이 수치의 운영에 대하여 그것이 적절한 수준에서 의미를 나타낼 때(어림셈) 그 수치는 실체를 가장 잘 반영하고 있는 것이고 공정한 평가와 계산이란 오히려 인간적인 것이라는 것이다.

응답자는 대부분 우리 사회가 각박해지면서 인간관계를 계수와 금전으로 다루려는 경향이 커져가고 있다고 응답하고 있었고(87.2%) 계수를 다루는 방법도 어림셈을 잘 용납하고 있지 않았다(60.4%). 한편 인간적인 요인도 계수와 금전으로 환산되어질 수 있다는 데에 대한 이해와 공감도 38.9%로 낮게 나타나고 있었다. 그러나 계수를 잘못 적용하고 금전적 보상도 공정하지 않다는 지적도 48.3%에 이르고 있었으며 회사의 보상도 금전이 뒤따를 때에 한층 그 의미가 돋보인다는 의견에는 69.7%라는 높은 공감을 하고 있었다.

c. 절차

"절차가 불필요한 것은 아니라고 보여진다. 오히려 자기 멋대로(arbitrary) 업무 처리하는 것 때문에 문제가 발생한다. 불필요한 절차는 제거하고 핵심적인 것들을 수정 보완해서 현실성 있게 부단히 개선하여야 한다."

절차가 복잡한 것에 대한 불만은 70.5%로 매우 강하게 나타나고 있다. 그럼에도 절차를 무시하고 적당히 처리하는 것과 자기 멋대로 업무처리를 하는 것이 문제라는 견해가 각기 51.9%와 51.3%으로 나타나고 있었다. 업무처리의 절차에 대한 개선이 매우 필요한 것으로 나타나고 있었고(96.6%) 그 방법이 담당자의 참여가 필요함을 나타내고 있었다(94.5%). 결국 절차자체가 문제가 아니라 절차의 개선과 합리적인 운영이 유연한 조직운영에 필수적이라는 데에 공감하고 있었고 이를 통하여 혼란도 감소할 수 있다는 데에 매우 크게 공감하고 있음을 알 수 있다.

d. 개인의 역할과 성격

"개인의 역할과 집단의 성격을 핵심적으로 명확하게 해주고 대신 그 범위 내에서 개성이 한껏 발휘되게 하여야 한다."

개인과 집단의 역할에 대하여 명확한 것이 인간관계에도 도움이 될 수 있다는 것에 대한 설문이었다. 자신의 역할과 개성을 개발하여야 한다는 데에·충분히 공감하고 있었으나(77.9%) 조직생활에서 두드러지지 않는 것이 좋다는 의견이(41.2%) 지배적이었다. 튀는 것을 두려워 한 것이다. 그러나 다음 설문에서 개인과 집단의 역할을 분명히 하고 그 범위 내에서 개성이 한껏 발휘되어야 한다는 물음에는 72.5%라는 높은 긍정적 반응을 보이고 있었다. 그 의미는 역할이 명확하면 개성이 발휘될 수 있고 또 그러기를 바라는 것이다. 역할이 불분명하면 혼란이 오고(81.9%) 이때에 혼란한 인간관계에서 두드러지는 것은 위험할 수도 있다는 의미로 해석된다.

결론적으로 역할과 관계를 융통성 있게 정립하고 개성이 발현할 수 있는 그러한 문화풍토의 조성이 필요함을 공감하고 있다고 볼 수 있다.

1. 전통적인 인사관리의 기능은 채용, 교육 · 훈련, 전보 및 배치, 임금관리 그리고 퇴직과 복리후생 등이다. 이것은 인사 부서의 기능을 나열한 것이다. HP의 보고서도 IBM과 유사한 내용을 담고 있는데, 그것은 영업의 Partner로서의 인사관리라는 점을 부각시키고 있다. 현업의 관리자들에게 인사 · 조직에 대한 문제를 자문하고 그들이 필요로 하는 서비스를 제공할 뿐만 아니라, 경영혁신을 주도적으로 추진하여 원가의 절감과 품질의 향상에 앞장서야 한다는 요지이다. 또 하나 특기할 만한 사항은 안전과 환경문제가 최고경영자가 신경 써야할 1차적인 항목이라고 지적하고 있다.

필자는 인사 부서는 평가의 방법을 갖고 있어서 이를 planning과 연동 시키면, 사실상의 조직의 움직임의 향방을 결정짓는 management process의 마지막 보루라고 생각한다. 직원을 움직이는 최종적인 힘은 인사의 평가와 이를 반영하는 것에 있기 때문이다. 따라서 인사 담당자는 현업의 움직임을 보다 더 잘 파악하고 있어야 하며 현업을 지원하는 전략적인 움직임에 보다 더 유념하여야 한다.

2. 김성환, "인사·조직 패러다임 변화의 핵심" 한국노동 연구원, 1996. 이 장의 내용들은 본인의 상기 졸저에서 실태조사 부분을 발췌하여 수록한 내용임. 이 가설들은 "신경영과 현장노사"(김성환, 한국노동연구원 1995)에서 제기된 문제들을 이어 받아 이를 해결할 방법을 찾기 위하여 설정한 가설임.

Q & A Q & A Q & A Q & A Q & A Q & A Q & A Q & A Q & A

Q : 설문의 내용이 매우 자의적으로 느껴집니다. 어떠한 사실의 규명보다는 유도성 질문이고, 또 그 내용도 명확하지 않습니다.

A : 이 설문을 대하는 응답자는 내가 왜 이런 질문에 응답해야 하는지 또 무엇을 물어 보는지 잘 모릅니다. 설문 중에는 바람직하다고 생각되는 조직운용의 방법을 기술해 놓은 statement가 있습니다. 필자의 의도는 경영자가 이런 식으로 경영하면, 직원들은 이를 이해하고 따라 오겠느냐를 확인하는 설문 내용들입니다. 응답자가 설문자의 이런 의도를 잘 모르는 것이 오히려 보다 진실한 답을 얻어내는 데에 좋습니다. 그리고 경영이라는 것 자체가 유도하는 것이지 衆意를 따라가는 것은 아닙니다. 이런 설문은 action을 위해 설정된 설문입니다.

Q : 이런 내용이 왜 'Paradigm Shift ; 변화관리의 방향 모색' 이라고 합니까?

A : 우선 기업의 문화라는 것에서 경영이념이라 표현할 수 있는 것은 기실 인사조직의 원리입니다. 여기에서 그 원칙이 무엇이라는 표현만으로는 부족하고 실제로 조직내부에 상충하는 의견을 조절하고 어떻게 경영관리의 원칙과 기업의 문화풍토 바꿀 수 있는가에 초점을 두어야 하기 때문에 이런 제목을 붙인 것입니다. 이것도 역시 action개념으로 파악하시는 것이 보다 현실적입니다. 기업문화 활동에서 꼭 해주어야 하는 문제는 변화의 와중에서 조직 내에 산재하고 있는 여러 가치관을 발전적으로 해석하는 것이고 이것이 변화관리의 실질적인 방향감각을 조직구성원에게 가져다 줄 수 있는 것입니다.

그리고 설문조사를 통해 우리 나라 기업에서의 사람들의 생각과 의견의 현주소가 어딘 지를 가늠해야 변화의 올바른 방향과 속도를 조절할 수 있습니다.

4장 총체적 접근 ; Culture Formation

「기업문화는 인사의 지원으로 목표관리에 연동되는 총체적 접근이 필요하다」

1. 기업문화와 인사관리

기업문화가 경영의 제5자원으로 일컬어 졌었다. 기업문화 선풍이 불었던 일을 기억한다. 초일류 기업과 고객만족이 그 주된 내용이었다. 어떤 이는 기업문화란 기업과 그 구성원에게 존재의 의미를 밝혀 주는 것이라 했다. 당시에는 필요한 일이었다. 그러나 우리 나라 사회는 이미 이익사회의 가치관과 인간관계가 성숙해 가고있다. 이런 상황에 business의 영역인 상대적 가치체계의 세계에서 절대적인 의미를 직접적으로 찾으려 하면, 혼돈과 무리가 따른다는 것을 알 수 있다. 기업에서 일하는 사람에게 가장 필요한 일은 당신은 어떤 제품을 만들고 있다는 정보이다. Product Concept이다. 그 기업과 구성원의 identity를 가장 잘 표현하는 것은 제품 또는 서비스의 종류와 성격인 것이다. '당신 누구요?' 하면, 자신이 어떤 일을 하고 있다는 대답이 가장 적절한 것이다. 기업문화는 바로 여기부터 출발하여야 이 후 그 기능을 십분 발휘할 수 있다. Business의 핵심이기 때문이다.

또 사람들에게 정신 무장을 시키려고 가치관을 주입하려면, 그 가치는 실상을 반영하는 진실성이 결여되는 수가 많다. 주인의식을 가져야 한다고 한다. 그런데, 주인도 아닌데 어떻게 주인의식을 가져야 하는가? Marx 아저씨는 이를 허위의식이라 했다. 진짜 주인행세를 하려 들다가는 큰 코 다친다. 주인의식을 갖게 하는 가장 좋은 방법은 주식을 나누어 주는 것이다. 아니면 상사는 업무에 대한 책임과 권한을 분명히 하고 권한 이양을 한 후 평가하여 이에 상응하는 보상과 연계하면 주인의식을 가지라는 말은 의미를 갖게 된다. 노사는 하나라고 하면, 노동자에게 성과를 배분하고 경영에 참여시키면 노동자도 경영과 자본에 의한 이익을 함께 나누기 때문에 말 안해도 노사가 하나임을 알아차린다. 이처럼 우리에게 필요한 것은 가치관의 강화가 아니라 그 가치관을 반영하는 실체를 형성하는 일임을 쉽게 간과 할 수 있다.

그런데 그 가치관의 출처가 어디일까? 나 같은 사람은(필자) 내가 다니는 직장과 조국과 민족의 영원하고 무궁한 발전은 2차적인 관심사다. 우선은 나의 신변과 보수이다. 나에 대한 인사 문제인 것이다. 우리 사회가 Gesellschaft로 이행하면서 이런 사람이 점점 많아지고 종업원의 가치관은 회사의 vision과 회사가 설정한 기업문화가 좌우하는 것이 아니고 각자에 대한 인사가 그들의 가치관을 형성하는 주요 요인인 것임을 알 수 있다. 그래서 기업문화 운동을 하면서 인사정책의 근본적인 변화 없이는 그 효과는 반감하고 만다. 모 기업의 인사 담당자가 인사평가제도와 승진 및 성과급 지급기준을 바꾸었다가 일주일만에 전화 500통을 받고 밤잠을 설쳤다. 당신이 성감대를 건드린 것이오. 이제야 조직을 변화시키는 힘이 어디에 있다는 것을 알았으니 그 칼을 잘 다루도록 하시라고 권유했다. 인사 policy의 변화가 없는 기업문화는 다분히 전시효과(Hawthorn Effect)만을 가져온다. 그저 그런 일인 것이다. 그러나 기업문화를 통해 구조적인 변환을 이룩하려 했다면, 인사 policy의 변환은 필수적인 것이다.

골프 치는 사람은 목표물을 째려보고는 공을 치는 순간 공만을 응시하고, 치고 나서도 공을 보려하지 않아야 한다. 제대로 치면 공은 목표물에 날아가고 고개는 절로 날아가는 공을 보도록 돌아간다. 우리가 강조해야 하는 대목은 head-up하지 않고 구성원들 현장의 정서를 직시하는 일이다.

HP의 기업문화는 곧바로 인사고과로 이어진다. 애매한 태도고과 항목이 따로 있는 것이 아니고 업무처리를 기업문화에서 정한 principles를 제대로 응용했느냐가 태도를 반영하고 있다. 성과를 창출하는 과정이라는 관점으로도 활용된다. 미국에서는 목표관리를 하다보니 사람들이 지나치게 성과의 수치에만 매어 달려서 그 과정도 중요하게 다루어야 했기에 그 과정을 어떻게 처리하라는 지시를 명시했고 그것이 다름 아닌 기업문화인 것이다. 이쯤 되면 기업문화에서 좋은 말만 골라 할 수는 없다. 지켜져야 하고 평가 되어져야 할 사항이다. 또 영업에 도움이 안되면 폐기 시켜야 하는 것이다. 태도란 무엇일가? 여직원이 짧은치마를 입고 엉덩이를 흔들어 대면 나쁜 태도 일가? 윤리적으로 문제가 되지 않는다면, 고객이 좋아해서 물건 사가고 같이 있는 남자 동료가 좋아해서 분위기가 밝아지면 좋은 태도 아닌가? 거꾸로면 나쁜 태도이다. 다시 말하면 태도의 가치판단은 자신이 하는 것이 아니고 고객이 하는 것이다. 영업에 도움이 되는가 아닌가가 기준이 된다. 영업이 잘되려면 어떻게 해야하는가? 그것이고과의 기준이자 기업문화의 요소이기도하다.

기업문화에서 인사관리로 이어지는 두 번째 다리는 인사와 조직에 대한 원리이다. 좁은 의미의 문화란 의식이다. 생각하는 바를 올바른 방향으로 인도하는 일이 기업문화가 하여야 할 일이다. 3장 경영관리의 Paradigm Shight에서 단편적으로 언급되어진 사항들을 포함한다. 기업 내에서는 여러 갈래의 견해가 있고 때때로 이것들끼리 상충하기도 한다. 대부분 인사와 조직운영에 관한 사항들이다. 능력주의와 인화, 개인과 팀, 자율과 통제, 노사관계, 기업윤리…등등이다. 이것들은 대부분 경영자의 몫이다. 태도에 관한 사항들이 전체 종업원들에게 해당된다면 이런 사항은 경영자들의 인사·조직의 운영 방식에 연결되어 있는 것들이다. 변증법의 논리가 주효하다. 이미 언급된 사항들이기에 생략한다.

세 번째의 다리는 부문별 미션에 해당한다. Product Concept는 기업경영에 핵심이되고 이를 토대로 각 부문은 어떠한 미션을 부여받게 되는지가 도출된다. 기업이 내거는 slogan이나 기업문화의 중심개념은 우선 부문별로(functional) 무엇을 의미하는지가 설명되어져야 한다. 예를 들면, 관리지원은 현업의 활동이 능률적이고 효과적으로 달성될 수 있도록 단순하고 신속하게 필요한 점검과 조언 그리고 정보를 제공한다. 해외영업의 경우는 시장 선점을 추진한다. 물류는 주문에 신속하게 부응하는 물류 체계를 구축한다…등등. 이처럼 기업문화를 통해 미션을 토대로 자신이 해야할 일의 목표를 부여받고 이는 팀과 자신의 인사고과의 출발점이 된다.

2. 인사관리와 경영혁신(TQM, MBO)

인사관리란 무엇일까? 사람을 관리하는 것일까? 아니다 K이론에서 보면 인사관리는 업무를 관리하는 것이다. 사람과 업무의 변증적 관계를 파악해야 하고 그 중에서도 근간은 업무이다. Managerial Grid에서는 양자 모두가 중요하다고 했으나, 기업은 사람을 위해 존재하는 것이 아니고 업무를 수행하기 위해 사람을 모은 사단법인이다. 특정 목적을 위해 만든 단체이지 사람이 모여서 무엇을 하자고 결정하는 것은 아니다. 인사가 경쟁력의 원천인데 인사는 TQM과 같은 업무혁신을 통해 하라는 Jeffrey Pfeffer의 말을 귀담아 들을 필요가 있다. 인사관리를 함에 있어서 잊지 말아야 하는 것은 무엇을 위해 인사관리를 하는 것인가 이다. 영업을 위해서이다. 이를 business partner로서의 역할이라 한다. Business의 상황을 읽어야 한다.

TQM을 예를 들어보자. TQM을 추진하다 보면 어느 부서, 어느 업무에 누구를 배치시켜 무슨 일을 어떻게 시켜야 하고 그 사람을 어떻게 훈련시켜야 할지 알게 되고, 사실상 TQM의 최종적인 성패는 인사에 달려있다고 해도 과언이 아니다. 이런 일이 무엇인가? 업무에 누구를 배치시키는 일이 전환과 배치이고, 무슨 일을 시키는 것이 직무명세 내지는 직무기술이다. 훈련과 교육은 인사관리의 기본이고, 이들에게 동기를 부여하는 일 중에 큰 것은 임금과 보상 그리고 승진이다. 인사관리가 이것이 아니고 무엇이겠는가? TQM은 또한 인사평가의 기초가 되기도 한다. TQM과 ISO인증을 받기 위하여 검증기관이 제시하는 평가항목을 서둘러 정비하고는 상을 받거나 인증을 받으면 이내 사그러 든다. 잘 보면 그것들은 quality를 평가하는 항목으로 인사고과 또는 팀평가의 주요 항목임을 알 수있다.

목표관리(MBO)가 시행되면서 업적평가의 중요성이 부각되어진다. 과거 일본에서 방침관리가 우리 나라에 도입되기도 하였다. 한동안 일본은 이 방침관리를 하면서도 직능자격제도의 틀을 계속 유지한 것으로 보인다. 그러나 이 때에 개인별 인사고과에서는 방침관리의 업적부분이 제대로 평가되지 않는다. 요즈음 우리 나라에서 시행되기 시작한 목표관리도 이와 유사한 문제점을 안고 있다. 이런 점에서 인사평가의 틀이 다시 점검되어져야 한다.

개인의 업적이란 그가 해낸 일인 것이다. 일의 성과인 바 용어로는 '직무가치 × 달성도' 로 표시할 수 있다. 다른 요인도 작용하기는 하나, 근간은 해당업무의 직무가치와 그 일을 얼마나 잘 처리했느냐를 판별하는 것이 개인별 업적평가의 요체이다. 보라! 직무가치가 중심개념이고, 이 때에 직능자격제도와는 간격이 있음을 한눈에 알 수가 있다. 직능자격제도는 Skill Based Payment의 일종인 것이다. 우리 나라에서 신인사제도라고 정착시켜 놓은 인사제도가 이제 목표관리를 시행하면서 이런 점을 보완하여야 한다. 또한 목표관리에서 방침관리 식으로 회사전체의 목표를 사업부 또는 부문으로 그리고 팀을 거쳐 팀원 개인까지 내려오는 것만을 개인 또는 팀의 목표로 설정하는데 에는 무리가 있는 것이다. 우리들의 경험으로는 개인별 수준에서는 담당업무가 팀의 목표에 우선하고 또 담당자의 업무를 포괄적으로 목표에 반영되어야 한다. 따라서 개인업무를 중심으로 그 업무의 목표가 무엇이라고 기술하고(responsibility) 이 목표가 팀의 목표와 연관성 있게 처리되도록 하여야한다. 이렇게 하여야 팀원들은 자신이 한 일에 대하여 포괄적인 평가를 받게 된다. 이렇게*목표의 설정은 자신의 담당 업무에 기초하여야 하는데 이 업무의 난이도가 사람마다 다르다. 그래서 사전에 전사적으로 직무평가를 하여 직무가치를 설정하여 놓아야한다. 물론 직무가치를 설정하는 방법은 여러 가지가 있고, 이 책의 뒷부분에서 현재 우리 나라 실정에 맞는 것으로 activity matrix개념과 시행 방법을 제시하고 있다.

최근 연봉제가 많이 검토되고 있다. 그런데 이 연봉제의 골격이 무엇이냐가 실질적인 문제이다. 연봉제란 annual contract일 뿐 연봉책정의 기준에 따라 실질적인 내용이 달라진다. 실질적 내용은 평가와 이를 반영하는 임금체계의 운용에(salary administration) 있다. 평가의 기준이 직무가치를 설정하고 그 성과를 반영하면 직무성과급의 골격과 같게 된다. 직무가치와 성과를 임금에 반영하는 방법(salary administration)도 여러 가지를 생각할 수가 있다. 연봉제가 아니고도 임금차별화의 방법이 여러 가지가 있을 수 있다. 현재의 임금직급체계의 외형을 그대로 유지하고도 성과의 반영은 가능하다. 승진에 반영하면 된다. 누적점수를 써서 승진 시에 고려하면 어떤 형태로든 개인별 목표관리는 인사제도에 연동된다. 더 자세한 내용은 후술하기로 한다.

다른 경영혁신과 마찬가지로 목표관리의 시행을 담보하는 가장 좋은 수단은 인사제도에 있다. 이렇게 보면 인사제도의 설계는 인사관리를 위한 인사관리가 아니고 목표관리의 성공적인 정착을 위한 제도로서도 활용되어야 한다. 그러려면 목표관리에서의 control 변수를 인사제도에 적절하게 반영하여야 한다. 그래서 인사관리 전문가들은 경영혁신의 방법과 진행상황 그리고 추진의 bottle-neck이 어디에 있는가를 가늠하면서 인사제도를 운영하여야 한다.

BPR에서도 보면 업무 flow에 대한 이해가 선행되어야 하는데 이는 다름 아닌 직무분류와 체계를 의미하는 것이다. 팀장과 팀원들은 이 업무 flow를 이해하고 어떤 업무는 out-sourcing하고 어떤 업무는 삭제하거나 통폐합하고 또는 그 순서를 바꾸어 놓는 일

에다 전산처리를 하는 것이다. 따라서 팀장과 팀원의 업무에 대한 이해와 참여가 BPR 추진의 선행단계가 되어야 한다. 다름 아닌 인사관리의 업무배분의 문제인 것이다.

3. TQM과 목표관리[1]

현재 우리 나라에서 비효율적이라기 보다는 경영혁신이 가장 필요한 부문이 사무, 관리직 분야이다. 제품 생산과 직접적인 부서에서의 직접 재료비와 직접 노무비에서의 원가 절감노력은 상당부분 추진되어 BPR과 자동화 그리고 R&D에 의한 공정 개선이 아니고는 더 이상의 효율화를 추진할 수 없는 상태이다. 이에 비해 간접부문의 비중은 날로 커가고 이 방면의 성과 측정이 애매하여 상당 부분이 방치된 상태이다. QC의 원래 의도가 생산현장에 국한 된 것은 아니었다해도 실제의 실천은 관리부문과 간접부문은 등한했던 것이다. TQC 내지는 TQM이란 다름 아닌 QC를 확대하여 이 간접부문과 관리 분야에 전사적으로 확산하는 것이다. 필자는 그 방법으로 목표관리에 TQM을 연동 시키는 것을 제안한다. 왜냐하면 목표관리는 대개 생산직을 제외한 전 팀원에 까지 적용되는 것이고 알고 보면, 목표관리란 plan-do-see라는 경영관리의 기본 cycle을 의미하기 때문이다. 또 다른 이유는 이런 제도를 실제로 운영하는 현업의 관리자와 팀원들에게, 한 줄거리에서 연관성 있게 경영혁신이 추진되어야 헷갈리지 않고 여러 가지 자료를 따로 만들어야 하는 불편함을 덜어 줄 수 있다.

평가부분에서 Baldridge Award나 데밍상 수상의 심사항목들은 경영전반에 대한 항목들도 포괄하고 있어서 수상이나 인증을 받은 후에도 이러한 항목들을 지속적으로 팀과 부문평가의 항목으로 설정하여 지속적인 관리를 할 필요가 있다.

한편, 목표관리에 있어서 품질목표를 상시화할 필요가 있다. TQM에 있어서, PDCA(Plan Do Check Action)이라 함은 이것을 의미한다. TQM의 관리항목에 대한 구체적인 목표를 일상 업무화하여 팀과 사업부 그리고 팀원 각자는 當該 年度의 품질관리 세목의 구체적인 목표를 설정하고 이를 시행하여 평가받고 필요한 추가 조처를 취하는 것이다.

TQM과 인적자원관리의 관계에 대하여는 여러 문헌에서 또 앞에서도 언급되었으므로 여기서는 생략하기로 한다. 다만 그 기본 아이디어는 인적자원의 패러다임이 참여적이라는 점에 있다.

목표관리의 계획 단계에서도 다음과 같이 TQM 기법들을 활용할 수도 있다.

계획의 1단계 : 아이디어와 문제의식의 정리
　　　　　　　- KJ기법에 의한 언어적인 발상의 정리(Brain Storming의 병행)
　　　　　　　- 관련도법에 의한 논리적인 체계화

계획의 2단계 : 문제해결의 수단과 목표의 설정
　　　　　　　- 특성요인도에 의한 근본 요인의 추적
　　　　　　　- 계통도법으로 목적과 수단의 연계 추적
　　　　　　　- 매트릭스 도법에 의한 구체적 방법의 선택

계획의 3단계 : 방법을 순차적으로 배열하여 처리한다
　　　　　　　- 애로우 다이어그램 ― 일정계획
　　　　　　　- PDPC(process decision program chart) ― 과정을 check

4. 목표관리, 평가, 예산과 ABC(Activity Based Costing)[2

Activity Based Costing에서는 그것이 시사하는 바 간접부문에 대한 비중이 커가는 현재 상태에서는 이를 Activity별로 분류해 내서 예산과 평가에 반영한다는 개념에 주목할 필요가 있다. 경영혁신의 과제는 크게 세 가지로 대별된다. 품질, 원가 그리고 시간인 것이다. 시간은 BPR에 연관된 문제이다. 품질 쪽의 문제는 TQM을 근간으로 하고 원가 쪽의 문제는 ABC가 주종을 이룰 수 있다. 자세한 내용은 생략하고, ABC의 기본개념과 그 활용방안을 우리가 찾고 있는 통합 module, 즉 목표관리에 연동 짓도록 하자.

목표관리에서의 평가는 두 축을 갖고 있다. contribution과 cost인 것이다. 이것은 평가의 두 축이기도 하나 planning 목표의 두 가지 축이기도 하고, 기실은 경영의 문제인 것이다. contribution을 측정하는 문제는 간단한 것은 아니나 mission에서 for whom, 즉 그 팀이 전달해준 성과물의 가치를 전달받은 팀이나 부서의 입장에서 판단할 수 있다. 여기서 이 contribution을 대강 네 가지 부류로 분류할 수 있는데 prime, shared, contributory, remote이다. Hay에서의 직무분석을 하여 그 직무의 accountability를 측정할 때에 쓰는 방법이다. 대강 계량화되어 질 수도 있다. Cost 면에서는 managerial accounting의 지원이 필수조건인데, ABC란 간접부문의 cost 를 보다 면밀하게 관찰할 수 있게 하는 것이다.

이렇게 하여 목표관리는 측정(measure)되어진다. 측정되어지지 않은 목표와 성과는 평가되어지지 않고, 평가되어지지 않은 목표와 성과는 잘 관리되어지지 않는다. 이런 경우 예산은 계획 기능을 상실하고 가용 fund로 인식되어져서 관리에서는 이를 축소하려 하고, 현업은 많이 쓰려한다.

이러한 악순환의 고리를 모르는 사람은 드물다. 그래서 참신한 사람이 이 고리를 끊고 제대로 관리하려 시도하기도 하는데 대략 두 가지 오류를 범한다. 첫째는 부분에 빠지고, 두 번째는 어림셈을 잘 못하기 때문이다. 이상에서 일관되게 추구하는 바는 총체적 연결 고리 이다. 기업 문화가 인사 관리에 연동되지 않으면 힘을 잃고, 경영혁신으로 펼쳐지지 않으면 구체적인 implementation을 상실한다. 목표관리가 경영혁신에서 plan-do-see라는 경영관리의 기본 축으로 작용하면서 TQM과 BPR을 상시화 시켜 나가도록 하여야 한다. 인사고과에 연동 시켜 가며 목표관리에 drive가 걸린다. 여기에 측정이 가능토록 하는 accounting이 개입하는 총체성을 발휘해야 하는 것이다.

두 번째 문제였던 어림셈의 이야길 하자. 사람들은 수량화 한 것과 정성적인 것을 나누어 생각하는 경향이 있다. 또 수량화 된 것은 객관적인 것이고 나머지는 주관적이라 판단한다. 이러한 사고는 우리 사회가 너무 경직되어 있기 때문이다. 결국 연공서열형 인사 체계도 확실한 근거란 연공뿐일 때 이를 기준으로 삼게 된다. 그러나 잘 보면 어떠한 현상이던 수로 표시 할 수 있고 측정이 가능하다. 다만 그 수치가 반드시 산술적 수치만이 아니고 또 그 셈이 불확실성과 부정확한 요인을 고려한 어림셈이라는 것이다. 크다 보통이다 적다라고 3단계로 표현할 수 있고, 5점 척도로 '매우 적절하다, 적절하다, 보통이다, 아니다, 전혀 아니다'로 수량화 할 수 있다. 다만 이때의 숫자는 산술적 의미의 숫자가 아니란 점을 유념하여야 한다. 또한 회계원리에서는 중요성의 원칙이라는 것이 있다. 중요하지 않은 것은 count하지 말라는 것이다. 꼭 지켜야 하는 원칙이다. 그 의미는 회계는 best-estimation이고 중요하지 않은 의미 없는 수치는 오히려 진실을 오도한다는 의미다. 적절한 어림셈이 가장 정확한 수치인 것이다. 이렇게 수치를 다룰 때에는 그 의미를 항상 잊지 말고 셈을 해야한다. 알고 보면 산수가 미적분 보다 훨씬 어려운 과제 일 수도 있다.

예산관리에서도 주요항목의 하나는 인건비이다. 몇 사람이 필요한가는 activity별로 업무를 분할하여 보아야 과학적일 수 있다. 또 activity별로 contribution과 투입 man-hour를 기초로한 cost를 비교해 보아야 쓸데없는 일인지 비용에 비해 가치를 창출하고 있는지를 가늠할 수 있게 된다. 여기서도 실제의 계산보다는 感을 잡는 일이 중요하다.

과 주

1. 신 QC 7가지 도구, 한국표준협회, 1982

2. 요시카와 다케오 외, "A.B.C. 회계혁명" 신홍철 · 배병한 옮김, 21세기북스, 1995

Q & A Q & A Q & A Q & A Q & A Q & A Q & A Q & A Q & A

Q : 1장에서는 가치, 제도, 실천의 삼각구도를 제안하였으나, 4장의 내용은 역시 기업문화라는 가치중심의 통합이 아닙니까?

A : 물론, 기업문화를 평가의 자질항목으로 두어 업무수행과정에 대한 평가기준으로 삼은 것과 인사조직의 운영원리 그리고 미션의 설정에 있어서도 기업문화가 작용되게 하였습니다. 그런데 목표관리를 중심한 제도의 설정은 기업문화가 어떠하던, Plan-Do-See라는 cycle의 결합에서 일차적인 출발을 삼고 여기에 기업문화의 요소를 가미하고 있습니다. 그리고 가치중심이라고 할 때는 기업문화와는 좀더 뉘앙스가 다른, 당위적인(sollen) 특질과 이상적인 모델을 말하는데, 통합모델에서의 기업문화는 출발부터가 practical한 접근을 시도하기 때문에 당위적이거나 이상적인 가치중심의 체계는 아닌 것입니다. 실천의 측면에서는 결론에서 통합모델을 제시하고 있습니다.

Q : 먼저 기업문화를 설정하고 차차 실천 방법은 강구하면서 목표관리와 인사제도를 설계하여도 좋지 않습니까?

A : 함께 처리하는 것이 좋습니다. 인사와 목표관리에 반영이 되는 기업문화라고 할 때 애초부터, practical한 접근을 하게 되고, 좋은 말만 골라 허나마나한 말을 삼가하면서, 정말 필요한 지침을 만들어갈 수 있게 됩니다. 그리고 직원들의 반응도 사뭇 다르게 나타납니다. 어떤 학자들은 심지어는 인사 policy의 실질적 변화가 없는 기업문화운동과 경영혁신들은 campaign이라고 하며 아예 그 실효성조차 논외로 하고도 있습니다.

2부 K 경영관리의 Structure
(계획, 평가, 임금 · 직급 체계)

5장 Structure의 설정

「목표관리에 의한 평가를 salary administration으로 이어 받는다」

현재 우리 나라에서는 대기업을 중심으로 목표관리와 연봉제에 대한 검토가 가속화되고 있다. 사람들에게는 나름대로의 고정관념이 있다. 직무급이란 무엇이고 신인사제도와 직능자격제도란 무엇이고 또 어떻게 운용되어야 하는지에 대한 정의를 내리고 미리 틀을 설정하여놓고 있다. 연봉제에 대해서도 마찬가지이다. 이것이 오히려 걸림돌이 되고 있다. 경영자의 입장을 잘 이해하여 필요한 system을 창조적으로 고안하여야 한다. 사업하는 사람들은 이상의 용어들에 대하여 깊히 생각하지 않고 말한 것이다. 사업하는 사람의 요구는 단순해 보인다. 일 잘하는 사람 돈 더 주고 더 열심히 일하게 하는 제도를 만들어 달라는 것이다. "뭐 연봉제 같은 거 있잖아?" 라고 말할 때에 딱히 연봉제를 실시하라는 의미는 아니고 그런 효과를 낼 수 있는 제도를 만들어 시행하라는 말이다. 연봉제의 핵심은 무엇인가? 일 잘하는 사람을 가려내어 임금에서 적절한 차등화를 두는 것이다. 연간 베이스냐 시간 베이스냐는 문제가 아니다. 이런 각도에서 연봉제의 정의와(definition) 사례, 그리고 절차를 논의하면 핵심을 벗어난다.

현재 우리 나라는 신인사제도라는 직능자격제에 의한 연간 임금 총액을 계산하고 이것을 열둘 또는 열 여섯으로 나누고 업적평가를 해서 이를 특별 상여금에 반영하거나 임금인상율에 차등화를 두는 형태를 연봉제라고 한다. 과히 틀린 방법은 아닌데, 여기다 목표관리를 얹어놓으니, 목표관리와 인사제도의 상호관련성이 들어 맞지 않아, 이것저것 앞뒤를 맞추어 놓으니 뭐가 뭔지 한참 복잡하다. 이를 설명하려고 하니 임금체계에 대한 예시와 논리가 망라되고 임금의 구성요소는 생활보장 성격의 기본급, 직능자격에 대한 능력급, 성과에 대한 상여의 구성비가 얼마이고 그 이유는 무엇인가를 합리화하는 과정에서 보통 사람들의 근접을 막아 놓게 된다.

두 가지가 문제였다. 하나는 임금은 구성비와 그 이유가 중요한 것이 아니고 총액이다. 받는 사람과 주는 사람 모두 합이 얼마인지를 보는 것이지 생활급이 얼마, 능력급이 얼마, 성과급이 얼마인지는 별로 신경을 안 쓴다. 다 합쳐서 얼마인데 누구보다 얼마가 많거나 적은지를 헤아린다. 다시 말하자면 총액의 차등화가 핵심 포인트다. 연봉제건 연공서열이건 신인사건간에, 일 잘하는 사람 돈 더 주게 만들면 되는 것이다. 그러니 그 기준이 되는 평가와 차등화의 程度와 방법을 모색해야 할 일이다. 일 잘한 것에 대하여 돈이라는 상대적 가치로 환산하는 작업이 필요한 것이다. 임금차등화 내지는 개별화의 구체적인 방법은 후술하자.

두 번째 문제는 애써 한국적인 것 또는 동양적인 것을 찾다가 직능자격제도라는 신인사제도의 골격을 그대로 유지한 채 새로 떠오른 목표관리의 시행이 인사제도와 괴리가 발생한 것이다. K 이론에서 역시 미국이 경영관리의 모델 케이스임을 언급하였다. 사대주의 발상에서 나온 것이 아니고 사회·문화 변동을 잘 보면 이미 우리 나라는 90년대 초반 이후로 Gesellschaft의 특성이 두드러지기 시작했고, 따라서 80년대 일본 사회에 잘 통용되던 직능자격제도라는 신인사제도는 skill based payment의 일종이긴 해도 연공의 성격이 강하기 때문에 이젠 수정을 요하는 제도인 것이다. 허나 구조적으로 보면, 직능자격제도에서 사용하던 부품들을 버리지 않고 새로운 각도에서 재편하면 잘 사용할 수도 있는 것이니, 지금껏 헛일을 한 것은 아닌 셈이다. 목표관리는 일을 잘해보려고 만들었는데, 그 주안점은 업적에 있다. 그런데 직능자격제는 자격을 주축으로 운영되니 둘이 잘 어울리지 않음이 애초부터 분명한 것이다. 설령 직능의 자격을 주축으로 인사를 운영하는 것이 기능직들에게 더 유용하다해도 업무를 주축으로 재편되어야 하는 것이다. 이제부터 지금껏 언급한 여러 제도들의 관계와 의미를 정리하여보자.

1. 임금체계와 연봉제 개념

근로계약(반드시 계약서를 작성할 필요는 없음)을 하는 방법은 시간당 얼마로 임금을 정하는 경우 시간급(hourly based wage), 月定額(monthly)으로 정하는 경우 그리고 年間 베이스로 정하는 경우가 있는데, 연봉제란 年間베이스로 임금과 근로계약을 맺는 것이 원래 의미이다.

그러나 지금 우리 나라에서 논의되고 있는 연봉제는 이러한 辭典的인 의미를 말하는 것이라기 보다는, 年間베이스로 임금총액에 영향을 주는 평가를 하여 이것을 계약의 형태로 반영하는 방법의 제반형태의 임금제도라고 함이 타당하다. 따라서 연봉제의 실시 방법에 따라, 어떤 것은 기존의 임금체계에서 상여금의 차등을 두거나, 복수 임률표를 적용하던가 하는 정도로 연봉제라기 보다는 특별상여금제도 또는 복수 임률임금표라고 부르는 것이 오히려 적합한 형태도 있다. 기실 우리 나라에서 현재 시행되고 있는 것들은 대강 이런 수준에서 시작되고 있다. 그러나 그 출발은 이런 방식으로 하지만 점차 여건이 성숙하면 본래의 의미대로 보통 美國企業들에서 exempt 社員들(노조가입대상이 아닌 사람)과 임금계약을 체결하는 방식으로 변화되기를 희망하고 있다. 이러한 형태의 임금계약의 要體는 個別的인(individualisation) 평가와 이를 임금으로 반영하는 것에 있다(salary administration).

우리 나라가 현재 탈피하여 가려는 임금제도는 연공서열방식에 있는데 그 반대되는 개념이 바로 개별적인 평가에 의한 임금체계라고 할 수 있고, 이러한 의미에 있어서의 연봉제가 바로 우리기업들이 추구해야할 임금지급 형태인 것이다. 우리 나라 대기업들은 90년대 초반 직능자격제도라는 신인사제도를 도입하였다. 당시에 이를 능력주의 인사체계라고 하였다. 그러다가 90년대 후반에 들어서서 연봉제가 선풍을 일으키기 시작하고, 현재는 100대기업의 70%이상이 이 제도의 도입을 이미 시작하였거나 검토 중이라고 하였고, 이제는 인사관리에서 성과주의라는 말이 대두되고 있다. 능력주의에서 성과주의로 선회한 것을 의미한다. 양자는 연공서열에서 탈피한다는 점에서 공통점이 있고 성과주의라 해도 능력을 중시한다는 점이 있기는 하지만, 다른 것이다. 일 잘하지만 능력이 좀 모자라는 사람과, 일은 잘 못하지만(향후의 가능성도 포함하여) 능력이 많다고 보이는 사람 중에서 누구를 우대할 것인지를 보면, 전자를 우대하면 성과주의이고, 후자를 우대하면 능력주의라고 할 수 있다. 상식적으로 장사를 하는 사람들은 '일 잘하는 사람을 돈 많이 주라'고 한다. 성과주의인 것이다. 연봉제가 대두되게 된 연유도 여기에 있다.

직무급과 직능자격제도란 것은 연봉제이냐 연공급이냐 하는 분류와는 조금 다른 범주에 속한 제도라고 할 수 있다. 현재 대한민국육군의 직무·직급 체계는 미군의 체계를 그대로 받아들인 것으로서 직무급과 연공급을 더한 것이다. 또 우리 나라 정부조직도 직무급 체계에다 연공급을 더한 것이다. 다시 말하자면 연공급이란, 평가를 연공을 기본 축으로 하는 것이고 업무체계를 직무에 두고 있는 것인가 직능에 두고 있는 것인가는 업무 수행체계를 말하는 것이라고 할 수 있다.

이것을 그림으로 표시해 보면 다음과 같다.

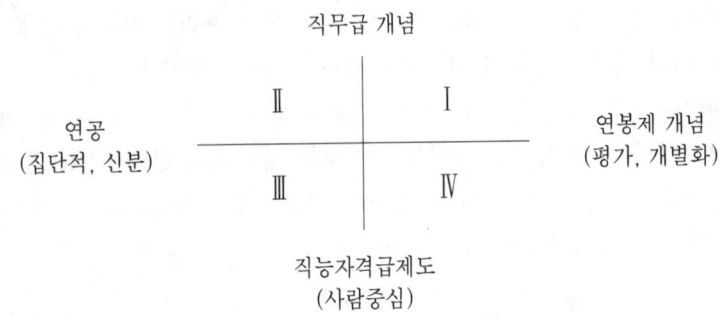

X축은 평가를 얼마나 집단적으로 정태적인 방법을 시행하느냐에 따라 연공의 비율이 크게 좌우되는 것이 연공급이라고 할 수 있고, 그 반대로 개인별 업적이나 능력의 평가에 의한 임금의 차등화를 크게 하면 할수록 우리가 의미하는 연봉제의 개념에 접근하는 것이다. 따라서 X축은 평가와 임금차등화의 個別化(individualisation) 정도를 나타내는 것이라고 하겠다.

Y축은 인사에 있어서 업무와 사람의 결합을(matching) 무엇을 기축으로 할 것인가를 말한다. 임금지급의 방식으로 보면 누가 그 업무를 하느냐 보다, 그 업무의 등급(position)에 따라 지급하는 것이 직무급 체계이고, 사람이 갖고 있는 능력이나 자격에 따라 임금을 지급하자는 것이 직능자격급(skill based payment)제도라고 할 수 있다. 이 주제는 별도의 논의를 필요로 하기 때문에 다만 결론적으로 직무급이냐 직능자격급이냐 보다는 업무와 사람의 결합(matching)에[1] 초점을 두어야 한다는 것만 언급하기로 하자.

위의 그림에서 보면, 성과주의는 1상한을 나타내고 4상한은 능력주의를 나타낸다. 성과주의는 직무를 중심한 이야기이고, 능력은 사람의 직능자격을 의미하기 때문이다. 그러나 공통적으로는 신분과 연공에 의한 인사에서 탈피하려는 것이다. 우리 나라 공무원과 군인들의 인사제도는 2상한에 속하고, 신인사제도라는 직능자격제도는 4상한이 아닌 3상한에 속한다. Skill Based Payment이지만 자격등급의 승급에서 유럽보다 훨씬 연공이 좌우하고 호봉에 의한 임금인상이 크게 작용하고 있기 때문이다.(호봉이란 연공을 임금으로 반영한 것이다.)

2. 업적평가로서의 목표관리

평가의 항목은 보통 능력, 업적, 태도라는 세 가지 요소로 대별한다. 그러나 연봉제가 최종적인 목표로 하는 것은 업적 평가에 있다. 왜냐하면 그 사람의 능력이나 또 태도보다 주안점이 되는 것은 업적에 있는 것이다. 최종산물은 업적에 있고, 능력과 태도는 그 과정이고 가능성이다. 그리고 능력과 태도라는 것은 업적을 산출하는 과정으로 보아야 무엇이 정말 필요한 능력과 태도인지를 판별할 수 있게 된다.

능력+태도 ─────────────▶ 업적

따라서 업적은 능력과 태도까지도 반영하는 가장 포괄적인 고과의 항목이라고 할 수가 있다. 그런데 이 업적을 평가하는 방법에 있어서 운수가 좋아 업적이 좋은 수도 있고, 또 팀웍을 깨뜨리면서 자신의 업적만 크게 하는 수도 있어 이것들을 조절하는 장치가 있어야 한다. 또한 부하직원의 업적은 상사의 명령과 지휘에 따라 크게 좌우될 수도 있기 때문에 오히려 업적보다는 그 가능성인 능력과 태도를 더 중요하게 생각하여야 하는데, 이런 경우도 일을 어떻게 하였는가에 착안한다면, 개인에 대한 정당한 평가가 이루어 질 수 있다고 할 수도 있다. 또 연봉제가 시행되는 가장 이상적인 조건에서는 이른바 목표관리(MBO)제도가 가장 적은 단위(개인 또는 팀)에 까지 시행되어 이 경우 자율권이 어느 정도 보장되어 있는 상태이므로 기능직 또는 초급직원에게까지도 능력과 태도를 포괄하는 업적고과로 가름할 수도 있다. 하급직원의 경우는 목표관리의 양식이 대폭 간소화 될 수도 있다.

그런데 성과 내지는 업적을 평가할 때의 기준은 일을 잘한 것을 의미한다. 여기에는 일 자체에 대한 평가, 즉 직무의 가치를 평가해야, 그 다음 그 일을 잘했느냐 못했느냐를 가늠하는 것이 의미가 있게 된다. 극단적으로 말하자면, 신제품 개발을 잘한 사람과, 서류를 잘 정리해 놓은 것은 다 같이 일을 잘했다는 데에는 같지만, 그 업무내용은 엄청 차이가 큰 것이다. 즉 직무가치가 다르다는 것이다. 개인의 업적이란 그가 해낸 일인 것이다. 일의 성과인 바 용어로는 '직무가치 × 달성도'로 표시할 수 있다. 다른 요인도 작용하기는 하나, 근간은 해당업무의 직무가치와 그 일을 얼마나 잘 처리했느냐를 판별하는 것이 개인별 업적평가의 요체이다.

평가방법과 MBO의 시행방법은 따로 상술하기로 한다. 다만 MBO의 커다란 줄기를 언급하여야 하는데, 그 이유는 전술한대로 연봉제 시행의 기초는 MBO에 있기 때문이다. 물론 한 조직이 MBO라는 명칭을 쓰고 制度化하여 그 절차까지 明記하여 놓는 수도 있으나 반드시 그럴 필요는 없고 다만 그 MBO의 內容이 조직운영에 얼마나 스며 있는가가 문제가 될 뿐이다. MBO의 內容은 무엇일까? 팀장은 부하직원과 함께 향후의 업무계획을 설정한다. 그것이 目標이고 이 목표를 달성하기 위하여 각자가 개인 또는 팀으로 해결해야할 과제가 부여된다. 각자는 어느 정도 자율성을 갖고 업무를 추진한다. 중간에 여건이 변하면 목표는 수정되고 최종적으로 평가를 한다. 경영관리 프로세스(management process)인 것이다.

사람을 잘 쓴 곳에서 또 경영의 원리(Fayol), 분권화의 원리가 잘 시행되고 있는 곳에서는, MBO의 골격은 선명하게 드러난다. 다시 말하자면 MBO란 경영의 특수 기법이 아니라 경영원리 그 자체인 것이다. 다만 MBO란 이름으로 제도를 도입한다고 할 때 이러한 각도에서 경영프로세스를 다시 한번 점검하고 이를 制度化로 보다 具體化시켜 나가는 것뿐이다.

따라서 우리가 주목하고 있는 바는 MBO의 형식이 문제가 되는 것이 아니라 그 실질적인 내용에 있다. 실질적으로 MBO가 이루어지고 있다면, 연봉제의 대상자들은 누구나 나름대로의 목표를 定하고 이 목표달성에 대한 책임과 권한을 부여받아, 실제 업적에 대한 평가를 받고 이것을 계수로 표시하여 임금에 반영하면 연봉제가 이루어진다고 보아야 한다. 이렇게 보면 제도 자체로서의 MBO는 연봉제의 필수 전제조건은 아닌 것이며, 다만 合理的 업적평가의 토대가 될 수 있는 경영관리 체계의 운용이 얼마나 실제적으로 운영되고 있는 것인가가 연봉제 실시의 성패를 좌우한다고 볼 수 있겠다.

3. 임금체계와 노사관계

노동조합이 신인사제도를 반대하기도 한다. 그 이유는 조합원들끼리의 경쟁을 유발하여 분열하고, 그 결과 노조원들의 단합된 힘이 분산된다고 한다. 또 공정하지 않은 평가제도로 인하여 회사에서 업무이외의 다른 이유로 찍힌 사람이 승진 안되고 회사 말을 잘 듣는 사람이 승진한다고 한다. 일본을 예로 들기도 하면서 신인사제도라는 일본 유형의 인사제도로 인하여 일본과 같이 노조가 힘을 잃게 된다고 하며, 그 예로 포항제철의 신인사제도 이후 노조가 무력화되었다고 한다. 그리고 또 직무급은 결사 반대이지만 인간 중심의 직능자격제도라면 그래도 고려해 볼 만하다고 한다. 그러나 실제는 이와는 다르다.

1) 신인사제도에 의하여 노조의 힘은 약화되지 않는다.

만일 신인사제도에 의하여 노조원끼리의 경쟁이 격화되고 노조원들의 단합하는 힘이 약화된다면, 회사로서도 팀웍이 약화되어 피해야할 사항이다. 3장 경영관리의 Paradigm shift에서도 언급하였듯 개인별로 적정한 차등화를 두는 것은 오히려 집단의 결속을 강화한다. 모두가 똑같이 받으면 일 열심히 하는 사람과 무능하고 게으른 사람간에 오히려 반목이 생긴다. 또 인사고과에서 팀웍을 잘 이룬 개인들에 대해 좋은 평가를 한다면 개인별 고과에 의한 차등화는 팀의 결속을 돕는다. 어떤 경우든 회사로 보면 개인간의 분열은 이롭지 못하고, 이러한 인사제도의 시행으로 노동조합의 결속만을 저해하고 생산현장에서의 팀웍을 강화할 방법이란 없다.

후술하겠지만, 기능직에 있어서 일본과 유럽은 같은 골격의 직능자격제도를 쓰고 있다.[2] 그런데 유럽은 일본보다도 연공의 성격이 약하다. 노조가 지적하는 대로 연공이 조합원의 결속에 좋은 것이라면 유럽의 노조는 일본 보다 더욱 약화되었을 것이나, 잘 아는 바대로 유럽의 노조는 막강하다. 포항제철의 노조가 약화된 것은 필자가 아는 바대로는 구체적으로 다른 이유인 것이다. 신인사제도는 노조에 불리하지 않다.

2) 신인사제도를 반대하는 이유

민노총이 신인사제도를 공식적으로 반대하는 이유는 다른 데에 있다. 정치적인 이유인 것으로 판단된다. 실체를 인정받지 못하는 집단이 회사의 경쟁력 강화를 위해 협력할 수는 없는 것이고, 그런 이유에서라면 필자도 심정적인 동정이 간다. 노총이 반대하는 것은 민노총과의 선명성 경쟁이 이유로 보여지거나, 이 제도에 대한 오해에서 비롯한다. 노조 간부중에서도 이 제도를 비교적 잘 아는 사람들은 사석에서 이 제도를 반대할 이유가 없다고 한다.

노동조합은 인사제도의 개편을 받아 들여야 한다. 우리 나라는 깊은 수렁에 빠져있다.

세상에 유래 없이 연공서열이 깊어서, 일 잘하는 사람이 뒷전에 밀리고 입사 순서(짠밥순서)대로 임금과 직급이 매겨져, 임금제도로 보면, 일 잘해야 할 이유가 없는 것이다. 전술 한 바대로 경영혁신이 인사제도의 후원을 받지 못하면 힘을 못쓴다. 왜냐하면 종업원의 입장으로 보면, 다른 어떤 제도의 개혁과 구호보다도 임금의 지급조건이 가장 직접적인 요인이기 때문이다. 회사를 살리고 그 과실을 좀더 나누어 가지려면 인사제도의 개편에 노조도 동의하여야만 한다.

노조가 인사제도의 개편에 직접 참여하여 그 내용을 숙지하고 노조에 보다 더 유리한 방향으로 이끌 수도 있다.

3) 직무급은 최근 미국의 노조에서도 주장하였다.

여성들의 임금 수준이 낮다. 미국의 여성들은 이 문제를 제기하였다. 회사는 하는 일이 다르다고 응수하였다. 여성들은 동일가치노동 동일임금의 원칙을 들고 나왔다. 하는 일은 다르나 동일한 가치의 노동이라는 것이다. 직무분석을 통해 직무의 가치를 평가하여 보니 동일가치의 노동임이 판명되었다. 여지없이 같은 임금을 지불하라는 명령이 내려졌다. 직무가치에 따라 임금이 다르고 역으로 동일한 가치의 직무는 같은 임금을 지불하는 것이 직무급이다. 글자 그대로인 것이다.

그런데 왜 우리 나라에서는 직무급이라 하면 쥐어짜는 임금체계로 받아들여지는 것일까? 이는 역사적인 경험에 의한 오해인 것이다. 60년대부터 직무급이 시도되었는데, 당시 직무분석을 한답시고 시간계산을 하여 보니 부서마다 여유인력이 많다는 결론에 이르렀고 곧 감원으로 이어졌다. 노동자들에게는 때로는 피눈물나는 순간들이었다. 그후로 직무분석을 한다면 차라리 몇 명 감원할지 말하고 얼마주어 내보낼지 협상하자고 하기도 했다. 복잡한 절차가 필요 없다는 것이다. '직무분석=직무급=감원'이라는 등식이 노동자들의 뇌리에 박힌 것이다.

직무분석을 할 때 현장 숙련공의 경험을 토대로 하여야한다. 정상적인 사람이 하루에 얼만큼의 일을 처리하는가를 경험적으로 보고 필요시간을 계산하여야지, 옆에 붙어서 한눈도 못 팔게 하고 시간계산을 하면 누구나 농땡이로 보인다. 그리고 캐비넷 2대 분량의 직무분석을 해 보았자 반년 지나면 쓰레기가 된다. 굵은 선으로 처리해야 한다. 상세한 것이 정확한 것은 아니다 적절한 것이 정확하다. 이점에 대하여는 activity-matrix에서 언급하도록 한다.

직무급은 직능자격제도에 비해 노조에 반드시 불리하지도 않고 비인간적이지도 않다. 직능자격제도가 인간 중심이라는 것은 직능 자격이란 글자 그대로 노동력, 즉 사람의 기능을 중심으로 임금을 준다는 것이기 때문이지, humanistic philosophy인 인본주의는 아닌 것이다. 절대평가라는 말을 잘 새겨보라. 사법시험도 60점 이상 합격이라는 절대평가이다. 그런데 법무부는 올해 사시 합격자를 200명 정도라는 상대평가의 개념으로 말한다. 웬일인가? 시험문제가 쉬우면 많이 합격한다. 세상에 너무 좋은 것만을 찾으면 반드시 속고 만다. 모두 다 一長一短이 있고, 물 같아서 한쪽을 누르면 다른 곳에서 치솟는다. 어떤 임금체계이건 노조에 유리한 임금체계가 무엇이라고는 선결 지을 수 없다. 다만 시대의 흐름에 적합한지를 판별하는 수밖에 없다.

4. 직능자격제도의 보완과 활용

우리 나라의 많은 기업들이 90년대 초반에 직능자격제도를 도입하였기에, 이를 기점으로 어떻게 임금직급체계를 발전시켜 갈 수 있는 것인지를 살펴보도록 하자.

1) 절대고과에 의한 승급

직능자격제도에 있어서는 그 사람의 능력을 나타내는 승급기준은, 직능별로 몇 급에 해당하는 자격요건에 부합하는 것인지를 가려내는 절대고과에 의존한다. 그리고 직급과 직책을 분리하였으므로 직책을 부여하는 것은 직급에 얽매이지 않고 상황을 보아서 직책을 부여한다. 팀제가 시행되면서 사실상의 직책은 팀장과 팀원이 되기 때문에 팀장의 임명이 직책을 의미한다. 그래서 직책과 직급의 분리 문제는 팀제의 시행을 통해 가속화되었다. 그러나 이 문제는 직능자격제도이건 팀제이건 직무급체계이건 연봉제이건 직책과 직급을 분리하면 되며, 승진 적체현상를 해소하는 방안으로도 우리 나라 기업에서 시행하는 것이 바람직하다.

그런데 이러한 절대고과는 회사의 생산성과 관계없이 임금상승을 유발한다. 특히 우리 나라 직능자격제도에서 자격요건 중 승급에 필요한 최소체류 연한, 표준연한, 최장 연한 등이 명기되어 있어 연공의 성격이 구미에 비해 강하게 나타나 사실상 때가 되면 누구나 승급하게 운용되기가 쉬워진다. 그리고 자격요건에서 능력을 주요 항목으로 고과나 시험을 철저히 한다 해도 회사에서 직무와 연결된 승급이 아닐 수도 있어 임금 상승을 유발한다. 실제 우리 나라 기업은 대졸 사원의 경우 대리 이상 직급의 비중이 날로 커져간다. 숙련 형성기간을 반영하여야 한다는 점과 우리 나라 사람들이 어느 연령에 이르렀을 때 과장 타이틀을 보유 못하면 사회에서 낙오자로 찍히는 문제만을 고려하면, 연공을 가미한 능력요건에 따라 직급을 승진 시켜주는 이 제도가 일리가 있기는 하다. 그러나 적당히 승급 시켜주고 직책을 통한 업무관리를 하면 되는데, 이 점에 있어서 현행제도의 문제는 기초급 대비 능력급의 비중이 커져서, 승급에 따른 임금상 승이 커져 있는 것이다. 그렇다면 승급에 따른 임금상승 요인을 완화하면 된다. 승급하면 3만원 또는 5만원 정도 더 주고 축하하고 실제의 업무운용과 임금의 결정요인을 일 잘하는 것에 두도록 하면 된다.

2) 자격요건의 처리

우리 나라에서 대통령의 자격요건을 갖춘 사람은 몇 명일까? 신한국당의 9룡과 국민회의 후보, 자민련 후보, 국민 대표후보… 수십 명일 수도 있고 없을 수도 있다. 그러나 누구건 대통령은 한 사람이고, 대통령이 되면 그 위상은 달라진다. 자격요건에 부합하기 때문에 그런 것이 아니라 그 직책이 사람을 만들기도 한다. 업무 또는 직책과 경쟁이라는 상대고과가 빚어내는 것이다. 한국적인 것과 관계없이, 세상이 이렇게 돌아간다. 그래서 자격요건은 몇 급이라는 직급에 연동 시키는 것보다는 직무요건 또는 직책에 연동 시키는 것이 바람직하다. 그러나 관리직 이하 특히 기능직인 경우는 직무가 유사하기 때문에, 그 기능의 숙련도를 기준으로 자격등급을 설정하는 것이 더 유용하다. 반복한다. 직무가 유사하기 때문이다. 이런 경우 일 잘한 것은 숙련도와 비례할 수 있어서 직능의 숙련도를 가지고 자격 등급 기준으로 임금과 승급을 처리하는 것도 좋다. 그러나 다기능인 경우는 그가 하는 일이 다기능을 요할 경우 가산점을 추가하는 것이 좋다. 자세한 것은 각주 2에서 소개한 Mannesman 社의 예를 참조하자. 그리고 제한적이지만 해 놓은 일과 그 과정을 check하여 범위 내에서 임금상승률에 반영하도록 한다.

직능자격요건을 잘 정돈하고 운영하는 것이 직능자격제도의 성패에 관건이 된다. 그런데 직능자격요건은 다른 각도에서 보완하면 잘 활용할 수 있다. 직능 자격별 대표과업을 표기해 놓은 것이 그대로 직무중심의 운영에 활용될 수 있다. 다시 말하자면, 그런 과업을 수행하였을 때의 업무의 난이도를 이것을 기준으로 활용할 수 있다. 그리고 자격요건과 대표과업의 분류를 직능보다는 좀더 자세한 job-family 수준으로 분류하여 활용할 수 있다. 자세한 내용은 11장을 참조하자.

3) 호봉과 임금상승률의 처리

직능자격제도의 틀을 그대로 유지한 채, 목표관리와 업적평가에 의한 상여의 차등화를 연봉제의 일환으로 시행하는 기업들이 많이 있다. 이 제도의 특징은 평가요소인 연공, 능력 그리고 성과를 각각으로 평가하고 이를 임금의 구성요소에 반영하고 있다는 것이다. Base-up으로 남 준 만큼(external equity) 그리고 자사의 영업상황을 고려하여 해마다 일률적인 임금 인상폭을 반영하고, 호봉체계를 운영함으로서 연공을 반영한다. 직능의 자격기준에 따라 능력고과를 토대로 연공을 가미하여 이를 승진·승급에 반영한다.(이때에 업적고과를 포함한 전체적인 인사고과를 승진, 승급에 반영하기도 한다) 여기까지가 한해의 임금인상이 차후의 임금 base가 되는 누적적인 효과를 갖는다. 그리고 비누적적인 임금으로 업적고과에 의한 상여금의 차등화를 통해 일 잘한 사람에 대한 사후적인 배려를 한다.(merit pay system의 일종) 또한 상여액을 사전적으로 판매액 또는 생산량에 직접적인 비율로 정하는 incentive system을 영업직에 활용하기도 한다.(국내 증권사의 97년 최근의 추세)

여기서 문제가 되고 있는 것은 누적적인 임금인상의 차등화 효과가 능력주의를 반영하기에는 여전히 미비하고 연공의 성격이 신인사제도 이전보다 실제로는 심화되는 곳도 있다는 것이다.(8장 참조) 이것을 보완하려고 연봉제 개념을 비누적적인 상여로 처리하면 그야말로 monetary incentive가 직무, 인력관리와는 관계없이 움직이게 된다. 다만 영업직의 incentive는 직무의 성격자체와 부합한다. 그리고 그 효과는 단기적 충격일 뿐 안정적이고 지속적이지 못하다. 다시 말하자면 비누적적인 처리는 어디까지나 누적적 임금체계의 보완 조치임이 바람직하다는 것이다. 자세한 내용은 8장에 후술되어 진다.

호봉이 직능자격제도의 필수사항은 아니다. 가능하면 호봉체계를 없애 버리는 것이 연공서열을 탈피하는 지름길이다. 관리직 이하의 경우 정서상 놔두어야 한다면, 각자의 일의 성과와 그 수행과정을(팀웍, 불량율 등) 간단히 고과하여 이를 base-up 부분의 임금상승률의 차등화에 반영하면 연봉제나 직무 성과급제와 같은 효과를 낼 수 있다. 향후 기능직의 경우 호봉 대신 직능의 숙련도를 등급화 하여 임금의 폭(임금 band)을 설정하면 직무성과급과 유사한 골격을 갖게된다.(구미의 경우) 8장. 4. 임금차등화와 여러 가지 임금체계를 참조바람.

초과 근로수당은 생산량 또는 판매량등 성과를 측정하기 쉽거나 성과에 의한 임금처리가 바람직한 경우는 초과 근로수당을 없애고(월급제로의 전환), 고정급화 시킨 후, 성과를 임금인상의 차등화에 반영할 수도 있다.

사무 관리직과 기능직의 임금체계를 2원화 하는 것이나, 일원화하는 것이 주요한 차이점은 아니다. 문제는 임금차등화의 폭이다. 일반적으로 기능직의 임금차등화는 적게 그리고 사무관리직에는 차등화를 큰 폭으로 적용시키는 것이 바람직하다. 큰 폭의 차등화(연간 누적 6% 이상)의 경우 호봉체계를 그대로 두고는 힘들다. 그래서 2원화를 말하게 된다. 어떤 형태이건 직급과 업무의 성격에 따라 차등화의 폭은 달리 할 필요가 있다. 연봉제를 전사원에게 확대 적용하여도 2원화 보다 더 큰 차등화의 폭과 조건의 차이를 둘 수도 있다. (8장. 3. 개인별 성과와 능력에 따른 임금차등화 참조.)

각 주

1. Matching이란 경제학의 개념을 빌어 온 것이다. 일과 사람의 결합과정(matching)은 노동력의 需要와(일) 노동력의 供給(사람의 skill)의 균형 문제이다. 事前的으로(ex ante) 직무급 체계와 직능자격제도는 그 골격이 다르다. 그러나 事後的으로는(ex post) 실무차원에서 양자는 일치하는 방향으로 움직여간다. 자세한 것은 11장 4. 기본이론 Matching 부분을 참조하라.

2. 독일의 기능직들에게는 기능의 종류와 등급(1급부터 9급 ; Meister는 1급에 해당)에 따른

시간당 임률이 설정되어 진다. 우선 전국차원에서 산별로 표준 임률이 정해지고, 이것에다 회사마다 가감을 한 임금 테이블이 작성된다. 일본의 직능자격제도와 다른 것은 9급에서 1급으로 승급하는데 각 단계마다의 승급에 필요한 최소 체류연한이 설정되어 있지 않다는 점이다. 일본과 우리 나라에서 이 최소체류 연한을 명기하고, 또 표준연한을 표시한 것이 연공을 강화한 것을 의미한다. 그러나 그가 맡은 일에서 다기능을 요하는 경우 Mannesman Co. 처럼 추가점으로 F1(flexibility 1) 그리고 F2 까지를 김안한다면 직무와 연계된다. "경쟁력과 임금체계의 국제비교", 한국노동연구원, 1994 김성환, 이병남 공저)를 참조하시기 바란다.

Q & A Q & A Q & A Q & A Q & A Q & A Q & A Q & A Q & A

Q : 아직까지는 우리 나라에서 성과주의는 시기상조가 아닙니까? 능력을 기본으로 하여야 직무순환이 가능한 것 아닙니까?

A : 성과주의에 대한 단점으로 능력이 최대로 발휘될 수 없는 직무로 이동했을 때 성과는 낮아지게 되어 직무이동이 자유롭지 못한 것이라 지적하기도 합니다. 그렇지만, 우리 나라에서도 전문경력관리가 필요합니다. 전문경력관리라 해도 직무이동이 필요합니다만, 이런 경우 본인은 향후 보다 더 좋은 경력을 위해 자신이 잘 훈련되지 않은 분야로 가서 낮은 평가를 받더라도 향후 더 큰 보상을 받을 수 있습니다. 자신의 경력에 도움이 되지 않는 직무로 회사의 명에 의해 이동했다면, 사실상의 좌천입니다. 좌천은 좌천인 것이겠지요? 이 경우 직무급을 곧이곧대로 밀어붙이면, 직무를 이동한 것만으로도 임금이 변합니다. 직무가치가 다를 테니까요. 그러나 필자가 말한 성과주의는 현재 받고 있는 임금수준은 그대로 둔 채 차년도 임금 인상률을 적용할 때에 성과의 평가에 의한 차등화를 적용시키는 것입니다.

그리고 성과주의에서도 능력은 태도항목과 결합되어 성과를 산출하는 과정을 평가하는 항목으로 반영됩니다. 이점은 후술되어집니다.

Q : 목표관리가 시행되지 않는 기업에서는 성과주의 임금체계가 맞지 않습니까? 또 이 둘은 함께 시행되어야 합니까?

A : 전술한 바대로 목표관리가 꼭 제도적으로 명시될 필요는 없습니다. 상사가 부하

직원에게 업무지시를 제대로 하고 이를 평가하여 인사고과에 반영한다면, 목표관리를 시행하고도 이와 같은 process가 깨져있는 기업들 보다 오히려 목표관리가 더 잘 진행된다고 보아야 합니다. 성과주의 임금체계라는 것도 꼭 어떤 특정의 임금체계를 말하는 것은 아니고 일 잘한 사람이 어떤 방식이던 상대적으로 많이 받아가게 하면 그것이 성과주의입니다.(무엇이라 표현하였건)그러나 내용으로 보면, 이 둘은 붙어 다닌다고 볼 수 있습니다.

Q : 연봉제는 관리직에게만 적합한 형태이고 일반 사원들에게는 적합하지 않은 것 아닙니까?

A : 일반적으로 연봉제라고 하면, 사람들은 중역이나, 프로 운동선수들의 임금형태를 연상합니다. 그래서 특히 기능직과 일반 사원들에게 이 말을 쓰면 불안해하거나, 허황한 기대(나도 잘하면, 임금이 몇 배가 오를 수 있다)를 불러 올 수 있습니다. 그러나 내용상으로 보면, 성과에 의한 임금의 차등화는 모두에게 적용시킬 수 있고 호봉체계를 유지한 채로도 시행이 가능합니다. 그래서 충격적인 표현이 꼭 필요한 경우가 아니면, 가급적 연봉제라는 표현을 자제하는 편이 좋다고 생각됩니다. 기능직의 경우에도 직능자격제를 토대로 연봉제의 개념을 적용하여 필요한 만큼 성과나 능력에 따른 임금상승률과 승진의 차등화가 가능합니다. 이런 경우 구태여 연봉제라고 할 필요는 없으나 동일한 임금운용의 principle을 적용할 수 있습니다.

Q : 연공급이 종업원에게는 가장 좋은 것 아닙니까?

A : 많이만 주면 제일 좋을 수도 있습니다. 그렇지만 뭔가 좀 해 보려는 사람들과 젊은 사람들은 싫어합니다. 기능직 사원들도 과반수 이상이 이 제도를 싫어합니다. 21세기가 곧 다가옵니다. 일 못하는 사람이 연공으로 언제까지 높은 임금과 신분을 보장받을 수 있을까요? 기업도 연공서열로 경쟁력을 상실하면 결국 그 피해는 근로자들에게 임금하락 내지는 해고의 형태로 돌아오고 마는 것입니다.

Q : 임금체계의 운영에는 노조의 동의가 필요한데, 기업의 입장에서만 가장 합리적인 체계를 운영할 수는 없지 않습니까?

A : 그렇습니다. 우선 종업원의 의사를 물어 어떤 기준으로 얼마만한 차등을 원하는
지를 파악합니다. 그리고 각 제도의 장단점을 설명한 후 원하는 임금체계에다 평가의
기준과 차등화의 폭을 적용합니다. 우리 나라 기업의 종업원들이 반드시 연공서열을
원하는 것은 아니고, 임금형태가 중요한 것이 아니라는 것을 설명하면 이해할 수도 있
습니다. One best way를 고집하지 않고 노조와 종업원들의 동의를 이끌어 가며 추
진하는것이 바람직합니다.

6장 Planning & Evaluation

「평가는 planning guide와 脈을 같이 한다」

1. 목표관리의 의미와 문제점

목표관리란 MBO라고 한다(Management by Objective). 그런데 모든 경영관리자가 정도의 차이는 있어도 사실은 목표관리를 한다. 그런데 MBO라고 하면 이것을 制度化시켜 놓은 것을 의미할 뿐이다. 기업들이 경영관리의 기본 과정을 간과하다 보니 MBO란 이름으로 경영관리를 다시 체계화 시켜 놓으려는 의도를 강하게 부각시키려는 것뿐이다. Planning이라는 평범한 말을 사용하여도 무방하다.

1) 경영의 process

Fayol이 정리한 경영 process는 plan-do-see이다. 이를 5단계로 나누기도하고 다른 이름을 붙이기도 하였다. 그러나 대동소이한 의미이다. 계획하고 실천하고 점검한다는 지극히 상식적인 순서를 말하고 있다. 경영을 혼자서 하면 이를 경영이라고 부르지는 않는다. 조직화된 힘을 발휘하는 것이 경영의 기본 전제이다. 그러려면 당연히 조직적인 계획과 이를 실천하도록 하는 통제와 점검이 필요하게 된다. 권한위양이란 원래 경영의 기본이다. 그렇게 하지 않고는 조직적인 힘을 발휘할 수가 없기 때문이다.

문제는 이런 기본적인 경영의 process가 무너져 있다는 데에 있다. 우리 나라만이 아니다. 미국의 Peter Drucker교수는 consulting을 할 때 우선 경영자의 사무실에서 하루를 관찰하면서 단골 메뉴로 지적하는 사항이 당신은 하루 종일 전화하고 결제하고 회의하느라 눈코 뜰 새가 없었는데 계획은 언제 하느냐고 묻는다. 연초나 월초에 며칠 하였다고 한다. 그러나 Drucker는 경영자의 가장 큰 임무는 계획에 있다고 지적한다. 국내 기업들에서도 보편적으로 나타나는 현상은 계획 세운 것과 진행되는 사항 그리고 평가가 제각각 따로 논다는 것이다. 물론 정도의 차이는 있지만, 그 정도라는 것이 도를 지나쳐서 한 번 세운 예산이 중도에 웬만한 사항이 변경되지 않으면 그대로 일년 내내 지속되고, 이에 따른 예산은 남으면 쓰고 모자라면 사업을 이월시키던가 추진을 못하고 있다. 인사고과는 비밀이고 업무를 하는 사람들은 내가 무엇을 잘하고 못했는지에 대한 명쾌한 feed-back이 없다.

경영의 기본이 무너져 있는 것이다. 그래서 생각다 못해 Management by Objective라는 말이 나오고 양식을 마련하여 제도화시킨 것이 목표관리(MBO)가 된 것이다. 그러니 목표관리란 새로운 경영방식을 지칭하는 것이 아니고 경영의 기본 process를 양식화 해놓은 것에 불과하다. 그래서 목표관리에는 경영에 관한 모든 것이 포괄되어 있다고 하여도 과언이 아니고, 다른 경영혁신처럼 때가 되면 사라지지도 않는다. 형태는 변할 지라도 목표관리라는 기본은 변하지 않는다. 그것 자체가 경영이기 때문이다.

그런 만큼 이 목표관리에는 함정도 많다. 너무 많다. 애초에 경영이라는 dynamic하고 복합적인 것을 몇 가지 양식과 절차로 해결 될 수 있는 것이 아니기 때문이다. Simple한 것이 강한 힘을 갖지만, 그것도 정도 문제이다. 그래서 목표관리가 시행된 기업들을 보면 목표관리제도를 만들고 시행하는데에 별다른 어려움이 없었지만, 목표를 설정하고 운영하고 평가하는 세부 단계에 들어서서는 난관에 봉착한다. 당연한 귀결이다. 가려져 있던 복합성이 나타나기 시작한 것이다. 우선 몇 가지 큰 줄거리에서 살펴보도록 하자

2) 자율경영과 목표관리

自律經營은 현재 우리 나라 기업들이 표방하고 있는 인사 · 조직 paradigm변화의 핵심과제가 되고 있다. 모그룹에서 젊은 Mckinsey Consultant들이 그룹 회장에게 직언을 했었는데 바로 자율경영이었다. 뼈아픈 결단으로 자신의 체취가 스며있었던 모든 사안들을 CU長들에게 넘겨주면서 자신은 기업문화와 변화의 핵심 사안들만 관여하기 시작하였다. 전 그룹에 자율경영이 확산되기 시작하였다. 그런데 얼마 가지 않아 임원 단의 인사와 주요 투자의 결정 그리고 감사 등 여러 통합기능은 여전히 회장실에서 관장한다는 의문을 제기하기도 하였다.

그러면 만일 회장실의 권한을 모두 CU長에게, CU長은 부서장에게 부서장은 부하직

원들에게 이양한다면 어떠한 결과가 발생할까? 그렇게 할 수 없을 뿐더러 그럴 경우 이미 조직으로서의 면모는 사라진다. 그렇다면 자율경영은 무엇일까?

원래 자율경영이라는 말은 새로운 것이 아니다. 다만 지금까지 권한과 책임이 제대로 이양되어지지 않았기 때문에 이런 점을 강조한 것일 뿐, 경영(management)이란 혼자 만사를 처리하는 것이 아니고 적절한 권한과 책임을 이양하며 조직을 움직여 가는 것이다. 조직을 움직여 나가는 두개의 축은 integration과 differentiation이다. 전자는 통제이고 후자가 자율을 의미한다. 통제와 자율은 동전의 양면인 셈이다. 적절한 통제(control mechanism)없이 권한과 책임을 이양하는 자율은 불가능하다. 왜냐하면, 통제는 조직의 integration 기능을 하고 있어 조직의 여러 부문이 상호관련성을 갖고 유기적인 움직임을 가능케 하여 결과적으로는 조직내의 상이한 여러 요소들이 각기 자기의 리듬에 따라 최적의 활동(differentiation)이 이루어지면서도 전체적 조화를 이룰 수 있기 때문이다. 이것이 자율경영인 것이다. 다만 이 때 통제의 의미가 달라진다. 일일이 간섭하고 감시하는 통제가 아니라 스스로 책임지고 업무를 추진할 수 있도록 지원하고 지도하는(coaching)것이다. 그러려면 목표와 원칙이 주어져야 한다. Management By Objective인 셈이다.

3) 방침관리와 목표관리

60년대와 70년대에 방침관리라는 것이 있었다. 일본에서 연유한 것이다. 지금도 이것을 애용하는 기업들이 많이 있다. 그런데 목표관리를 전 사원까지 확대한 기업들에서 방침관리와 이 목표관리를 혼동하면 목표의 배분과정에서 하급직원과 지원 부서는 배분할 목표가 없어지고 만다. 목표관리는 회사 전체의 목표가 배분되는 과정이기도 하지만 이것에 더하여 자신의 업무에 대한 목표도 추가되어지는 responsibility의 개념이 더욱 큰 것이다. 그래야 웬만한 직원들은 자신이 하여야 할 목표가 선명하게 나타난다. Responsibility는 조직이 표방한 목표 이외에도 조직이 운영되는 데에 필요한 유지기능도 포함되기 때문이다. 목표란 방향성을 의미한다. Responsibility는 물론 방향성을 망각하고 설정되어서는 안되지만 자신이 해야할 일 전체를 포괄하는 것이기 때문에 이를 출발점으로 하여 목표를 설정하여야 한다.

4) 목표달성도에 대한 평가의 불합리성

목표관리에서 가장 난점은 목표의 설정과정에 있다. 어려운 목표를 부여받은 사람은 달성하기 힘든 목표를 갖게 되고 실패하면 문책이 따른다. 그래서 저마다 우선 낮은 목표를 부여받으려고 어려운 여건에 대한 장황한 변론을 늘어놓기가 일 수이다. 할 수 없이 목표를 할당하면 그것은 사장이나 임원이 막무가내로 퍼부은 목표일 뿐 사실상 달성하기 힘든 희망사항 일 뿐이라고 발뺌할 수 있게 된다. 그런데 목표관리에 관한 문헌이나 사례를 아무리 찾아보아도 이것에 관한 시원한 답이 없다. 당연한 일이다. MBO가 시행되는 미국은 이미 직무 성과급 체계를 갖고 직무 grade가 설정되어 있어서, 다만 달성도를 check하여 이를 고과한 후 임금과 승진에 반영하면 그만이다.

그러나 국내 기업들은 이러한 체계가 없어 무슨 일이 얼마나 난이도나 중요도가 있는지가 체계화되어 있지 않고, 각자가 받고 있는 업무와 직무 grade 그리고 임금수준이 일치하지도 않는다. 예를 들면, 같은 1급 사원들의 경우도 Hay method로 직무평가를 하면 인사와 예산 기능을 제외한 총무부서의 1급 사원은 400점 대, 그리고 Marketing 부서의 1급은 800점 대에 이르기도 한다. 물론 임금이 점수에 정비례하는 것은 아니다. 그러나 직무 등급에서 현격한 차이가 날 수도 있음을 볼 수 있다. 그러니 같은 1급이라는 직급과 직능중심의 목표관리를 상식적으로 납득하기가 곤란한 것이다.

여기에 더하여 원천적으로 그 업무가 얼마나 어렵고(난이도), 또 얼마나 중요하다는 것은 경영계획을 하는 과정에서 드러난다. 여러 가지 지수를 참고로 마련할 수 있어도 결국 경영상황을 면밀히 검토한 후에 나와줄 수 있는 사항이라는 원천적인 어려움이 뒤따른다. 이런 상황에서 덤벙 목표관리제를 실시하면 곧 난점들이 드러난다.

5) 연봉제 개념과 목표관리

연봉제라는 것은 annual contract이외에는 다른 의미가 없다. 다만 국내기업의 사장들이 원하는 것은 성과에 따라 좀 자유롭게 월급을 줄 방도를 강구하라는 주문을 연봉제라고 표현한 것뿐이다. 연봉제 개념인 것이다. 연봉제는 다른 임금체계와 마찬가지로 두 가지 큰 줄거리가 있다. 하나는 평가이고, 다른 하나는 이를 보상에 연결하는 이른바

salary administration인 것이다. 목표관리에서는 성과평가가 주종을 이룬다. 성과평가를 하는 과정이 plan-do-see의 see에 해당하는 사항이다. 결국 목표관리의 전 process를 의미한다. 그래서 성과주의 인사체계에서는 평가의 지표와 방법이 모두 목표관리에 포함되어 질 수 있다. 실제로 미국과 일본의 기업들은 인사제도라고 하면 실제의 내용은 이 목표관리를 지칭하고, 이것에다 salary administration을 덧붙인다.

그런데 국내의 기업들이 직능자격제도라는 신인사제도의 틀에 성과주의를 결합시켜 목표관리를 하면 salary administration의 골격이 되는 기본급은 여전히 직능자격과 연공에 좌우되고, 성과가급이라는 상여로 그 해의 목표관리에 의한 성과평가를 반영하여 비누적적인 상여를 차등화 시키는 방법으로 땜질을 하게 된다. 땜질이라는 표현은 임금체계와 principle이 왜곡됨을 의미한다. 이것이 현재 우리 나라 기업들이 당면한 임금체계의 문제인 것이다. 해결 방안은 총액을 기준으로 desired salary(바람직한 급여 수준)를 가늠하고 current salary(현재의 급여 수준)와의 gap을 몇 년간에 걸쳐 처리하는 것이다.

2. 목표설정의 유의점

1) 합의

합의는 대화를 하는 것이다. 자기주장만을 되풀이하면 안되고 열린 마음으로 살펴 보아야 한다. 상급자는 하급자의 의견을 존중해서 만일 끝내 하급자가 합의하지 않으면 그의 주장을 들어 줄 수도 있으나, 합의한 목표가 미흡하다고 판단하고 평가할 권한도 있고 또 목표를 명령할 권한도 있다. 또한 업무 수행 방법과 절차에 대해서도 마찬가지이다. 다시 말하자면 고과권과 명령권이 있기 때문에 조직은 정당한 위계질서를 유지할 수 있다. 또한 합의과정 자체가 내부 communication의 일환이다.

2) 내부고객과 외부고객

업무는 수혜자가 있다. 최종 수혜자는 물건을 사가는 고객에게 있으나 실제 업무는 business process를 통해 최종적으로 고객과 연결 되어있다. 따라서 자신의 하고 있는 업무의 수혜자를 통해 고객만족을 실현한다. 목표는 조직내외의 누군가를 위해 필요한 일을 하는 것으로, 내부고객과 외부고객을 유념하여야 한다.

for whom, what, how이다. 무엇을, 어떻게라는 MBO 양식의 첫 부분에 생략되어 있는 for whom을 잊지 말아야, 부문간 또는 서로간의 협조체계가 실효를 거둔다. Boundaryless organization을 이룩하는 첫 걸음이고, team-work의 핵심이다. 고객을 위한 가치창조를 조직적으로 내재화한(market-in) total marketing의 중추가 되고 BPR의 핵심적인 사안이다.

3) Planning과 자료(information)

목표설정이란 사실은 planning의 산물이다. 관리자의 임무에서 50%이상을 차지하는 것이 planning이다. MBO는 새로운 경영기법이 아니고, 사람들이 하도 이 planning 과 그 follow-up (plan-do-see)을 등한히 하고 조직적으로 수행하지 않아서 만들어 놓은 절차이다. 경영관리인 것이다.

Planning의 여러 과정과 절차가 있으나 핵심적으로 보면 information과 know-how 의 결합이다.(planning절차는 이 장의 마지막 부분을 참조하라.) 따라서 목표설정의 근거를 어떤 information과 know-how를 통해 설정했는지를 설명해야 한다. 별도의 양식에 구애받을 필요는 없으나 상급자에게는 설명해야 한다. 상급자는 이 자료를 갖고 하급자와 대화해야 주먹구구를 탈피할 수 있게 된다. 그리고 왜 이 목표가 타당한 것인지, 얼마나 어려운 목표인지를 가늠할 수도 있게 된다.

개별 information보다는 information의 source에 주목하라. 이것이 필요한 information을 계속적으로 보완하고 확장할 수 있는 방법이다.

4) 어림셈

머리수 두 자리 이하는 버려라. 예를 들면 목표 매출액이 253,576,576원 이라면 이를 2억5천만원으로 표기하고 다루어야 한다. 왜냐하면 계획에 있어서는 이 정도의 정확성도 매우 정확한 것이고 이것보다 더 정확하게 다루려고 하는 것은 오히려 문제의 본질을 호도한다. 계획은 불확실성을 다루는 것이기 때문에 어림셈으로 처리하여야 한다. 이점을 망각하고 쓸데없이 상세한 수치를 늘어놓으면, 숫자의 표시와 설명에 과도한 부담을 주게 되고 계획과 평가는 숫자 놀음으로 변하게 된다.

5) 불투명한 상황

불투명한 상황에서 더욱 계획이 중요하다. 뻔히 보이는 길이라면 구태여 계획도 필요없다. 그냥 가면 된다. 그러나 불투명하고 불확실하기 때문에 계획이 필요하고 경영능력이 필요하다. 단순한 덧셈 뺄셈으로 파악이 안되니까 경영은 종합 Art인 것이다.

문제를 명확하게 파악할 수 있는 단계까지를 목표로 삼는다. 뭐가 뭔지 모르고 어떤 방향으로 어떻게 목표를 설정할지 모를 때에는 문제를 파악하고 정리하는 목표를 둘 수가 있다. 중요하고 훌륭한 목표이다. 모든 목표가 SMART(Specific, Measurable, Action-oriented, Result-oriented, Time-bounded)할 필요는 없다.

6) Flexibility

목표는 희망사항이 아니라 실현 가능한 지표일 뿐, 상황이 변함에 따라 수정할 준비를 하여야 한다. 목표가 수정되는데도 일단 목표를 설정하여야 하는 것은 목표가 방향감각을 주기 때문이고, 수정되면 왜 수정되어야 하는가를 알고 이에 대한 대비책을 마련할 수 있기 때문이다. 한마디로 말하면 목표는 숫자놀음이 아니고 불확실한 실체에 접근하기 위한 가능한 방법으로 다루어야 한다는 것이다.

목표와 예산은 통제의 수단이기보다는 계획의 의미가 크다. 계획은 불확실한 미래를 가시화 시킨 것이기 때문에 항상 실제와의 거리가 있다. 계획과 실제와의 gap을 두려워해서는 안되고 현실을 계획 쪽으로 끌어 당겨 gap을 축소하려해서도 안된다. 항상 타당한 현실성이 우선하고 계획은 실물이 아니기 때문에 flexible해야 한다.

항상 실제와 다른 계획은 무엇 하러 설정하는가? 궤도를 설정해야 궤도를 수정할 수 있지 애초부터 궤도도 설정해 있지 않으면 무궤도를 달릴 뿐이다. 관리자는 먼저 궤도 수정의 사유가 무엇인지를 예견하고 이를 팀원들에게 주지시켜 놓아야 한다. 그래야 예외상황이 발생했을 때에 즉각 대처할 수 있다.

Minor한 차이는 설명으로 대체하고, major한 차이가 발생하면 계획과 목표자체를 수정하여야 한다. 특히 시장상황이 호전되었는데도 목표를 상향 조정하지 않고 그대로 두어 조직의 지원이 뒤따르지 않거나 기회를 놓치는 일은 아무리 목표를 초과 달성했다 해도 문책의 사유가 될 수 있다.

7) 전략적인 contribution

전략적인 contribution이 목표에 우선한다. 목표를 설정하는 의미는 전략적인 contribution을 증가 시키려는데에 있다. 팀원들은 팀의 목표를 할당받는 것보다는 자신의 responsibility에서 팀에게 어떤 contribution을 할 것인지를 목표화하는 것이 현실적이다. 때로는 하지 말아야 할 일을 안하는 것과 또는 현상을 유지 보존하는 일이 전략적으로 매우 중요할 수 있다. 일상의 일이기에 목표로 내세우기에 부적절해 보일 수 있으나, 목표로 명기하지 않았다고 하더라도 그 중요성이 반감하는 것은 아니다.

3. 평가의 (Performance Evaluation) 의미와 유의점

1) 목표는 누구나 동일한 난이도를 갖지 않는다.

원칙적으로 보면 팀원 누구나 동일한 난이도를 갖는 목표를 설정하는 것이 정상이나, 아직 직무 성과급 체계가 잘 정돈되지 않은 국내 기업들에게서는, 팀 목표를 효율적으로 달성하기 위하여 실제로는 팀원 개인에게 균일한 난이도를 갖도록 목표를 부여하지 않는다. 능력 있는 사람에게 더 많은 목표를 부여하여 팀 목표를 달성할 수 있도록 하는 것이다.(Stretchable)

MBO양식에서 보면 중요도라고 표시되어지기도 하는데 이를 포괄적으로 해석하여 난이도를 포함하도록 한다. 다시 말하자면 중요도란 전략적인 중요성, 업무의 범위, 수행상의 난이도를 포괄한 개념으로 처리해야 한다. 자세한 내용은 Activity Matrix에서 다룬다.

2) 여건의 변화

당초 예상했던 것과는 달리 여건의 변화로 인하여 어떤 목표는 수월하게 달성하였고 어떤 목표는 달성 못했으나 상당한 진전을 가져오는 경우가 있다. 이런 상황의 변화는 대개는 상사와 본인이 잘 알고 있다. 상황변화가 크다고 판단되는 경우는 목표 자체를 수정하여야 하고, 목표를 수정하지 않았다 하더라도 그 여건 변화를 감안하여야 한다.

3) 직급에 따른 차이

목표의 중요도는 그 목표를 누가 수행하였는가도 감안하여야 한다. 다 같은 중요도를 갖는 목표를 한사람은 차장급이고 한사람은 신입 사원이라면 똑같은 평점을 줄 수는 없는 것이다. 당연히 신입사원이 차장급과 같은 기여를 하였다면 신입사원에게 높은 평가를 주어야 한다.

4) 기여도(contribution)

목표 달성의 최종 목적은 조직에 대한 기여도를 증가시키는 데 있다. 어떤 사람은 궂은 일만 하고 자기의 목표가 아니더라도 남의 일을 도와주어 팀 전체에 대한 기여도가 높은 사람이 있다. 이런 경우는 추가적인 성과 또는 기여란에 기재하여 평가해 주어야 한다.

기여도는 양으로 표시 할 수도 있으나, 영향의 직접성으로도 나타난다. Prime, Shared, Contributory 그리고 Remote로 분류 될 수 있다. 기여의 범위와 그 직접성의 정도를 가늠하여 기여도를 판별하여야 한다. 이 사항은 어느 정도는 목표의 중요도에서 반영할 수 있다.

Cost개념을 염두에 두어야 한다. 결국 'contribution - cost'를 평가하여야 하는 것이다. 어떤 사람은 많은 인력과 예산을 써가며 목표를 달성하고 어떤 사람은 인력과 예산을 아껴가며 목표를 달성하였다면 두 사람에 대한 평가는 달라야 하는 것이다.

5) Coaching & Evaluation

평가의 목적은 그 결과를 보상에 연결하는 것과 업무를 coaching하는 것에 있다. 그런데 알고 보면 보상이라는 것은 물질적 motivation을 통해 직원이 보다 바람직한 방향으로 생각하고 행동하도록 유도하는 힘을 부여한 것이다. 다시 말하자면, 평가의 궁극적인 목적은 coaching에 있다는 것이다. 경영관리로 보면 plan-do-see, 그리고 see한 것을 plan으로 feed-back하는 것이다.

그런데 평가의 방법과 기준은 궁극적으로는 특별한 것이 아니라 planning에 있는 것이고, 어떻게 일을 처리하라는 guide 자체가 평가항목인 것이다. 만일 평가와 업무 guide 즉 planning에 의한 합의 사항이 서로 다른 것이면 부하 직원은 어느 것을 따를 가를 망설이게 되고 이해관계가 크면 실질적인 평가 지침을 따른다. 고등학교 3학년에게는 교육목표를 담은 국민 교육헌장이나, 교육감의 지시 사항보다는 대입선발고사(입시평가)의 방법을 따른다. 그래서 입시방법은 결국 고등학교 생활을 정상화시킬 방법으로 전환하고 종생부등을 도입하게 된 것이다. 다시 말하자면 평가의 내용을 goal setting하는 planning과 일치시켜야 plan-do-see와 feed-back이라는 MBO의 기본 process이자 경영관리의 기본 뼈대가 지켜질 수 있다.

MBO의 최대 약점은 업무 수행의 process를 점검하지 않고 결과에만 집착할 때에 나타난다. 능력에서 technical ability를 제외한 항목은 general ability인데 대부분 태도고과의 항목과 유사하고 또 기업문화에서의 행동원칙과 경영이념과도 상통하는 것들이다. 이 항목들이 바로 업무 수행의 과정을 check할 수 있는 항목으로서 목표달성 과정에서 표출되는 태도이자 능력인 것이다. (직무수행을 지도하는 과정에서도 활용할 수 있다.) 그리고 결과에 대한 평가를 보완하는 항목으로도 활용하고, 다음 업무를 계획하고 새로운 goal setting하는 과정에도 반영토록 한다.

6) 잠재된 능력

잠재된 능력이 있으나 업무 특성상 이를 발휘할 기회가 없었던 것이 있고 이 부분은, 특히 경력관리와 승진에 반영한다.

7) 평가의 오류와 조직관리(평가는 관리능력의 핵심이다.)

평가에 나타나는 오류는 조직관리의 오류와 무능을 나타내고 있다.

(1) Elitism : 능력주의란 능력에 상응하는 기회와 보상을 부여하는 것이지, 몇몇 elite만을 특별 우대하고 나머지는 소외시키는 elitism과는 다른 것이다. 적정한 차등화를 두는 것이다. 그러나 현재, 우리 나라 기업들은 지나친 연공서열로 차등화가 거의 반영되어 있지 않다. 능력을 발휘할 정당한 기회를 부여하고, 능력이 좀 모자라는 사람도 자신의 적정한 지위에서 편안하게 업무를 수행하게 하려면 적절한 차등화를 통해 성과와 능력에 상응하는 보수와 직무를 부여하는 수밖에 없다.

(2) 중심화 경향 : 평가를 회피한 것으로서 모두가 비슷하다는 평가를 내린 것이다. 관리자의 우유부단함이 단적으로 드러난 것이다. 조직의 운영은 仁과 義가 있을 뿐이다. 평가로 보면 개인의 입장에서 그를 이해하는 仁 과 한정된 자원인 보상과 기회(직무 직급)를 나누는 義의 속성이 조화로워야 한다.

(3) 私적인 관심 : 인사청탁은 물론, 학연, 지연, 성별, 종교에 의한 차별화는 결국 자기 보호본능인 사적인 관심의 표출이다. 같은 동창들끼리, 같은 고향사람들끼리 같은 믿음을 갖고 있는 사람들끼리 싸고돌면, 조직은 이미 갈 때까지 간다. 동창들과 고향사람들과 서로 친밀하게 다른 사람들을 감싸안고 화합해야 동문을 빛내고 고향을 빛낸다. 그리고 그 착한 행실을 보고 그 믿음을 따르게 된다. 이런 것을 두고 한국적인 것이라면 크게 오해다.

(4) Hallow effect : 호감이 가는 몇몇 특질을 보고 전체를 규정 짓는다. 이미 이런 관리자의 사고는 균형감각을 잃은 것이다. Business의 세계는 온갖 것이 dynamic하게 펼쳐진다. 어느 몇몇 특질만으로 평가될 수 없다. 이런 사람을 속칭 귀가 여리다고 한다. 또 주변에서 간단한 방법으로 무얼 이루려고 한다. (Business에서 이런 왕도가 있으면 저도 좀 알고 싶습니다.) 급한 마음에 많이 속는다. 특히 경영자들이 어렵고 긴 책들은 피하고 한 마디로 무엇인지를 알고 싶어한다. 핵심을 파악하는데는 좋은 일이지만 애초부터 복합적인 일은 복합적으로 파악하는 수밖에 없다.

(5) Recency : 최근의 몇 주간의 결과만으로 전체를 평가하려는 것이다. 게으르기 때문이다. 누구나 종합평가가 다가오면 잘 보이려한다. 평가가 중요하긴 한가 보다. 중요한 일을 일년 내내 강조하고 메모해 가면 아마 일년 내내 성실할 것이다.

(6) 현직급과 급여수준 : 피평가자의 현직급과 급여 수준에 준해서 평가를 비슷하게 맞추는 경향도 있다. 보수주의자들이다. 현상태에서 합리적인 변화가 요청되어도 이를 거부할 경향이 있다. 참된 보수주의란 마음으로 뜨거운 진보를 염원하고 현실과 결과를 책임져서 행동으로 알맹이를 부지런히 채워 넣고 그 결과로 진보하는 사람을 의미한다. 알고 보면 보수와 진보는 차이가 없다.

(7) 자율의 배신감 : '자네 마음대로 해 보게. 이제부터는 자율일세' 그러다 제대로 안되면 배신감을 느끼고 전보다 더한 통제가 들어가는 것이 우리들 심리의 역학구조이다. 침착해야 한다. 애초부터 통제 없는 자율은 없었던 것이다. MBO란 자율을 늘리려고 합리적인 통제수단을 마련한 것이다. 목표와 기본원칙 그리고 실행계획을 점검하면서 지도·육성하면, 일일이 따라다니며 이래라 저래라 할 필요가 없다. 잘 모르거나 책임지기 싫은 사항을 poker face를 하고는 알아서 하라는 것도 책임회피에 불과하다. 그리고 잘못되면 속죄양을 찾아 덮어씌우면 평가는 표류한다.

(8) 승진대상자에 대한 우대 : 내 밑의 직원을 많이 승진시키는 것이 관리자의 의무처럼 작용할 수도 있다. 좋은 마음일 수도 있다. 그러나 상대적으로 승진 대상이 아닌 사람들에게 불이익이 돌아간다. 결국 제도적인 장치로 이를 막게 되는데, 계파에 의한 조직운영으로 흐를 위험이 있다. 승진과 평가를 특혜의 수단으로 활용하고 이 후 자신에 대한 충성으로 보답하라는 암묵적인 거래일 수도 있다. 이것 역시 사적인 관심의 표출은 아닌가?

(9) 개별 평가에 대한 두려움 : 개별적으로 평가하면 팀웍이 깨지고 화합이 잘 안된다는 우려가 있으나, 개인별로 팀과 조직에 얼마나 기여했는가를 보면, 개인은 팀웍을 지켜야 좋은 고과를 받을 수 있고 합리적인 절차에 의한 적정한 차등화는 오히려 화합을 도모한다. 프로 축구단의 선수들을 개별적으로 평가하는데 그가 몇 골을 넣었느냐만 평가하는 것이 아니고 얼마나 assist를 잘했느냐도 중요한 평가 요인이 되고, 팀웍

을 깨는 선수는 심한 감점을 받는다. 개별적으로 평가해야 오히려 팀웍이 산다.

(10) 인간자체에 대한 평가는 아니다 : 회사에서 평가하는 것은 그의 업무수행의 성과와 능력을 평가하는 것일 뿐 인간에 대한 평가는 아니다. 인간적인 모멸감을 피하도록 하여야 한다. 그렇다고 나쁜 점수를 주고도 방글방글 웃을 필요까지는 없다. "I am sorry"는 "I am sorry"일 뿐이다 그 이상도 그 이하도 아니고 모면할 방법도 없다. 적당한 기회에 술 한잔하고, 이해해 주길 크게 기대할 수는 없는 일이다. 이해해 주면 고마울 뿐이다. 그러나 성실한 설명은 중요하다.

(11) 관라자의 평가를 평가하라 : 관리자의 덕목 중 중요한 것은 평가이다. 이것을 평가하여야 조직은 질서를 지켜나간다.

8) 평가의 절차

이상에서 언급한 평가의 내용을 요약하면 다음과 같다.

- 난이도와 중요도의 평가 : 목표를 설정하는 과정에서부터 평가는 시작된다. 그에게 어떤 임무를 부여했느냐가 이미 평가를 내린 것이다. 골탕 먹이려고 어려운 임무를 부여한 것이 아니라면 그의 능력을 이미 인정했기 때문에 어렵고 중요한 임무를 부여한 것이다. 중요도의 내용은 전략적인 가치가 어느 정도인가라는 조직 기여도의 관점에서도 보아야한다. 업무와 목표의 파급효과는 금전적으로 보면 얼마나 되는 것일까? 과연 그 업무의 수혜 대상자들에게 어떤 기여를 하는 것일까? 파급의 효과는 직접적인 것(Prime), 공동으로 책임질 일이다 (shared), 간접적이다 (remote)의 등급으로 나누어 전체 효과에 가중치를 부여한다. 그리고 그 목표 자체의 난이도를 직무 수행자의 직급과 현급여의 수준에 비견하여 직무와 목표 자체에 대한 평가를 한다.

- 목표 달성도 : 목표달성도는 여건의 변화를 감안하여 그 달성도를 평가한다.

- 추가적인 성과 혹은 기여 : 목표에 표시되지 않은 내용들과 올해의 업무 목표 이외의 내용들을 기재한다.

- 자질 항목(능력과 태도)에 따라 목표 달성과정을 평가한다.

- 상대평가 : 이상은 목표와 개인 업적에 대한 절대 평가이나 부서장이 할당한 고과의 (ABCDE)의 비율을 개인에게 적용한다.

4. 계획수립의 기본적 프로세스

목표관리(MBO)라는 Planning & Evaluation System에서 조직의 전체 vision과 기업문화는 부문별, 팀별 그리고 개인별 업무의 planning guide로 작용하고 이 guide-line이 평가의 요소로 환원되어 plan-do-evaluation이라는 경영관리의 process는 일관성을 갖는다. 이는 경영평가와 인사평가를 통해 조직운영의 기본 틀로서 활용되어진다. 이러한 점에서 지금까지 언급한 내용을 정리하여 계획수립의 목표관리 절차를 정리하면 다음과 같다.

(1) 중장기 vision과 목표의 투사
(2) 전략적 상황분석 : 정보수집과 Forecasting, scenario 분석
(3) 기업문화의 팀별 해석
(4) Mission Statement (사업부 전체에 대한 팀의 역할)
(5) 팀 및 개인평가 요소로서 기업문화와 윤리의 행동원칙 설정
(6) 경쟁사, 타사의 bench-marking 및 내부역량 level-up 방법
(7) critical factor와 운영 policy의 설정
(8) 목표 / 사업계획 : target & action
(9) cost / benefit 효과분석
(10) flexible budgeting
(11) 타 부문 또는 Team과의 협조관계 : consensus making
(12) Activity Matrix의 설정; 특성, competence 및 grade 설정
(13) 업무 flow 및 업무분장 (Re-engineering)
(14) 업무개선 계획 (BPR 포함)
(15) activity assignment와 팀원 육성계획, 자기신고서의 활용
(16) 계획 변경의 중대사유 발생의 detect 방법과 조기 대처방안

Q & A Q & A Q & A Q & A Q & A Q & A Q & A Q & A Q & A

Q : 능력개발 목표가 평가에서 빠져 있는 이유는 무엇입니까?

A : 능력을 개발하는 것은 향후의 회사업무를 잘 할 수 있도록 준비하는 것으로서, 능력개발을 잘하면 결과적으로 자신과 회사의 성과가 좋아지리라 예상할 수 있는 것입니다. 엄밀한 의미로 보면 열심히 자기개발을 통해 우선 좋은 평가를 받고, 또 그후 이를 바탕으로 성과도 내어 또 좋은 평가도 받는 이중계산이 됩니다. 능력개발 목표가 고과의 독립항목으로 설정되는 것은 약간 과장된 모습이 아닌가 사료됩니다.

Q : 다 좋은데 목표관리의 구체적 양식과 절차 그리고 manual이 없는 것이 아쉽습니다.

A : 우선 목표관리란 양식과 절차라는 것이 아님을 기억하셔야 합니다.(It's not a form nor a procedure) 경영관리의 총체적인 틀인 것이다. 양식과 절차에 맞았다고 목표관리와 경영관리가 잘 되는 것은 아닙니다. 그리고 상기의 내용들은 조직진단, 기업문화, 기업윤리, 목표관리, 인사제도 그리고 임금관리를 하나로 묶어서 package를 만들어 국내 기업들에게 보급시키고 있다.(K consulting package)

7장 Participation의 토대 ; 성과배분

「많이 벌어 함께 나누는 것이 참여의 기본 토대가 된다」

1. 노사관계와 성과배분

흔히 우리들이 협력적인 노사관계를 역설하는 수가 많이 있는데, 우리 나라의 현재 형편을 보면 노사가 서로 싸우지 않고 적대적인 관계를 형성하지 않는 상태를 두고 협력적 노사관계라고 한다. 노사가 생산성향상과 무분규 선언을 한 기업들을 보아도 사실상 구체적으로 노사가 생산성향상을 위해 무엇을 하고 있는가를 보면 환경보호나 자사상품 팔기 운동 같은 것들의 수준에 머물고 있다. 그러나 협력적 노사관계의 핵심적 주제는 부가가치의 창출과 분배라는 생산성과 임금에 있는 것이다. 공장 또는 회사의 수익이 늘어나면 나누어 먹는 맛이 있거나 회사 주식을 노동자가 보유하고 있으면 사실상의 협력구도가 자리잡는다. 미국과 구라파에서는 이 문제를 성과배분이라는 제도로 풀어간다. 회사의 영업성과에 따라 그 이익과 손실에 대한 책임을 급여나 상여에 연동시켜 회사의 운영과 종업원의 이해관계를 일치시키려는 것이다. 국가는 이를 장려하기 위하여 법인세, 소득세 그리고 막대한 자금지원까지 동원하여 성과배분을 장려하고 있다. 협력적 노사관계의 핵심인 것이다. 또한 성과배분의 지급이 전화사채 또는 우리사주 제도와 연동되면 노사의 실질적인 협력구도가 정착하는 셈이다.

노동운동을 하는 분들에게도 발뻗을 자리를 보고 임금 인상을 요구하라고 부탁하고 싶다. 불황인 경우도 성과배분은 유효하다. 실제로 Scallon Plan같은 성과 배분제도는 미국 철강업계가 불황에 빠져있을 때에 자구책으로 나온 제도이다. 일본의 성과배분제도는 다분히 호황 때에 잉여를 나누는 차원에서 준 것이지만, 미국의 성과배분제도는 손실 감소 폭을 줄이는 데에 대한 상여금 지급이라는 방법으로도 활용할 수 있는 것이다. 지급능력이 없을 경우도 가능하다. 주식으로 주면 된다. 물론 여러 가지 요인을 검토하여야 한다. 찾아보면 여러 가지 방법이 있을 것이다.

어떤 사람들은 줄 것 다 주었는데 또 무엇 때문에 다른 명목으로 더 주어야 한다는 것이다. 물론 지금껏 성과배분이라는 것이 임금의 편법인상 방법으로 사용된 점도 있다. 그러나 제대로 성과배분을 하면 실질적으로는 종업원의 참여의식이 매우 높아지고 생산성도 증가할 것이 상식적으로 납득되어질 것이다.

정부도 보면 딱하다. 개인 소득세 면세 조항에 예외가 너무 많아 성과배분이라는 항목을 추가해서 예외 조항이 늘어나고 또, 이 제도의 악용으로 탈세 사례가 늘고 조세 형평에도 안 맞는다는 공무원식 발상을 벗어나려 하질 않는다. 나라 전체가 노동법개정을 전후로 떠들썩하고 때마다 협력적 노사관계가 국가를 살린다는 공익광고를 내 놓으면서, 그 구체적인 사안에 대하여는 갖가지 평계를 대며 지원하려 하지 않는다는 것은 실질적으로 협력적인 노사관계에는 별로 관심이 없고 노동자들이 그저 조용하고 일만 잘하는 산업평화를 찾고 있는 것이 아닌가?

2. 성과배분 지수의 산정

다른 임금체계와 마찬가지로, 성과배분의 형태와 사례를 추적하다 보면 한도 끝도 없다. 그리고 오히려 본질적인 문제에는 접근하기가 힘들어 진다. 그러나 중요한 변수가 무엇이냐를 파악하고 이러한 변수를 어떻게 처리할 것인가를 알면 아무리 여러 가지 형태라도 변수들의 組合이라는 것을 쉽게 이해하고 활용할 수 있게 된다.

1) profit sharing과 gain-sharing[1]

당기순이익 즉 profit의 적고 많음에 따라 성과배분의 몫이 달라지는 것은 직원들의 입장에서 보면 자신들의 노력과 성과에 무관할 수도 있다. 환율의 변동으로 換差損益이 발생했다면, 이는 종업원의 노력과 무관한데도 성과배분은 줄어든다. 그러나 profit-sharing은 어찌되었건 회사가 잘되면 많이 받고, 안되면 적게 받는다는 일체감 조성에 좋은 방법이다.

부문별로 인당 노동생산성을 기준으로 성과배분의 몫을 결정하는 것이 gain-sharing이다. 例를 들면 Scallon Plan에서는 업계 평균 생산량 대비 총인건비가 얼마이고, 우리회사의 실제 인건비 지출액이 얼마라면 그 차액의 50% 내지는 일정 비율을 성과배분 몫으로 결정짓는 방법이다. 매우 합리적인 방법이고, 부문의 생산성 향상 운동을 직접적으로 지원할 수 있는 방법이다. 그러나 산식이 복잡해 질 수 있다. 필자는 성과배분의 몫을 분배하는 과정에서 부문별 생산성을 고려하여 성과배분의 부문별 차등화를 둘 때에 gain-sharing의 개념을 활용하고, 성과배분 지수로는 strategic 변수로 대체하시길 권유한다.

2) strategic 변수

기업에서의 전략적인 추진 변수 즉 매출 또는 신제품개발과 신시장 개척 또는 globalization등과 같은 변수에 성과배분을 연동 시키는 것이 바람직하다. 예를 들어 재고가 쌓여있는데도 생산량에 지수를 맞추면 재고는 계속 늘어나고 성과배분 몫은 커진다. 따라서 strategic 변수를 성과배분 지표에 포함시켜 회사의 목표와 종업원의 이해관계를 line-up하는 것이 좋다.

3) 자본이익률(주주의 입장과, 지급능력)

Profit sharing 개념을 넣어서 성과배분의 몫을 결정할 때 주주의 입장에서 보면, 투하자본 (수권자본+잉여금)에 몇%의 이익이 돌아 왔는지가 관심사다. 당연히 稅後 당기순이익이다. 이것이 시중 이자율 보다 낮으면 장사하는 것이 득되지 못한다. 따라서 자본이익률의 몇% 이상을 상회하는 부분을 성과배분의 몫으로 연동시키는 것이 바람직하다. 미국 기업들 중 경영목표에서 아예 당기순이익이란 개념보다 당기순이익에서 자본비용을 제하고 남아야 할 잉여가 얼마여야 한다고 제시하기도 한다. 그래야 회사의 자본을 많이 투입한 사업은 회사자본을 덜 투입한 사업보다 그만큼 이익도 많이 내야하는 것이다. 그리고 그 산식에서는 상여금의 몇%로 연동 짓는 것이 그냥 이익의 몇%를 성과배분으로 처리한다는 것보다 좋은 방법이다. 후자는 partner-ship의 개념이고 우리 사회의 정서보다 앞서가는 것이다.

4) 종합지수

그래서 자본이익률과 매출액 신장율, 인당 생산성 등의 지표를 고려하면 상기의 요인들을 간단하지만 대충 포괄하게 된다.

5) 기준점과 목표 1

성과배분을 기존의 상여율과 똑같이 주는 경우가 어떠한 것인지를 결정하는 것이 기준점의 설정이다. 예를 들면 자본 이익률이 통상 얼마이고, 매출액 신장율이 얼마인가 등의 평가 지표항목의 정상 상태가 무엇인지를 가려내는 것이다.(base - point) 기준점 설정에 너무 정교한 算式 보다는 대충 포괄적으로 주요 사안을 가려내는 간단한 지수를 설정하여야 한다.

목표 1이란 달성해야할 목표를 의미한다기 보다는 상여금 100%~200% 정도를 더 지불하려면, 어떤 목표들이 얼마큼 달성되어야 하는가를 고려하는 것도 좋다.

그러면, 목표 2는 기준점으로부터 목표1까지의 거리의 2배를 의미하고 3은 3배, 4는 4배이다. 거꾸로 목표 -1은 기준점으로부터 목표 1까지의 -거리를 의미한다. 목표 -2,-3,-4 도 마찬가지이다.

목표를 지나치게 상회하는 경우는 상한성을 설정하고 배분을 유보하기도 하고 역으로 기준점 이하인 경우는 성과배분의 폭을 적게 두고 또 그 하한성도 설정할 수 있다.

여러 지수가 복합되어 지수마다 가중치를 두어 그 가중치의 합으로 목표 달성도를 평가 할 수도 있다. 각 목표의 중간의 어느 지점에 대하여는 비례적으로 배분율을 결정할 수도 있다.

3. 지급 방법

똑같은 금액을 지불하면 정액법, 상여의 몇%씩이라면 정율법이 된다. 그리고 부문간에 차등화를 두면 부문 평가제와 함께, 부문별 집단 incentive system이 된다. 이를 팀까지 확대하면 팀별 incentive가 된다. 개인별까지도 확대하여 차등화를 둘 수도 있다. 그러나 개인별까지의 확대는 바람직하지 않다. 개인별 차등화는 누적적인 방식(상여의 차등화는 당해연도에만 해당되기 때문에 비누적적이다)을 채택하는 것이 좋다. 왜냐하면 성과배분은 집단의식을 강조하고 개인의 조직에 대한 귀속감을 높이는데에 좋은 것이기 때문이다. 그리고 개인별 차등화를 상여의 차등화로 처리하는 것은 그 폭이 커지면 임금의 왜곡현상을 초래한다. 국내 기업들이 개인별 성과를 평가하여 심한 경우 상여의 1000% 까지 차등화가 벌어지도록 하고도 있는데 이는 배보다 배꼽이 더 크게 되고 임금의 변화가 심해서 조직의 안정성을 해칠 우려가 있다. 또 장기적으로 보면 비누적적이기 때문에 그 파급의 효과도 줄어든다. 약발이 오래 가지 않는다는 것이다. 이 문제는 개별 임금의 차등화를 다루는 8장에서 자세히 언급하기로 한다.

그리고 지급은 cash보다는 가능하면, 종업원지주제나, 전환사채로 하는 것이 바람직하다. 이럴 때에 주인의식이 아니라 정말 주인으로 대하는 것이 된다. 때에 따라서는 과도 초과분에 대하여 사내 복지기금으로 유보시킬 수도 있다. 연금이나, 퇴직금제도와도 연계할 수도 있다. 미국과 구라파에서는 가급적 현금지급 보다는 이상의 제도를 활용하는 것을 권장하고 지원한다. 저축이 늘고 투자가 증가하며, 지속적인 일체감의 조성에 도움이 된다.

4. 성과배분의 활용 ; 비누적적 상여의 처리

임금의 결정에서는 한 번의 임금상승이 누적적인 효과를 갖는 경우와 그 해에만 적용되는 비누적적인 상여 같은 것이 있다. 성과배분의 fund는 영업성과에 따르는 것이므로 해마다 달라지기 때문에 이를 비누적적인 집단 merit pay(incentive의 일종)로 활용하는 것이 좋다. 왜냐하면, 원래의 상여금은 flexible wage 즉 영업성적에 따라 달라지는 것으로 전체 상여금은 이 성과배분의 fund와 일치하거나 이를 감안하여 산정 되어져야 한다. 이때에 실제 성과배분의 형태가 반드시 필요한 것은 아니고 영업상황을 반영하는 임금의 flexible fund를 감안하여 성과 상여가 산정되어져야 한다는 것이다. 그리고 이를 부서별 또는 팀별로 업적평가를 토대로 차등화를 두는 것이 바람직한데 개인별 차등화까지보다는 집단 수준에서의 차등화에 머무는 것이 집단의 식을 강화하는 데에 좋다. 그러고 보면 비누적적인 상여는 집단 incentive에 그리고 개인별 차등화는 누적적인 임금체계를 활용하는 것이 좋다는 결론에 이른다.

각 주

1. Profit Sharing은 이익 분배제도 Gain Sharing은 이윤분배제도라고 번역하고 있으나, 이익과 이윤의 차이가 무엇인지 혼동되니 그대로 영어로 표현하는 것이 적절하다. Gain은 부가가치를 의미한다. 즉, 일하는 사람이 발휘한 생산성이 gain의 척도가 된다.

Q & A Q & A Q & A Q & A Q & A Q & A Q & A Q & A

Q : 회사는 임금협상에서 줄 것 다 주었는데 또 성과배분을 해야 합니까? 그리고 성과배분이 마이너스가 되는 것이 현실적으로 가능합니까?

A : 성과배분은 영업상황이 나빠지면, 오히려 마이너스가 될 수가 있다는 것을 노조와 종업원도 인정하여야 합니다. 이것을 인정하려 하지 않는 경우, 회사가 성과배분을 관철시키려면, base-up부분에서 일정분을 유보해서 이를 성과배분으로 처리하면, 마찬가지 효과를 가져옵니다. 또 성과에 대한 보상으로 특별 상여금을 지급한다면,(우리 나라에서 현재 시행중인 연봉제) 그 total을 성과배분의 fund와 일치시키도록 하고 또 일치시키면 그것이 사실상의 성과배분에 해당하는 것입니다. 지급방법을 stock-option, 전환사채 또는 사내 복지기금 등으로도 할 수도 있다. 필자는 개인별 차등화보다는 집단 상여를 더 권장합니다.

이렇게 하면, 줄 돈 다 주고 성과배분으로 더 주는 것이 아닙니다. 이것이 성과배분의 원래 취지입니다. 불황을 타개하기 위한 적극적인 방법을 구사하는 데에 있습니다.

8장 총액에 의한 임금관리

「Salary administration의 핵심포인트는 평균인상율과 차등화에 있다」

1. 임금의 마술과 신인사제도의 현황 평가

직능자격제도를 근간으로 한 신인사제도에서 노동조합과 회사와의 쟁점중의 하나는 임금 구성비에 있다. 이른바 임금의 구성비에서 연공 내지는 연령을 반영하는 기초급, 능력을 반영하는 능력급, 그리고 각종 수당이 있다. 여기서 노동조합은 연공의 성격을 반영하는 기초급을 중요하게 여기고 능력급과의 비중을 7 대 3 내지는 그 이상을 요구하기도 한다. 반면, 사용자는 능력주의 인사제도가 필요하기 때문에 능력의 비중이 역으로 7, 기초급의 비중이 3이어야 한다고 주장한다. 대개는 타협점으로 상위 직급은 능력의 비중이 7, 하위 직급에서는 능력의 비중이 3으로 하여, 능력의 비중이 상위 직급으로 올라 갈수록 더 큰 비중을 차지하게 만든다.

무엇이 문제인가? 문제는 실제로는 기초급의 비중이 높아진다 해도 연공의 비중이 높아지지 않을 수도 있다는 사실이다. 간단한 임금 테이블을 만들어 계산하여 보자.

기초급 임금 테이블			능력급 / 직급수당	
5호봉	550,000		1급	800,000
4호봉	500,000		2급	650,000
3호봉	450,000		3급	500,000
2호봉	400,000		4급	350,000
1호봉	350,000		5급	200,000

여기서 신입사원이 5급 1호봉을 받으면 기초급 350,000 더하기 5급 직책 수당 200,000 으로 550,000의 본봉을 받게된다. 연공을 반영한 기초급과 능력급의 비중은 7대 4가 된다. 그런데 만일 기초급에서 일률적으로 200,000을 빼어 일률적으로

능력급에 더하면 임금 테이블은 다음과 같이 변한다.

5호봉	350,000		1급	1,000,000
4호봉	300,000		2급	850,000
3호봉	250,000		3급	700,000
2호봉	200,000		4급	550,000
1호봉	150,000		5급	400,000

이 경우도 5급 1호봉 신입사원은 기초급 150,000과 능력급 400,000을 받아 똑같은 550,000의 본봉을 받는다. 그러나 명분에서 기초급과 능력급의 비중은 3대 8로 달라진다. 분명 기초급의 비중은 낮아졌으나 연공에 의한 차이는 달라지지 않는다.

임금구성의 마술이다. 숨은 그림을 찾아보면 연공과 능력을 반영하는 지수는 다른 곳에 있음을 발견하게 된다 ; 연공을 반영하는 지수는 호봉간의 격차(pitch)에 있다.

호봉간의 격차가 1000원이면 이 회사에 20년을 근무해도 자동으로 본봉이 오르는 것은 20,000원 뿐이다. 눈깔사탕 하나 사먹으면 끝이다. 대신 호봉의 격차가 200,000원이면 20년 근무하면 직급이 오르지 않더라도 본봉은 4,000,000원이 오른다. 연공 즉 재직연한이 말을 한다. 이처럼 연공을 많이 반영하려면 호봉간의 격차를 높이면 되고 반대로 연공의 비중을 낮추려면 그 구성비를 낮추는 것이 아니라 호봉의 간격(pitch)을 낮추어야 한다.

현행의 임금체계에서는 능력에 있어서는 두 가지 변수가 작용한다. 첫째는 직급의 승급 또는 승진이 정말 능력에 좌우되는가 이고, 둘째로는 승진이나 승급에 의하여 임금상승이 얼마나 이루어지느냐 (승진 또는 승급의 임금 pitch) 이다. 승진과 승급이 연공에 의하여 결정되면 아무리 승진과 승급에 따른 임금격차가 크다 해도 연공이 역시 임금을 결정하는 요인으로 작용한다. 한편 아무리 능력위주의 승진이나 승급이 되었더라도 승진이나 승급에 따른 임금상승이 미미하면 능력은 임금에 적게 반영되는 것이다. 성과급도 마찬가지의 논리가 작용한다. 성과급이 400%라고 하여도 최고로 많이 받는 사람이 한두 명이 400%를 받고 나머지 사람들은 200% 또는 300%를 받는다면 실질적인 격차는 100%인 것이다.

1)기본 하한선과 격차(pitch)가 있을 뿐이다

문제를 단순화하면 임금 구성의 실체는, 최소한의 금액인 기본 나가래가 있고, 그 다음으로는 연공에 따른 호봉상승이 더해진다. 한편 능력과 성과 그리고 연공이 합쳐진 승진 승급에 따른 임금상승이 이루어지고, 그때마다 달리 받는 특별 성과급이 있다.

복잡하게 임금 구성비를 논하지 않고 월급 받는 평범한 사람에게 물어 보면 답은 간단하다. 지금 얼마 받고 내년에 한 호봉 오르면 얼마인가? 그리고 승진이나 승급하면 얼마 더 오르는가? 또 일 잘하면 특별상여로 얼마를 받는가? 얼마 더 오른다는 것이 간격(pitch)인 것이다. 호봉이 1호봉이고 직급이 맨 하위직이라면 얼마인가가 기본 나가래이고 그후로 나는 몇 호봉인가가 호봉으로 얼마나 올랐느냐를 말해준다. 몇 급이냐도 마찬가지인 것이다.

어른들은 참 이상하다. 이런 간단한 이야기를 왜 복잡하게 말하는지 모르겠다. 나한테는 기본급으로 많이 주던 능력급으로 많이 주던 연구수당이라고 하던 학생지도비라고 하던 상관없다. 많이 주는 게 장땡이다. 호봉 간격이 커서 내년에 자동 빵으로 많이 오르면 좋고 승진이나 승급시켜서 더 많이 주면 더더욱 좋겠다. 나는 월급 명세서를 보면 아예 항목은 보지도 않는다. 이젠 또 세금이 얼마인지도 신경 안 쓴다. 저축성 공제액과 내 구좌에 얼마 입금되었는지만 본다. 나 같은 아이들은 그것이 알고 싶을 뿐이다.

2) 실제로 신인사제도는 능력주의를 반영하는데 미흡하다.

또한 회사로 보면 능력주의를 인사제도에 반영하는 것은 신인사제도라는 구조적인 개편에 있는 것이 아니라, 실제로 임금 개별화에 의한 임금격차가 능력과 성과에 의하여 이루어지도록 하는 것이다. 필자라면 노조가 반대하면, 단순히 연공에 의한 호봉격차를 줄이고 인사고과를 공정하게 하여 능력있는 사람을 골라 조. 반장으로 승진 승격시키고 이에 따른 금전적 인센티브를 강화하면 그것이 바로 능력주의 인사인 것이지, 능력급 또는 직무. 직능급을 추가하고 임금 제도 개편의 이유, 방향, 방법들을 아무리 열거해 놓고 직급단계를 재편해 보아야 실질적으로 달라지는 것은 별로 없는 것이다.

필자가 관찰한 바로는 신인사제도라고 설계된 것의 실질적인 내용을 검토해 보면, 55 세 정년 퇴직 즈음 기능직 사원들끼리 또는 사무관리직 사원들과의 비교에서도 상, 하위권의 임금격차는 30%이상 발생하지 않게 설계되어졌다. 실제로는 약 12%의 생애임금의 차이가 발생한다. 독자는 주위에서 한번 구체적인 내용을 반드시 검토하시길 바란다. 55세 정년퇴직 즈음 상위권은 부.차장급, 하위권은 과.차장급의 직책수당을 받고 연공에 의한 호봉은 같다고 보면 실질적인 임금의 격차는 품위유지비 정도인 12%이하인 것이다. 이것이 어찌 능력주의 인사체계인가? 어른들은 참으로 이상하다. 구성비에서 능력급 또는 직무직능급을 만들어 놓고 그 비율이 50%이상을 넘으면 능력주의 인사체계라고 한다. 말이 중요하지도 않고, 형태가 중요한 것도 아니다. 실제로 능력에 의한 임금의 차등화가 충분히 이루어지지 않았다.

2. 성과에 의한 임금인상률(base-up)의 결정

개인의 성과에 따른 임금 차등화를 성과가급이라 할 수 있고, 집단에 의한 성과급의 차등화를 집단 성과급이라 할 수 있다. 성과배분제도라 할 때에는 회사전체의 직원을 대상으로 회사의 이익 또는 영업 상황에 따라 임금이나 상여를 가변적으로 지급하는 것이라 볼 수 있다. 용어가 어떠하던, 성과에 따른 임금지급이라는 점에서, 사실상 요즈음 우리가 가장 유념하여야 할 임금의 형태인 것이고, 경제논리인 "일 잘한 사람 많이 준다"라는 평범한 상식에 가장 충실한 임금 지급 방법인 것이다. 따라서 성과급은 개인별 차등화에 그리고 성과배분은 회사의 임금총액(fund)과 팀별 차등화를 결정하는 데에 사용하면 실제로 현재 기업들이 찾고 있는 임금제도와 주요변수를 찾아가는 맥을 구사할 수 있게 된다.

사장이 찾고 있는 것은 임금 총액과 평균 그리고 임금차등화의 정도와 방법이다. 임금의 실체는 평균과 차등화에 있다. 이 차등화를 임금개별화라 부르기도 한다. 한 나라의 경제에서 보면 일인당 국민 소득과 소득의 분포를 눈여겨보는 것과 마찬가지이다. 일인당 국민소득과 총인구가 GNP를 나타내고, 파레토 계수, 지니곡선…등이 소득 분포를 나타낸다. 임금개별화의 문제는 직급간에 또 직종간에 그리고 궁극적으로는 성과와 능력에 따라 개개인 모두를 어떻게 차등화를 둘 것인 가이다.

우선 임금 총액에서 보면 "인원수 × 인당 평균 임금 수준"이다. 평균 곱하기 총인원 하면 인건비 총액이다. 임금으로 지불되는 전체 fund가 얼마인가? 이것이 각종 재무 분석의 대상이 되고 있다. 제조원가에서 인건비가 차지하는 비중, 판매비에서 인건비가 차지한 비중, 그리고 원재료 구입과 감가상각을 뺀 기업의 총부가가치 금액에서 인건비가 차지하는 비중… 등이 경영자의 안목이다. 임금총액에 관계되는 것은 해마다 임금 협상을 하며 base-up을 몇%로 할 것인가를 두고 협상을 하는 것이다.

base-up을 얼마나 할 것인가는 상식적으로 보면 남들 주는 만큼 주고, 회사의 형편에 따라 더 주거나 덜 주는 것이다. 실제의 임금협상의 내용을 살펴보면 이야기를 많이 하나, 결국은 남들 주는 만큼, 즉 업계 평균을 의미한다. 그리고 우리 회사가 얼마나 잘 나가는 것인가를 두고 이를 영업성적이라고 표현하면 이 부분이 성과배분 산정의 기준과 같은 것이다. 따라서 임금 협상을 상기에 언급한, 남만큼 이라는 기준을 GNP 상승에 기준을 두거나, 업계평균 또는 전 산업 평균 임금 상승률에 두면 되고, 우리회사의 영업 실적 부분은 성과배분으로 처리할 수 있다.

다음으로는 이것을 어떤 기준에 의하여 집단간 또는 개인간의 임금격차를 얼마로 할 것인가 이다. 신인사제도의 경우는 직능자격을 기준으로 그리고 직무급의 경우는 직무가치를 기준으로 그리고 연봉제 개념 하에서는 성과를 기준으로 임금의 차등화를 하는 것이다. 이중에서 사장들은 여러 가지 용어를 몰라서 그러지만 원하는 것은 일 잘한 사람 월급 더 주라는 요지인 바, 구체화하면 성과에 의한 차등화를 원한다고 볼 수 있다. 따라서 임금의 처리는 성과급과 성과배분, 즉 성과에 의한 기준으로 처리하는 것이 가장 합리적일 뿐만 아니라, 임금관리의 제반 문제를 매우 간단하게 처리할 수 있는 방법이 되기도 한다.

개인 별로 임금을 차등화 하는 방법은 여러 가지가 있다. 승진 또는 승급을 통하여 반영하는 방법(직능자격제도의 활용), 상여에 반영하는 방법 (우리 나라 대기업들이 현재 많이 사용하는 방법으로 연봉제라고 부르기도 한다.), 임금 총액을 합산하고 그 인상률에 차등화를 두는 방법 (연봉제의 일종), 퇴직금 또는 장려금에 반영하는 방법 등이다.

형태는 찾아보면 여러 가지일 것이나, 그 변수를 어디에 두느냐가 문제일 뿐이다.[1]

그런데 '성과＝능력＋태도'라고 보면, 즉 능력과 태도라는 내재적 과정을 통하여 성과라는 가시적인 산물이 나오니까 성과를 평가한다는 것은 능력과 태도를 함께 포괄적으로 보아 성과 산출의 과정으로 파악하면 성과평가 하나로 목표관리 제도를 운영할 수 있게 되어, 사실상 다른 제도들을 흡수 처리할 수 있게 된다.

3. 개인별 임금차등화(individualisation)

차등화를 나타내는 지수는 무엇인가? 또, 어떤 방법으로 차등화를 둘 수 있는 것인가?

1) 근본적으로는 두 사람간의 생애 총임금으로 나타낼 수 있다. 간단하게 보면 퇴직시의 임금 격차가 몇%인가가 두 사람사이의 생애임금 총액차이의 두 배를 나타낸다. 다시 말하면, 퇴직시의 임금격차 나누기 2하면 대강 두 사람이 생애동안 받는 임금 총액의 차이라고 할 수 있겠다. 현재 우리 나라의 임금 직급 체계로 보면 대졸 사원들이 55세 정년에 받는 임금격차는 평균 30%를 넘지 않는다. (현재 임원이 아닌 사원들 중 55세 정년에 가까운 사람들을 비교할 수 있다.) 그렇다면 생애 임금의 총 격차도 15%이하이고 대략 필자의 계산으로는 12% 수준이다. 일을 열심히 잘한 사람과 그렇지 않은 사람의 임금격차가 12%라면 연공서열에 의한 임금평준화가 너무 심한 것이다.[2]

2) Min. Max. 의 차이보다는 상위 30%의 평균과 하위 30%그룹의 평균간의 격차가 더 중요할 수 있다.

개인간의 최대격차는 엄청 클 수 있다. 중역이 되어 사장이 되는 사람도 있다. 그러나 대부분의 사람들에게 해당되는 사항은 상위권, 중위권, 하위권이다. 그래서 Min. Max.의 차이도 가려내어야 하나 상위권과 하위권의 차등이 사실상 더 중요한 개념이다. 중위권은 상위권과 하위권의 중간이기 때문에 특별한 경우가 아니면 그다지 신경을 쓰지 않아도 되는 것이다. 그래서 대략 상위 30%의 그룹과 하위 30%의 그룹을 비교하는 것이 실용적이다.

3) 5년 단위로 분할하는 것이 임금구조 설계에는 적합하다.

생애임금이란 개념은 타당한 말씀이나 너무 길어 피부에 와서 닿지 않는다. 또 현재 30세 가량의 직원들에게는 2025년까지의 일이고 보면, 세상은 상전벽해가 되어 있을 거다. 시간개념은 갈수록 빨라진다. 과거 10년간의 변화는 향후 5년 정도의 변화에 해당한다. 그래서 일단 5년 내지는 10년으로 임금격차의 변화를 가늠하고 이를 생애임금 개념으로 연장하여 보는 것이 필요하다.

참고로, 미국기업에서는 같은 직무등급 내에서의 임금격차를 대략 40%로 두고 있고, 두 사람 사이의 5년간의 임금 격차가 최대 50%가 나도록 설계되어져 있다. 상위권과 하위권의 비교를 하면 대략 20-30% 정도로 보여진다.

4) 과도기라 해서 임금격차의 폭을 적게 시작할 필요는 없다.

사무관리직의 생산성은 미국의 경우 최대 20배의 차이가 난다고 한다. 측정하기가 난해한 점은 있고 20배라는 것이 다소 과장되어 있다 하더라도, 분명한 사실은 사무관리직의 성과의 차이는 상상보다 또 그들이 받는 임금 수준의 격차보다는 훨씬 큰 것이다. 기능직과 하위직급의 경우 임금격차를 크게 두는 것은 생각해야 할 점이 많다. 그러나 대리급 이상의 직원들에게 생계비와 연공을 운운하는 것은 쓸데없는 동정이고 우리 기업들의 현실이 그리 한가하지도 않다.

우리 나라에서 임금체계를 변경하여 처음에는 능력급의 비중을 조금 두고 있다가 서서히 그 비중을 높혀가는 이행을 추구하는 경우가 대부분이다. 그러나 우선 임금 구성비가 문제가 아니라는 점을 전술하였다. 다음으로 초창기라 하여 임금상승의 격차를 적은 폭으로 시작할 필요는 없다. 왜냐하면 현재 우리 나라의 임금체계는 연공서열에 의한 평준화가 지나쳐서, 과도기에는 적정 수준으로 차등화된 제자리를 찾아가려면 오히려 큰 폭으로 차등화가 이루어져야, 몇 년이 지나 적정한 차등화를 정상적인 방법으로 시행해 갈 수 있다.

그래서 필자는, 감으로 향후 5년간의 임금격차는 대리급 이상의 경우 40%(평균을 중심으로 상하 20%)의 격차가 일어나도록 권유한다.[3 상,하위권의 임금격차가 5년 후 40% 차이가 나려면 매년 8%의 격차가 있으면 된다. 보라. 시행 초년도에는 8%의 격차가 발생하고 차년도에는 16%, 3연후 24%… 이렇게 격차는 서서히 일어나기 때문에, 자동적으로 적절한 임금의 차등화는 시차를 두고 실현되어진다.

4. 임금차등화와 여러 가지 임금체계

임금차등화의 폭을 반영하는 방법은 여러 가지가 있다. 성과에 의한 차등을 성과급이라고 한다면, 성과급의 의미는 매우 포괄적으로 해석된다. 그리고 현행의 임금체계 뿐만 아니라, 모든 임금체계에서도 그 의미와 의도한 바를 어느정도 반영할 수 있다. 성과에 의하여 임금의 차등화를 하면 되가 때문이다.

1) 직능 자격제도와 임금 차등화

직능 자격제도에서 다기능에 가산 점을 두고 직능별로 등급을 매기고 그 난이도와 시중의 임금현황을 반영하면서 그가 실제로 하고 있는 업무에서 주요 기능이 무엇이고 보조로 어떤 다른 기능이 추가로 소요되는 것을 파악한다면 그것이 직무급 체계와 유사하다. 실제로 독일은 기능직 사원들에게 이러한 임금체계를 구사하고 이를 직무급 체계라고도 말한다(Mannesman Company). 여기에다 그가 수행한 업무를 얼마나 잘 수행했는가를 고과하여 임금의 폭을 결정하면 이것이 성과급이자 직무성과에 따른 임금차등화라고 할 수 있다. 일본과 우리 나라에서 쓰고 있는 직능자격제도는 실제로 이런 독일과 프랑스 등 구라파 기업들의 임금체계에서 연공서열을 더하여 직능의 급수가 상승할 때에 일정한 소요연한을 추가하여 직능자격제라 이름 한 것이고 다기능에 대한 추가 임금 상승이 없고 실제의 업무와 무관하게 임금을 지급하고 평가도 철저하지 않다는 차이점이 있다.

2) 직무급체계

직무급 체계에 있어서도 성과에 대한 평가가 적절하지 못하면 연공적인 성격이 강하여(예 ; 공무원) 설령 직무급체계라 하더라도 성과에 의한 임금 차등화와는 거리가 먼

것이다. 다만 직무급 체계에서는 '일 잘 했는가' 라는 물음에서 일에 대한 난이도와 중요도가 이미 설정되어 있다. 성과에 대한 평가를 객관적으로 수행할 여건이 마련되어 있다는 점에서 성과에 의한 임금 차등화를 구사하기에 가장 적절한 형태에 접근해 있다고 볼 수 있다. 다만 직무의 평가에서 직무분석과 같은 방법을 사용하면 매우 복잡할 뿐만 아니라 외부 노동 시장이 잘 발달해 있지 않은 우리 나라에서는 이렇게 자세하고 경직된 분석이 오히려 잘 통용될 수 없는 여건에 있다. 그러나 어떠한 형태이던 직무에 대한 정돈이 필요하고 간단한 방법(activity matrix와 job-competency) 을 활용하면 어렵지 않게 처리가 가능하다.

3) 비 누적적인 상여 처리

성과가급이라는 형태로 국내 기업들이 구사하는 성과에 의한 상여금 차등화는 그 폭이 클 경우 임금변동이 심할 뿐 만 아니라 비누적적이기 때문에 지속적인 효과가 적다. 그리고 임금은 뒤죽박죽이 되어 도대체 이것저것 잡탕이 되어 버린다. 이는 과도기적으로 채택한 직능자격제도라는 것을 고수하려 보니 일본과 우리 나라에서 발생하는 임금체계의 문제로 파악되어 진다. 인사고과를 누적적으로 반영하는 것이 깨끗하나, 차등화의 폭이 큰 경우(연간 6% 이상) 직능자격제도가 갖고 있는 호봉체계의 틀을 수정할 필요가 있다.

4) 연봉제의 의미

연봉제는 원래 의미대로라면 임금결정에 아무런 산식이 없고 그때그때 임금액을 산정하는 것이기 때문에 성과에 의한 차등화를 가장 잘 반영할 수 있는 틀이다. 그러나 보통 미국이라 해도, 임금에는 일정한 폭과 상승률의 차등이 있을 뿐 심하게 변동하는 것은 예외적인 현상이라 할 수 있다.

5) 직무성과급과 연봉제

연봉제는 연봉설정의 기준과 방법을 사전적으로 정하지 않고 필요에 따라 운용하는 것이 직무성과급과의 차이라고 할 수 있다. 그러나 연봉제에서도 연봉의 기준은 "일 잘한 것"에 있다. 다시 말하자면 직무의 성과인 것이다. 이점에서 직무성과급과 연봉제는 일치한다.

그러나 연봉설정의 방법에 있어서, 직무성과급은 각 직무등급별로 임금 band를 갖고 있는 것에 비해 연봉제는 band를 갖고 있지 않다. Band설정이 갖고 있는 의미는 그야말로 일 잘한 것, 즉 업무의 내용에 따라 임금의 상하한선이 설정되어 있고, 인상 방법에 있어서도 band내의 하위권에 있는 사람들의 상승 폭은 크고 상위권에 이미 이르른 사람의 인상폭은 적어서 더 이상의 높은 임금 인상을 하려면 직무 등급 자체의 승급이 있어야만 가능하도록 되어 있다. 그러면 임금인상은 투명하고 안정적으로 운영될 수 있다. 연봉제는 오래 지속하면 불안정적이고 자신의 임금상승이 어디로 가고 어떤 폭에서 지속될 것인지를 모르게 된다. 그리고 흔히 연봉제라고 구미에서 구사하는 임금체계는 사실상에 있어서는 이 직무성과급제도를 의미한다.

6) 임금 band의 설정과 salary administration의 문제

우리 나라는 설령 임금 band를 설정하였더라도, 현재의 각자가 받는 임금수준이 왜곡되어있기 때문에 과도기적으로 연봉제라는 wild card를 써서 각 개인 들의 적정임금 수준 (desired salary)과 현재의 임금 수준 (current salary)의 gap을 처리해야 한다. 그래서 salary administration의 대원칙은 이 gap의 처리에 있는 것이고, band를 설정하지 않고 연봉제 형식으로 직무성과급제도 때보다도 큰 폭으로 임금인상의 차등화를 구사할 필요가 있다.

목표관리에서 보면, 같은 난이도와 같은 달성도를 보인 사람들에게 그가 받고있는 현재의 임금수준(current salary)에 따라 임금인상의 차등화가 달리 이루어져야 함을 의미한다. 직무성과급이 정착한 경우에는 이미 현재의 임금수준(current salary)이 적정 임금수준의 band내에 정착해·있고 목표자체의 난이도도 band내에 포함되어 있다고 볼 수 있어서 미국의 임금제도와 MBO에서는 이점에 대한 언급이 없는 것이다.

5. 요약

임금은 우선 전체적으로는 base-up과 성과배분(특별 상여)의 결정이다. 임금협상에서는 남 주는 만큼 주고 자사의 영업상황에 따라 가감한다. 남 주는 만큼 주는 것이 base-up이고 자사의 영업상황을 반영하는 틀이 성과배분과 사실상 그 내용이 동일

하다. 그리고는 차등화를 결정하는 것이다. 일 잘한 사람과 못한 사람의 임금인상율을 표준 이상율인 base-up을 기준으로 차등화 하여 적용하고(누적적 임금), 부분별, 팀별 평가에 의한 집단 상여금을 성과배분의 fund를 나누는 과정에서 차등화를 두는 것을 권유한다.(비누적적 임금) 그 다음은 이를 어떤 식으로 임금테비블에 적용하는가 또는 마이너스 성과배분은 어떻게 처리하는가는 기능적인 계산에 불과하다. 정작으로 어려운 것은 차등화의 기준이 되는 평가에 있는 것이고 이를 목표관리에서 plan-do-see라는 틀에서 다룬다. 평가는 management의 back-bone이다. 아무리 어렵더라도 해결하셔야 하는 문제이다. 평가가 어려워 이런 인사제도를 쓸 수 없다는 것은 심하게 표현하면, 회사를 운영하는 것이지 management를 하는 것은 아니라고 본다.

1. 오기하라 마사루 저, 양병무 번역감수, "임금제도 혁신 메뉴얼", 21세기 북스

2. 물론 이러한 계산방법에 대한 반론도 있다. 첫째로 능력이 없는 사람은 도태된다고 한다. 그러나 회사를 떠나는 사람은 어느 정도 자발적이라고 볼 수 있다. 자발적이란 의미는 더 나은 기회가 있다고 판단되어 그 자리에 머물러 낮은 봉급과 수모를 감내하기 싫은 것이다. 대개의 경우 회사를 떠나는 사람은 직장에 적응하려 하기를 거부한 경우가 대부분이다. 이곳 말고는 먹고살기 힘들다고 생각하는 사람들은 적응하려 한다. 대개 적응하려는 사람을 능력이 없다고 쫓아내는 경우는 드물다. 현재 우리 나라 기업에서 과장 또는 차장의 업무가 그리 특별한 능력을 요하는 것은 아니고, 그저 적응하려고만 하면 승진이 늦어지는 경우는 있어도, 대강 수행해 낼 수 있는 것이다. 이렇게 보면, 정도의 차이는 있어도 회사를 떠난 사람들은 한계상황에서 남아 있는 사람보다 특별히 능력이 뒤떨어진다고 말할 수만은 없는 것이다.

둘째로는 55세의 최종임금 만으로는 전체 평균과 총액의 차이를 계산하기 어렵다는 점이다. 물론 일하는 기간 임금은 들쭉 날쭉한다. 그러나 임금이 떨어지는 경우는 없다고 보아야한다. 임금은 증가의 정도차이가 고려의 대상이지 깎는 경우란 징계의 대상이다. 초기부터 심한 격차가 벌어진 후 그 차이가 일정하게 지속할 수는 있어도, 대체로 임금의 격차는 지속적으로 커져간다고 보는 것이 타당하다. 최초의 임금은 같다고 보고, 그 수준에 따라 절대 액수의 차이는

달라질 수 있으나 %로 보면 최초에는 0%에서 시작하여 최종 55세 정년에 이르러 최대 격차가 벌어지고 그 최대 격차 %의 절반이 생애 임금의 평균격차로 나타난다.

3. 명예퇴직을 시키는 것이 좋다고 판단되는 사람을 그대로 일을 시키면서도 회사가 손해 보지 않는 수준의 임금을 약 40% 정도로 본 것이다. 물론 명예퇴직의 사유가 높은 임금수준 만은 아니나, 임금을 논함에 있어서 이를 임금에 반영한다면 그 정도라는 것이고 이는 회사마다 사정이 다 다를 것이다.

우리 나라의 경영관리 층의 임금수준은 Hongkong, Singapore, 대만의 경우 보다 매우 낮아, 절반 이하의 수준이다. 전체 임금수준은 GNP 대비로는 높지만 상위직종의 임금 수준은 반대인 것이다. P&G, 3M 등의 국내 외국인 기업의 부장급 연봉이 96년 현재 7000만원에 이르를 수 있는 것을 감안하면, 향후 5년간 대리급 이상의 상,하위권 임금격차를 40%로 두는 것이 무리가 아님을 직감할 수 있다.

Q&AQ&AQ&AQ&AQ&AQ&AQ&AQ&AQ&A

Q : 임금구성비를 달리 하는것이 아무런 효과도 없다는 것입니까?

A : 앞의 例에서 구성비가 달라졌으나 간격(pitch)이 달라지지 않았습니다. 그러나 구성비가 달라짐에 따라 비례적으로 간격(pitch)이 달라질 수도 있습니다. 문제의 핵심은 pitch에 있다는 것입니다.

Q : 임금테이블이 직급별로 설정되어 있는 경우의 차등화는 어떻게 가능합니까?

A : 성신여대의 박준성교수가 제시하는 표준자 모델이 유용합니다. Simulation해보는 방법이 가장 확실합니다. 이것 말고 논리적으로는 호봉 pitch의 차이와 직급상승에 따른 일시적 임금 인상액이 차등화의 액수입니다. 대리급에서의 호봉 pitch가 2만원이던 것이 과장급에서 3만원으로 바뀌었다면, 이를 총액으로 환산하고(상여와 연월차 그리고 퇴직금) 계산의 기준이 되는 햇수의 累積積數를 곱하면, 승진에 의한 장기적 임금인상효과가 계산됩니다. 그리고 승진하면서 오르게 되는 직급수당의 총액 그리고 호봉조정에 따른 인상액의 총액(상여 등을 포함)을 계산합니다. 승진이 얼마나 빠르냐가 차등화를 나타내므로 승진소요연수의 차이를 적용하면 됩니다.

그러나 실제로는 차등화의 폭을 설정한 후, 이를 역으로 계산하여 필요한 임금테이블로 만드는 것이 순서입니다. 그리고 직원들이 다 합쳐서 얼마냐가 문제라는 것을 이해하면 구태여 임금 테이블을 만들 필요도 없습니다.

Q : 이상의 이야기로는 직무성과급을 골격으로 하고 있는 것 같아 보입니다.

A : 그렇습니다. 골격은 직무성과급의 골격입니다. 그러나 현재 받고 있는 임금수준을 그대로 인정한다는 점에서 그리고 직무성과급으로의 이행과정이란 점이 다릅니다. 그리고 직무의 등급에 따른 임금 band의 설정은 차후의 일이고, 직무 성과급보다는 훨씬 완화된 band로의 이행을 보고 있는 점이 미국과 서구라파가 쓰고 있는 직무성과급과는 정도의 차이가 있습니다. 또 직무의 평가에 있어서도 직무분석방법이 아닌 Activity Matrix를 쓰고 있는 점이 훨씬 실용적인 접근이 됩니다. 12장에서 좀 더 자세한 내용이 언급되어 있습니다.

Q : 임금을 보는 시각이 너무 단순하지 않습니까?

A : 그렇습니다. 복잡한걸 원하시면, 복잡하게 엮어드릴 수도 있습니다. 포괄 역산제를 우리 기업들도 많이 사용하고 있습니다. 포괄적으로 총액이 얼마이고 이를 임금의 구성항목에 逆으로 쪼개어 넣는것입니다. 이 방법이 얼렁뚱땅 같아 보이지만 필자의 견해로는 오히려 논리적으로도 타당하다는 것입니다. 쪼개 넣는 방법은 여러가지이고 복잡하게 보일 뿐 그저 쪼개 넣은 것에 불과하다는 것입니다.

3부 K 경영관리의 Technical System
(직무와 인력의 관리)

9장. 팀제 / 유연성과 벽없는 조직

10장. 인력계획, 비정규 노동, 임금직급체계, 명예퇴직

11장. Activity Matrix

12장. Activity Management

9장 팀제의 평가 / 유연성과 벽없는 조직

「업무운영에 있어서 미국은 유연성이 필요하지만 우리는 기본골격의 수립이 시급하다」

한국의 기업들이 경영혁신을 추진할 때에 'Flexibility'와 'Boundaryless Company'라는 슬로건을 많이 쓴다. 매우 유용한 개념임에 틀림없다. 그러나 필자가 제기하는 문제는 그 뉘앙스에 있다. 왕왕 이러한 경영혁신의 줄거리는 유연성과 벽없는 조직으로의 탈바꿈이 이론적으로 보면 'mechanistic'과 'organic'의 대비에서 mechanistic한 요인이 타파되고 organic한 요인이 강화되어야 한다는 논지인 것이다.[1] 이론적인 것을 검토하기 전에 먼저 한참 잘나가는 팀제의 현황을 살펴보자.

1. 팀제와 인사관리의 현황 점검

개인과 부문은 서로 자기의 권한과 책임만을 강조하고 책임을 회피하려 하는데 이러한 요인을 타파하기 위하여 팀제의 운용이 필요하다고 한다. 또한 기존에 部와 課로 세분화된 업무체계에서 팀제를 통해 자유로이 업무를 통폐합을 할 수 있고 결제 단계를 축소한다. 구성원들은 팀처럼 움직여 유연하고 벽 없는 조직을 만들어 간다는 취지인 것이다. 물론 이러한 문제들은 팀제를 잘 운용하면 극복될 수는 있으나, 우리 나라 기업들에게서 문제의 핵심은 다른데에 있는 것이다.

95년에 시행한 설문 조사의 내용들을 음미해 보면서 기업현황을 살펴보자.[2]

1) 해당 부서의 기능과 작업에 대한 설명이 선명합니까?

'그렇다'는 응답은 8.3%이고 '그저 그렇다'는 응답은 44%, '아니다'라는 응답이 47.7%에 이르른다. 모두들 자기 부서의 기능과 업무가 구체적으로 무엇인지를 잘 알지 못한다는 것이 현실이다. 참으로 어처구니없는 일이다. 해당 부서가 구체적으로 어떤 일을 어떻게 하고 있는지 잘 모른다니? 우리 모두가 훌륭한 사람이 되어 알아서 스스로 자기 부서의 일을 알고, 또 타부서와 따지지 말고 내가 먼저 일을 처리하기를 기

대하는 것일까? 어디가나 경쟁력 10% 강화하자는 것이 어제, 오늘의 일이 아니고 어디가나 사람이 남는다는 부서는 없다. 모두다 바쁜데 남의 일까지 챙겨 주기를 기대할 수 있을까? 팀제를 통해 일차적으로 정돈해야하는 것은 flexibility가 아니라, 우리 팀의 업무가 무엇이고 또 어떻게 하는 것이라는 것에 대한 보다 선명한 설명인 것이다. 모든 것이 문서나 말로 일일이 열거할 수는 없고 그럴 필요도 없지만, 적어도 어떤 것이고. 애매한 것은 몇 가지 예라도 제시해 주어야 한다.

2) 인사배치는 적정하게 이루어집니까?

그렇다는 응답은 20.0%, '그저 그렇다'는 응답은 52.6%, '아니다' 라는 응답은 27.4%이다. 팀제란 무엇일까? 한사람 한사람이 살아 움직여 팀을 이루는 것이다. 획일적인 처리를 한 것을 팀이라고 하기보다는 개개인 모두가 자신의 색깔을 갖고 팀 플레이를 하여야 하는 것이다. 그런데 이게 웬일인가? 자신의 인사배치가 잘못되었다는 사람이 적정하다고 하다는 사람보다 많다.

팀제를 도입하면서 팀장의 권한으로 팀원의 업무배치를 일임하고 제대로 지도하는 것을 게을리 한 것은 아닌가? 이젠 개인보다는 팀이 중요하니까, 개인의 업무배치는 어떻게 되든 팀만 제대로 돌아가면 된다는 것은 아닌가?

팀제를 도입하면서 우리 나라 기업이 현재 해결해야 할 과제 중 하나는 적정한 인사배치인 것이다. 팀제를 무분별하게 도입하면 오히려 인사배치의 적정성이 더욱 혼란스러워진다. 팀이라는 말 자체가 개인보다는 팀을 우선하기 때문이다.(대한 페인트의 팀제는 개인에 대한 배려라는 원칙을 명기하고 있다.)

3) 동료의 작업 내용을 잘 알고 있는가?

그렇다는 응답은 7.4%에 불과해서 1)번 문항과 비슷한 응답을 하고 있다. 팀제가 되면 당연히 동료가 하고 있는 작업의 내용을 잘 알고 있어야한다. 그런데 이 문제 역시 팀제가 아니더라도 개인간의 긴밀한 협조가 되어지려면 서로의 업무를 잘 알고 있어야 하는 것이다. 옆에 사람이 무슨 일을 하고 있는지 모르는 상태에서 서로간의 협력이 잘 될 리 만무하다. 그 이외의 설문에서도 부서간의 갈등이 상존 하고, 작업명령이 선명하지 않다는 지적이 있었다.

이상의 설문 응답 내용을 종합해 보면 우리 나라의 업무체계나 공장의 운영 자체가 혼란스럽다기 보다는 업무와 사람의 matching이 잘 안되고, 내가 또 동료가 무엇을 어떻게 일해야 할는지 혼란스러운 것이다. 당연히 부서간에도 서로가 무엇을 하는지 모르는 상태가 전체적인 팀웍을 해치는 것이다. 필요하고 긴급한 일은 당연히 직무에 대한 이해와 인력의 합리적인 배치와 운용인 것이다. 결재 단계를 축소하는 것도 자칫 혼란을 증폭시킬 우려가 있는 것이다. 왜냐하면 한사람의 결재권자가 너무 많은 사람과 업무에 대하여 책임져야 하기 때문에 조정력을 발휘하기가 쉽지 않아졌다. 이러한 문제들이 현재와 같이 팀제에 대한 사려 깊은 준비 없이 시행되면, 오히려 개인간의 책임회피와 혼란이 더욱 가중될 것이 예상된다.

2. 한국과 미국의 상황은 다르다

미국에서는 직무분석과 이에 근거한 매우 상세한 직무관리로 인하여 조직 구성원들은 자신에게 부과된 임무만을 계약관계에 의해 수행하고 있었다. 특히 노동조합은 여유 인력을 다른 직무로 전환 배치하는 데에 사사건건 물고 늘어졌다. 이러한 상황에서 기업은 인력활용의 유연성 그리고 직무수행의 유연성이 기업 경쟁력의 매우 중요한 요인으로 부각되었던 것이다. 미국이 찾아야 하는 유연성은 너무나 경직된 직무관리를 융통성 있게 처리하는 것이었다.

그러나 우리 나라는 정반대의 상황인 것이다. 직무관리가 애초부터 허술했던 것이다. 상기에서 상술한 설문분석에서도 보았듯이 우리 기업들이 당면한 문제는 너무 경직된 직무관리를 좀 느슨하게 하는 것이 아니라 황무지와 같은 직무관리를 우선적으로 정돈해야 하는 상황이다. Re-engineering도 우리 기업에서 여러 차례 시도되었으나 주춤하는 이유는 다른데에 있는 것이 아니라, 바로 직무에 대한 관리가 정돈되어있지 않은 때문이다. 애초부터 나의 직무는 무엇이고 또 동료의 직무는 무엇이고 상호 어떻게 연관되어있으며 타부서와는 어떤 관계에 있는 것이 선명해야 이 직무와 과업들을 통폐합하고, 여기에 IT(information technology)를 어떻게 활용할 것인지를 해당 현업 담당자와 관리자가 알고 있어야, 전산전문가와의 협조가 순조로울 수 있는 것이다.

때문에 우리 나라에서는 팀제를 통해 달성해야 할 일은 직무관리의 유연성보다는 직무관리의 선명성이 우선하여야 한다. 직무관리를 미국과 같이 타이트하게 해야한다는 의미가 아니고 activity-matrix정도로 큰 윤곽과 flow, 그리고 re-engineering에서 말하는 job-level 3단계 또는 4단계까지의 관리가 필요하다. 팀제를 하면서도 반드시 팀원들의 업무분장이 어떻게 되어졌을지를 팀장은 상사에게 설명하고 납득시킬 책임을 부여해야 한다. 팀장의 권한이라고 무분별하게 업무분장을 하고 또는 그것조차도 없이 그때그때 개인들이 해야하는 일을 명령하거나 알아서 하도록 하면 조직은 유연한 것이 아니라 오히려 혼란스러워 진다. 직무가 어느 정도 정돈되어져야 인력의 배치가 합리적일 수 있다. 다기능이라는 것은 문자 그대로 두세 개의 기능을 의미하는 것이지 무엇이나 다한다는 것은 다기능이라기 보다는 특별히 잘하는 업무가 없다는 말과도 같다. 경력개발도 마찬가지이다. 적정한 업무배치가 되어 있지도 않은 상황에서는 경력개발은 중구난방이다. 경력개발의 현장은 일차적으로는 해당업무이기 때문이다.

3. BPR과 Taylorism

Taylorism을 오늘날에도 그대로 적용하여서는 안된다. 그래서 Neo-Taylorism인 것이다. 특히 작업의 세분화는 Taylor의 아이디어인데, 지나치게 세분화시키면 조직은 경직된다. 물론 세분화의 정도도 문제이지만, 작업의 흐름을 읽어가며 현업의 실무자와 상의하는 일이 중요하다. Semi-Autonomous Group(준 자치 그룹)과 같은 조직은 여러 명이 작업의 일부분을 크게 분할하여 수행하고있다. 팀제도 역시 마찬가지의 아이디어가 작용한다. 그런데 이러한 작업조직의 경우, 반드시 종업원의 직무 만족이 높아지는 것만은 아니고, 때로는 작업자에게 부담을 주기도 하여 단순 반복작업을 선호하기도 한다. 팀제는 이런 경우 작업을 세분화시켜 주면 된다.

Re-engineering은 기본적으로는 process중심의 사고이다. 어떤 분은 Adam Smith와 Taylor의 분업과 표준화의 개념에서 근본적인 사고의 전환을 요한다고 한다. 업무의 분할이 아닌 통폐합이 re-engineering의 과제라는 것이다. 맞는 말이다. 그러나 그렇다고 process중심과 division of labour가 서로 다른 이야기를 하고 있는 것만은 아니다. 업무를 세분화 하다보니 전체 숲은 보지 못하고 개별 직무에만 신경을 쓰는 경향이 있어서 re-engineering에서는 다시 process중심으로 전체적인 사고를 하라는 의미인 것이다. 허나 애초부터 전체의 process를 어떻게 효율적으로 수행할 것인지를 연구해서 이를 가장 단순한 unit로 분할하라고 Taylor가 말했고, 또 분업의 극대화가 효율성을 높인다는 취지가 Adam Smith의 이론이다. 이 과정에서 이런 이론들을 무분별하게 적용하여 극한까지 세분화하려 하면 오히려 효율성이 떨어지고 직무만족이 저하한다. 그러나 언제나 출발점이 전체 process에 있었다는 점을 상기하면 분업의 원리와 통폐합의 원리는 같은 脈에서 출발한다. 그리고보면 re-engineering의 출발은 기존에 분업화되어 있는 업무절차의 혁명적인 개선일 뿐인 것이다. 만일 애초부터 업무가 분할되어 있지 않은 상황에서 아무리 re-engineering이라 해도 업무를 통째로 하나의 process로 수행할 수는 없고, 결국 이를 분할하고 필요한 경우 업무를 표준화 시켜가게 되는 것이다.

Re-engineering의 초기 작업을 보면 그것이 flow개념의 직무분석인 것을 한눈에 알 수 있다. Process중심으로 직무를 분석한다는 것은 사실상 허나마나한 말이다.

왜냐하면 애초부터 직무분석은 업무의 flow-charting에서 출발하기 때문이다. 회계감사도 업무와 서류의 flow-charting에서 시작한다. 그후 업무개선을 위하여 업무의 통폐합을 건의하게 되는데, 필자로서는 초기과정이 re-engineering과 크게 다른 점을 발견하지 못하였다. 그후 IT(information technology)가 추가되어 지는데 그것이 전혀 다른 업무 flow를 가져올 수도 있다는 데에서 가히 혁명적이라고 할 수는 있어도, Taylorism과 Division of Labour를 뒤엎는다고 생각하면 오산이다. 리엔지니어링은 IT의 결합인 Neo-Taylorism이어야 효율적일 수 있다.

어느 경우이던 어떤 식으로냐가 문제 일 뿐이지, 팀제를 한다고 해서, 또 Re-engineering을 한다고 해서, 또 신인사제도라는 사람중심을 표방하는 제도에서 말을 바꾸어 직무조사라고 해도, 직무를 조사하건 분석하건 업무의 흐름을 파악하고 이를 분할하여 적정한 인사배치를 하는 기본적인 경영관리를 우회하거나 생략할 방법은 없는 것이다. 문제는 이런 경영관리의 뼈대를 구축하고 운영하는 일을 얼마나 flexible 하게 하느냐 일 뿐이다. 애초부터 mechanistic과 organic한 것의 구분을 이분법으로 서로 배타적인 것으로 생각하면 오해인 것이다.

4. 기계적 조직구조와 유기적 조직구조

현대의 조직개발(organization development)론의 추세는 조직을 어떻게 기계적인 구조에서 유기적인 구조로 바꾸어 가느냐에 초점을 두고 있다. 이론적 배경의 脈은 인간관계론에서 출발한다. 독자들은 유심히 관찰해 보시길 바란다. 대개는 Hawthorn Research의 실험, Maslow의 욕구 5단계론, McGregor의 X, Y이론이 출발점이다. 그러면서 논지는 경직된 기계적인 조직구조(mechanistic)를 유기적인 조직구조로 변환하여야 하는데, Tayorism을 공박하면서 기계적인 조직구조의 代父처럼 설명하고, 유기적인 조직구조의 선구자들은 인간관계론자들을 지칭하곤 한다.

그런데 O.D.와 신경영기법들의 실질적인 내용들은 Taylorism의 변환인 Neo-taylorism인 것이다.[3] 그리고 또한 성공적인 조직개발은 Taylorism을 보완하고 발전시켜 나아가야지 이분법적인 사고로 이와는 전혀 다른 방향으로 나아가면 조직은 점차 political unit로 변하고, 혼란이 야기된다. 학술적인 논의는 일단 미루어 두기로 하고, 일반 실무자들을 위하여 보다 감각적인 설명을 하자. Flexible하다는 것이 만일 뼈대가 없는 물체로 비유된다면 그것이 flexible의 정도를 지나쳐서, 힘의 받침대가 없는 허물허물한 문어 같은 것이 되어 버린다. 우리가 찾고자 하는 것은 뼈대가 있고, 뼈마디 마디가 관절로 되어 있어 자유로운 움직임이 가능한 것이다. 그렇다면, 문제가 되는 것은 관절의 유연성이지, 뼈마저도 없는 것은 아닌 것이다.

인간관계라는 것이 회사에서 보면 어디에서 발생하는 것인가? 업무에서 발생한다. 업무를 수행하는 과정에서 서로 유리한 것을 찾다보면, 이해관계가 상충하고 인간관계가 나빠진다. 동기유발을 금전적인 보상 없이 할 수 있을까? 금전이외에도 유의해야 할 점이 있으나, 금전적 보상을 빼고는 동기 유발이 힘을 잃는다. 자세히 보면 회사에서의 인간관계는 이해관계와 업무에서 파생하는 경우가 대부분이다. 그런데 Taylorism과 같은 과학적인 직무관리가 선행하지 않고, 인간관계만으로 정말 인간관계가 회복 될 수 있는 것일지 의문스럽다.

사람들의 뇌리에는 은연중 지나간 세월의 향수가 있다. 세상이 아직 기계적인 구조를 덜 갖추었던 시절의 목가적인 삶의 형태를 아쉬워한다. 필자도 즐겨 부르는 노래가 정지용 시인의 '향수'라는 노래이다. 시간과 공간이 기하학적인 조형을 갖추어 간다. 아파트가 그렇고 공장이 그러하다. 시간은 점차 세분화되고 초관리까지 한다고 한다. 고달플 때면 생각나는 것이 목가적인 시절이다. 그러나 잘못된 것은 기계론적인 구조 자체가 아니라, 그 운영에 있는 것이다. 초관리는 더욱 여가의 시간을 늘려가고, 이젠 놀토까지 생기고, 조금 지나면 주 5일 근무가 보편화 될 것이다. 시간관리의 덕분이다. 교통혼잡이 더해가도 도시를 떠나려 하지 않는다. 도시가 편리하기 때문이다. 좁은 공간 안에 모든 것이 다 있다. 백화점과 슈퍼가 인기다. 어디 하나 빈 공간이 없고, 백화점의 사무실은 아예 계단 밑에 버려진 공간에 놓여있다. 또 일한 만큼 셈을 하여 돈을 지급한다. 우리 인간적으로 합시다! 무엇이 인간적이라는 것인지 알 수가 없다. 일한 만큼 셈해서 돈주고 받는 것이 인간적이지 않단 말인가? 억지를 부리는 것이다.

합리적인 사고, 과학적인 관리, 일한 만큼의 보상이 우리가 흔히 공박하기 쉬운 Max Weber의 관료제 모형(bureaucracy)과, F. Taylor의 과학적 관리법의 핵심 내용인 것이다. 이러한 뼈대를 허물고 인간의 경제외적인 심리, 직무와 관련이 없는 informal한 인간관계로 대체해서 회사가 제대로 돌아 갈 수 있을까?

1. Burns, T. and Stalker, G.M. "The Management of Innovation", London Tavistock, 1961

2. 졸저, "신경영과 현장노사", 한국노동연구원, 1995

3. M. Montmollin, "Taylorisme et Anti-Taylorisme", Sociologie du travail, 4/74 Paris
몽몰랭씨는 다섯 가지 점에서 신경영 패턴의 성격을 Anti-Taylorism이 아닌 Neo-Taylorism
으로 보고있다.

첫째, 생산성향상을 추구한다는 점에서 같다
둘째, 동기부여와 창의력 발휘라는 점에서 같다.
셋째, 산업평화를 지향한다는 점에서 같다
넷째, 합리주의에서 있어서 테일러의 과학적 관리법은 작업자의 경험과 의견을 수렴한다는 점
　　에서 기계적인 과학성과는 다른 점을 보이고 있으나 기술 경제적인 요인에 대한 합리성
　　이 두드러지는 반면, 신경영기법들은 사회 심리적인 요인에 대한 부분적인 합리성이
　　두드러진다. 이점에 있어서는 양자는 배타적이 아니라 상호 보완적이다.
다섯째, 과업의 분화와 계획과 시행의 분리라는 점에서 테일러주의와 신경영패턴은 상이하다.
　　그러나 과업의 분화라는 것이 테일러주의의 중심과제는 아닌 것이고 생산성향상에
　　도움이 된다면 과업의 분화이던 통합이던 테일러가 이를 반대하지는 않았을 것이다.

이상에서 보는 바와 같이 신경영기법들이 테일러주의와 일치하는 것은 아니지만 Anti-
Talyorism이라고 규정할 수는 없고, 오히려 Neo-Tayloriam의 성격이 더 강하다고 볼 수가 있
다. 그리고 그래야만, Taylorism과 다른 점은 상호 보완적으로 다루어지고, 소기의 목적을 이룰
수 있게 된다. 이렇게, 기술 경제적인 합리성과 사회 심리적인 요인은 상호 보완적이어야 하며,
과업의 분화와 통합은 일방적으로 어느 것이 옳다고 한 방향으로만 추진될 수 있는 것은 아니다.

Q&AQ&AQ&AQ&AQ&AQ&AQ&AQ&AQ&A

Q : 팀제가 필요하지 않다는 말입니까?

A : 아닙니다 팀제는 필요합니다. 가장 현실적인 문제는 승진 적체현상에 있습니다.
승진 대상자는 많아졌는데, 과거 고도 성장기에는 승급을 시켜도 맡길 部나 課가 많이

늘어나서 문제가 없었지만, 지금은 부나 과가 한정이 되어서 이들에게 부나 과를 맡길 자리가 별로 없습니다. 이 때 팀제라고 하면 편리합니다. 과장 차장 부장이라는 직급과 팀장은 별개이니까, 승급시키고 그냥 팀원이라 하면 됩니다. 그리고 관리능력이 없는 사람에게 구태여 과나 부를 맡기지 않고 그냥 팀원이라 하면 unit를 책임 지울 필요도 없습니다. 또 팀내에 part-leader를 두어 종전의 hierarchy 조직을 그대로 유지시켜도 됩니다.(생산 직군에게는 이편이 보다 효율적입니다.) 그러나 직급과 직책을 구별하는 것은 미국과 유럽에서는 일반적인 것이고, 우리 나라와 일본에서만 유독 지금까지 직급이 직책을 의미하였습니다.

팀원은 각자 고유한 업무를 갖는다는 것은 업무분장의 문제입니다. QWL에서 직무충실화란 명령받아 단순업무를 반복 처리하던 것을 이제는 자신의 업무를 수평적으로는 여러 activity를 수행하도록 하고 수직적으로는 이에 수반되는 계획하는 일도 부분적으로 당사자에게 맡긴다는 취지입니다. 이것을 두고 empowerment 또는 자신의 업무에 대한 책임과 권한을 갖게 하는 것을 팀제라고 부른 것입니다. 이렇게 하면 결재라인도 축소될 여지가 있을 것입니다. 스스로 책임지니까 감독도 줄어 들것입니다. 그렇지만, 결재라인을 자의적으로 축소하려 하면, 오히려 communication이 잘 안되고 조직은 중구난방이 될 위험이 큽니다.

불필요한 결재라인과 감독을 줄이고 스스로 책임지도록 하라는데 현업이 이를 잘 시행하지 않으니까 어떻게 해서라도 이를 관철시키려고 '팀제란 이런 것이다' 라고 팀장에게 매우 큰 권한과 책임을 이양하고 조직도 팀으로 재편해 버린 것에 심정적인 동정은 갑니다만, 현재 상황으로 보면(90년대 후반) 조직은 혼란스러워 졌습니다. 그래서 차라리 팀제가 의도했던 하나 하나의 요인에 대해 차근차근 처리하는 더 현명하다고 판단할 뿐입니다. 직급과 직책은 당연히 분리되어야 하고, 결재라인도 좀 축소해야 하는데 이는 span of control의 한계 내에서 사전 가이드라인의 설정과 권한위양이라는 MBO, 즉 경영 process를 충실하게 전개 시켜야할 일이라고 보여집니다. 직무충실화도 고려해야 할 필요한 부문이 있을 것입니다. 어떤 부문은 차라리 단순업무로 분할하고 감독을 강화하는 것이 효율적일 수도 있습니다.(생산) 이 모든 것들을 팀제라고 하니까, 이러한 조처들이 필요하다는 의미에서 팀제가 필요하다고 할 수 있습니다. 그러나 事前적으로 팀제란 이런 것이고 반드시 필요하니 무조건 이렇게 하라는 것은 무리입니다.

10장 인력계획, 비정규노동, 임금직급체계, 명예퇴직

「직무관리가 인사의 출발점이다」

한국기업들은 고비용 구조(고금리, 고지가, 고임금)와 저 효율 구조에 시달리고 있다. 인사문제에 있어서 고임금을 지불하더라도 생산성이 뛰어나다면 독일처럼 버텨 낼만도 한데, 고임금이 그대로 고생산성을 수반하지 않는 데에 문제가 있다. 기업에서는 JIT와 같은 생산혁신을 통해 생산부문에서는 어느 정도 생산성을 향상시킨 듯 보이나 간접부문에서의 생산성은 측정하기가 더 난해하여 어느 정도의 비효율이 잠재하고 있는지도 모른다. 더욱이 인사의 문제는 경영혁신과 밀접하게 연결되어있다. 모 기업에서는 근로자들이 경영혁신을 한다면, 아예 긴말 할 것 없이 몇 명을 짤라 얼마를 보상하겠느냐고 묻는다. 경영혁신이 해고를 수반해서는 바람직하지 않지만, 분명한 것은 인사의 변동을 가져오는 것이다. 그렇다. 인사는 이제 경영혁신의 동반자의 역할을 담당해야 한다. 경영혁신의 가시적인 성과는 미국에서처럼 re-engineering을 통해 몇 명의 인원을 감축했다고 표현한다. 그만큼 어떻게 하면 적은 인원의 정규인력으로 더 많은 영업을 해내느냐가 경영혁신의 목표이기도하다. 또 날로 승진 대상자는 늘어난다. 어떤 기업은 본사 직원의 절반이 과장이상의 직급으로 구성되어있다. 농담 삼아 하는 말이 저 사람 2억짜리 라면, 2억을 주고서라도 명예 퇴직시키는 것이 낫다는 말이다. 비정규인력은 날로 늘어간다. 웬만하면 임시직으로 대체하는 것이 인건비도 싸고 노조에도 가입하지 않고, 여차하면 내보낼 수도 있다.

그러나 이런 것들이 사회적인 문제를 야기할 뿐만 아니라, 장기적으로는 종업원들을 불안하게 하고 사기를 저하시킨다. 능력주의 인사란 글자 그대로 능력에 상응하는 대우를 하는 것인 만큼, 해고와는 거리가 먼 이야기이다. 그런데도 경영혁신 내지는 합리화가 고용불안으로 직접적 영향을 주는 데에는 기업내의 인사관행에 구조적인 문제가 있기 때문이다. 이런 상태에서는 out-sourcing(비정규직의 활용 내지는 하청) 내지는 명예퇴직과 같은 방법이 능사는 아니고 장·단기적으로 부작용을 수반하고 근본적인 개선을 기대할 수 없다.

1. 인력계획

기업의 채용광고를 보면 00명이라고 표기한다. 무슨 일을 시키던 사람만 좋으면 된다는 말이다. 그러나 이제부터는 인력을 좀더 세분화해야 한다. 부문별로 특화 시키고 등급별로 나누어 생각해야 한다. 전문성을 확보한 100명과 전문성 없는 100명이 서로 경쟁한다면, 그 우열은 명확하다. 기업경쟁력의 기본이 전문성 있는 인력들이 팀웍을 이루어 놓는 일이다. 다시 말하자면 인력계획을 총량으로만 할 것이 아니고, 전문성에 따라 세분화하여야 한다는 것이다. 혹자는 현대는 다기능을 요하는 시대라고 한다. 그러나 다기능이라는 것은 둘, 셋의 연관성 있는 기능을 결합한 것이지 아무거나 다한다는 것은 아니다. 사장이라 해도 전문성의 훈련을 거쳐 generalist로 성장한 사람이 전문 인력을 활용할 줄 안다.

인력 계획의 또 다른 변수는 out-sourcing에서 온다. 직무를 어떤 식으로 운용 하겠느냐 에 따라 정규인력의 소요규모가 결정되어진다. 인사는 이제 경영과 관리의 판을 읽어야한다. Out-sourcing은 기업의 조직구조를 restructuring하는 과정에서 이루어져야 하는데, 이때에 인사담당자가 직접 경영혁신을 주도하지는 않는다 하더라도 인사와 관련한 제반사항을 검토하고 조언해야 한다. 더욱이 최종적인 결론에 이르면, 인원의 전환배치와 승격 승진 그리고 out-sourcing의 규모와 방법을 인사에서 결정하여야 한다. 또한 경영혁신과 팀제를 인사고과로 뒷받침하면 매우 강력한 feed-back을 주게되는데, 이는 전략적 평가 system(strategic evaluation system)과 맞물린 문제인 것이다.

인력계획에서 국내기업들이 서둘러야하는 일은 직무체계이다. 필자의 경험으로 보면 임시직이 하는 일이 정규직원과 유사하면 갈등을 유발하는 사례를 목격하였고, 결국 생산성이 낮은 임시직을 없애게 되었다. 만일 직무체계가 확연히 구분 된다면 그 일을 떼어내어 out-sourcing이 가능할 수도 있다. 직무체계가 뭉그러져있다.(졸저 신경영과 현장노사, 1995 한국노동연구원 참조) 직무체계라 함은 조직도와 업무분장만을 의미하는 것은 아니고, 해당직무의 qualification, 직무가치와 등급, 그리고 know-how형성의 과정(career development plan : CDP)이 정리되어지지 않은 상태를 의미한다. 이런 상태에서는, out-sourcing이 힘들 뿐만 아니라 인사의 공평성이 확보

될 수도 없고 전문성을 확보할 수도 없다고 단언할 수 있다.

아직까지 비정규노동의[1] 사회적, 법적인 문제는 언급하지 않았다. 이상에서 언급한 것만으로도 문제의 복잡성을 이해했을 것이다. 그러나 positivism의 시각에서 문제영역을 분할하여 미국처럼 직무분석을 하고, 경영혁신의 결과를 인사에서 이어받아 적절한 조처를 취한다고 될 일이 아니다. 상호연관성이 너무 크기 때문이다. 우리는 골때리는 시대를 살아가고 있다. Out-sourcing으로 정규노동이 비정규노동으로 대체되어 우리 중 누군가가 임시직이라는 비자발적 불완전고용에 빠지고, 명예퇴직으로 40대 아저씨들이 대낮에 남산에서 산보나 하고 있는 것이 남의 일이라고 하기엔 여간 강심장이 아니고는 못할 말이다. 설령 인원 감축이 없더라도 연공서열에 익숙하고 일반 상식으로만(general know-how)로 승진한 아저씨들이 전문성에다 영어능력까지 시험받게되어 과외공부라도 필요할런지?

통합적인 사고가 필요하다. 그리 어려운 것도 아니다. 문제를 축소하고 분할해서 사고하지 않고, 열린 눈으로 종합적 사고를 하면 된다. 또 인사의 문제를 너무 등한히 했다. 기업에서는 인사는 아무나 한다. 좀 있으면 영업이나 기획부서로 옮겨가는 정거장쯤으로 본 것이다. 경쟁력은 사람에게서 나온다. 인력계획을 하는 사람은 시대의 흐름을 읽어야하고, 경영혁신을 담보해야 하면서, 00명이란 無策에서 벗어나 인사조직의 system을 운용하는 technic을 구사해야 한다.

2. 비정규노동

인력을 탄력적으로 운용할 수 있기를 기업은 원한다. 그러나 노동자(이 표현이 보다 학술적이다. 교수를 포함한 경영자들도 노동자다)의 입장에서 보면, 해고의 엄격한 제한을 받는 안전빵, 정규직을 원한다. 현행 근로기준법에 의하면 비정규직노동도 정규노동과 같이 비례적인 혜택을 받을 권리가 있다. (연월차 수당, 휴가, 퇴직금, 연금과 의료보험 ; 현재 의료보험 가입대상에서는 제외되었음). 그리고 보면 문제의 핵심은 해고요건에 있다. 인력의 탄력적 운용의 핵심은 해고가 자유로운 것을 의미하기 때문이다. 현재 수많은 임시직은 실제로는 수습기간이 지나서도 하던 일을 계속하거나 유사한 업무를 하고 있어서 법적으로는 정규직원에 해당된다. 그러나 회사나 당사자들 모두 이를 정규직으로 받아들이지 않고 있다. 또 다른 문제는 파견근로이다. 줄잡아 30만 명은 훨씬 상회한다.(통계를 잡아내기가 어렵다. 감추기 때문이다.) 물론 대부분 불법이다. 노사분쟁 때마다 엄정한 법집행을 말하는 대통령과 정부 당국이 이 문제만은 구렁이 담넘기라고 노동조합들은 비아냥한다.[2]

꼭 필요한 계절적 수요나 한때에 필요한 인력, 그리고 확연히 구분된 주변업무가 아니고는 비정규인력을 활용하는 것은 법에 어긋나기도 하고 보통 생산성이 낮고 일에 대한 책임감도 낮다. 비정규직의 효율적인 활용을 위해서는 업무가 잘 구분되어 지도록 하여야 하는데, 그렇지 않은 경우 비정규인력을 정규직과 혼합되어져서 조직 갈등을 일으킬 위험이 있다. 그래서 기업내부의 인력운용을 탄력적으로 수행할 수 있는 체제를 정비하는 것이 여러모로 시급한 과제이다. 우선 신규인력의 채용을 억제하고, 기존의 인력을 적절히 활용하는 방법을 쓰는 것이 좋은데, 비정규업무의 대상과 명예퇴직의 대상이 되는 사람들은 직간접적으로 현재 받고 있는 임금 수준에 비해 생산성이 현저히 저하하거나, 조직내부에서 부담을 주고있기 때문이다. 노조의 가입대상이거나, 연령과 직책이 높아, 부담스러운 경우이다. 특히 여직원의 경우 남녀고용 평등법의 시책이 강화되고 노조의 요구가 높아지는 시점에서, 기업으로서는 단순 사무직 인력을 비정규 노동으로 대체하려 할 것이다. 그러나 생산성과 외부노동시장에서의 임금수준을 고려한 합리적인 임금직급 체계를 운용하고 있다면 이러한 문제에 대처하기에 한결 수월할 것이다.

어찌 되었건, 비정규노동은 실태조사로 보나(몇몇 bias된 조사를 제외하고는) ILO등 보고서에서 보면 비자발적인 성격이 강한 것으로 나타나기 때문에 기업은 가급적 자제하는 것이 사회적으로 바람직하고, 필요한 경우라면 이를 매우 체계적으로 다룰 필요가 있다. 한편 파견업체 또는 직업알선업체에겐, 직업알선 행위를 합법화하는 것이 필요하고 수수료에 제한을 두지 않는 것이 좋다.

3. 임금직급체계

비정규 노동문제가 아니더라도, 우리 나라 기업들은 임금직급체계에서 일대 전환과 혼란을 겪고 있다. 모 기업은 97년 차장승진자가 100여명에 이른다. 차장이상은 직급상 팀장을 맡는다. 현재의 팀의 수는 300개, 따라서 엄청난 승진적체 문제에 당면하고 있다. 해마다 15% 정도의 임금인상과 더불어, 피라미드 구조를 상정했던 임금직급 체계가, 항아리형의 인력구조를 감내하기에 많은 문제를 야기한다. 절대평가라는 화두에 걸려, 승급대상자는 더욱 증가하고 있다. 재직 연한이 늘어나는 것이 현재화한다. 조금 지나면 군대로 치면 권총을 찬 장교가 소총수 보다 늘어날 판이다. 급기야 팀제라는 처방을 내리고, 누구나 팀원이기 때문에 직급에 관계없이 담당업무를 해야 한다면서, 사실상의 중간관리층을 대폭 감소시켰다. 승진적체를 해소했지만 팀내부는 뒤죽박죽이 되었다. 팀의 이름으로 개인의 불만을 수면 아래로 당분간 가라 앉혔을 뿐이다. 목표관리와 결부된 업적 성과급은 기존의 임금체계에서 항목을 하나 더 추가했을 뿐만 아니라, 그 비중을 실효 있게 늘려가다 보면 배보다 배꼽이 커져 버리고, 고과의 항목들은 비중만 표시되어 있을 뿐 상호 연관성이 보이질 않는다.

팀제란 무엇인가? 그 출처를 굳이 찾아보면 semi-autonomous group(준자치그룹)에서 찾을 수 있지만 거리가 먼 이야기다. 문제는 팀제의 내용이다. 팀제라는 표현과 형식이 아니라, 그 안에 어떤 프로그램을 담고 있느냐에 따라 천차만별이다. 차라리 팀제라는 표현보다는 인사조직에 관련된 경영혁신 프로그램을 구체적으로 명기하는 것이 무엇을 어떻게 왜 하는가가 명확하여진다. 예를 들면 직책과 직급의 분리, 목표관리, 담당영역별로 업무를 분장하는 직무충실화, 다기능화, 결재와 명령라인의 축소화, 인력의 신축적인 이동, 업무 성과급, 단위별 업적평가, 개인별 평가의 강화 등등. 하기야 이런 것을 총체적으로 일컬어 팀제라고 해서 잘못된 것은 없다. 다만 지적하고 싶은 것은 새로운 경영기법이 아니고, 경영관리의 기본을 충실하게 다져나가면, 그것이 현재 말하는 팀제의 목적과 더 가까운 것이고, 총체적인 연관성을 체계적으로 수립할 수 있게 된다.

인사 조직에서 왜 이런 혼란이 일어났는가. 문제의 출발은 임금직급체계와 기본자료인 직무분석에 있었다. 인사관리 교과서와 경제학 교과서의 1장으로 되돌아 가보면 확연하다. 인사관리는 사람이 아닌 직무를 분석하는 데에서 출발하고 경제학 1장은 수요와 공급의 균형점을 기본으로 전개되어진다. 일의 수요는 직무에서 오고, 일의 공급은 사람의 skill에서 온다. 직무와 skill을 matching시키는 일이 인사관리이다. 미국의 경우 이 문제는 보다 단순하다. 직무분석을 하여 직무가치를 정하고 고과를 하여 잘했으면 더 준다. 그러나 우리 나라는 외부노동시장이 발달 되어있지 않아서, 직무가치에 따른 적정 임금의 산출이 어렵고 내부 이동이 심할 뿐만 아니라, 해당직무에 딱 맞는 인력을 배치하기가 어렵다. 또한 직무분석에 의한 체계적인 인력관리를 해본 경험도 없고 그런 know-how도 없었다.

그래서 한국적 인사관리라 하며, 80년대의 일본의 상황에 적합한 일본식 직능자격제도로 선회했다. K이론에서 한국식, 일본식이란 제도의 위험성을 지적하고 있다. 이미 일본은 연봉제를 선호하고 우리 나라도 삼 사년 뒤늦게 연봉제 선풍이 불기 시작한다. 연봉제의 의미는 일 잘한 사람 더 주는 것이다. 목표관리와 밀접히 연동되어 있다. 바로 일이라는 노동의 수요 side에 초점이 맞추어 진 것이고, 직능자격제도는 skill이라는 노동의 공급 side에 축을 두고 있어서 두 제도는 조정이 필요한 것이다. 상식적으로 일을 잘하는 것은 성과를 의미한다. 자격이 아닌 것이다. 자격으로 일 잘한 것을 가려낼 수 없다. 일 잘한 것을 가려내려면 기본적으로 일의 가치, 즉 직무가치가 설정되어 있어야 하고 그 다음 잘했나를 판별해야한다. 어떤 경우든 직무분석을 피해갈 수가 없게 되어 있다.

애초부터 복잡한 문제가 아니었다. 상세한 직무분석으로 캐비넷 두 개 분량으로 직무분석을 한 것이 비현실적인 것이다. 우리는 은연중 상세한 것이 정확하다는 착각을 한다. 노동의 공급 side를 보면, 사회적으로도 내부인력도 그렇게 상세하게 분류될 수가 없는 상황이다. 그렇다면 다른 형태의 직무분석이 필요하다. 팀별로 업무일람(activity-matrix)을 작성해서 대략 5단계로 등급을 매기고 대기업이라 해도 30-40개정도로 팀의 업무를 분류해 놓으면 된다. 필자는 당초에 matching이라는 개념을 개별 직무와 기업내 개별인력을 reconcile시키려 시도하였으나, 실패하였다. 거기다가 핵심업무까지 가려내는 작업을 일거에 해내려면 오히려 혼란을 가중시킨다. 핵심업무 일람표는 그냥 업무일람표를 작성하고 핵심이 아닌 것은 연필로 표기하면 된다. 개별직무와 개인 skill의 matching은 그 후의 개별적 차원에서 처리하도록 놔두는 것이 현명하다. 다시 말하자면 matching을 거시적인 관점에서 노동의 수요와 공급의 양 side를 고려하고 보면 이런 식의 activity-matrix가 타당하다.

4. 명예퇴직

왜 잘라낼 수밖에 없었는가? 성과주의가 필요했기 때문일까? 왜 성과주의라는 합리적 토태가 이리도 스산한 뉘앙스를 풍기는가? 잘 보면 성과주의란 글자 그대로 성과에 상응하는 만큼 처우하는 것일 뿐이다. 명예퇴직을 미연에 방지하는 데에도 도움이 된다. 명예퇴직의 대상이 되는 사람은 일차적으로는 그가 받고 있는 임금수준(밥값)에 비해 회사에 기여하는 바가 지나치게 낮아있고, 또 그의 직책이 능력에 비해 너무 높아 회사로 보아서는 떠나 주었으면 하는 사람들이다. 그런데 이들이 애초부터 임금이 높아 있지 않거나 높은 직책에 있지 않았다면, 회사는 이들을 구태여 퇴직시키려 할 필요는 없는 것이다. 성과주의를 통해 이들의 임금상승을 아주 조금만 해주거나 동결을 할 수도 있다. 이런 경우 성과주의란 능력이 없는 사람이 높은 직급에 있으면서 목에 힘주고 돈 많이 받아가니까, 이런 사람을 제자리에 되돌려 놔 분수껏 살도록 하자는 것이다. 장애인도 고용을 장려하는데 어찌 보면 이런 사람들도 정신적 장애에 속하는 것은 아닐까? 대신 일 잘하는 사람 빨리 승진하고 돈 더 받게 하면 그것이 성과주의의 참 뜻이다. 엘리트만을 위주로 업무를 끌어간다고 회사가 잘되는 것은 아니다. 왜냐하면 대부분의 사람들이 소외되기 때문이다. 결코 바람직하지 않다.

성과주의에 의해서 경쟁은 강화되지만, 공정한 경쟁은 보는 이로 하여금 시원함을 느낀다. 그리고 그 경쟁은 장기적인 것이다. 장기적이면, 자신의 건강과 행복을 해쳐가면서 까지 경쟁에 장기적으로 몰입하지 않는다. 자연의 질서가 요구하는 만큼 그리고 자연의 질서를 따라 경쟁하는 것은 건강한 것이고 필요하기도 하다.

우리사회는 연공서열과 소위 말하는 동양적 가치관에서 탈피하여가고, 경쟁과 능력의 원리대로 재편되어 가고 있다. 이 와중에 독하지 않으면 살기 힘들다는 인식이 만연해 간다. 그러나 천만에 말씀이다. Gesellschaft(이익사회)의 가치관은 매우 인간적일 수 있다. 공평하고 보편 타당한 것이 왜 비인간적인가? 너캉 나캉 남이가? 하며 끼리끼리 놀던 사람들에게 비인간적으로 비칠 수도 있다. 짠밥 수만 늘어가면 선배대접 받고, 직급도 올라가던 사람들에게도 비인간적으로 비칠 수도 있다. 또 능력주의라는 이름으로 소외된 사람들에게도 비인간적일 수도 있다. 과거의 가부장적 질서에 젖은 사람도 한국적인 미덕이 사라져간다고 할 수도 있다. 독기를 뿜어야 출세한다고? 어림없는 일이다. 사회는 점점 더 상호관련성이 커져가고 서로 협력하지 않고 약속을 어기면, 전에는 인간적이라는 미명하에 봐주었지만 이젠 대가를 치루어야 한다.

이익사회가 심화하면 개인적 차원의 자선으로 보호되던 것을 사회적 권리로 보장받게 할 수도 있게된다. 대표적인 예가 연금, 의료보험, 고용보험 같은 사회보장제도이다. 사람 사는 곳에 어디 그리 천국 같은 것이 깔려 있겠느냐만, 이 변화는 반드시 비인간 적인 것만은 아닌 것이고, 한국적인 가치관이 붕괴하고 있는 것도 아니다. 성과주의를 따라 명예퇴직과 같은, 비용이 많이 들고 바람직하지 못한 일이 없어지길 바란다.

각 주

....

1. 김성환, "비정규 노동에 관한 연구", 한국 노동연구원, 1992

비정규 노동은 근로시간이 정규직에 비해 3분의 2이하인 파트타임, 1년 이하의 계약인 fixed-term employment, 그리고 파견근로 등이 있다. 현재의 근로 기준법으로 보면, 대다수의 임시직 근로자 들은 법적으로는 정규직에 해당하고, 청소와 경비를 제외한 파견근로는 불법에 해당한다. 우리 사 회에서 가장 소외되어 있는 근로자 층이지만, 노조마저도 이들의 권리를 편들려 하지 않는다.

2. 파견이란 글자 그대로 자기회사 직원을 타 사업장에 파견하는 것이다. 어른들은 아주 쉬운 것을 용어를 써가며 어렵게 만든다. 그런데 현재의 근로자 파견의 실체는 파견이 아니고 알선 이면서 파견과 같은 조건으로 수수료를 받는다.(수수료는 매달 봉급을 기준) 수수료는 사실상 선진국 수준으로 보면 매우 낮다. 우리 나라에서는 수수료는 착취라는 인식이 아직 남아있기 때문이다. 문제는 파견업체가 파견근로자를 고용하고 있지도 않고, 그럴 능력도 없고, 앞으로 도 그럴 의사도 없다는 것이다. 해고라는 표현도 어울리지 않고 일이 없으면 당연히 월급이 안 나온다. 파견이란 말이 잘못된 표현이다. 직업알선이고, 해고의 책임을 회사로부터 떠맡은 것 이고, 채용의 문제를 대행한 것이다. Out-sourcing의 또 다른 방법은 하청과 협력업체의 업무 영역을 넓히는 것으로서 중소기업 육성책에도 부합한다. 다만 소사장제의 경우 유의해야 할 점 은 기존의 인력을 소사장제로 전환하는 것은 사실상의 해고에 해당한다.

이런 상황에서 우선 노사 양측에 모두 득이 되는 일은 고용알선이다. 현재 법에서는 직업을 알 선하고 돈을 받는 것은 금지하고 있다. 직업안정소나 동회, 구청에서 직업알선을 하고 있으나 매우 비능률적이다. 영국의 경우는 구인 구직 정보가 Data-base로 입력되어 있어서 일자리 찾는 사람의 80%가 이러한 공공 직업알선의 혜택을 누리고 있다. 우리 나라에서 고용보험이 실시되면서 구인 구직정보가 Data-base로 구축될 것이다. 사람들은 도로, 항만, 공항, 통신,

수도 등의 사회간접자본이 얼마나 중요하다는 것은 알고 있고 선거공약의 메뉴로 감초처럼 끼여든다. 그러나 구인구직 정보라는 Data-base의 중요성은 아직 실감하지 못한 것 같다. 일자리 찾는 사람에겐 세상에서 가장 고마운 일이 아마 일자리 구해주는 것이다. 한시 바삐, 미국처럼 전국에 구인구직 정보가 전산 정보통신을 통해 활용되어야한다.

또한 공공부문 뿐만 아니라 민간이 영리를 목적으로 직업알선을 하는 것을 장려해야한다. 지금처럼 공공부문이 제대로 역할을 다 하지 못하면서, 민간이 직업알선을 못하도록 한 처사는 사실상 사람을 찾는 기업에게나 일자리를 찾는 실직자들에게 민폐를 끼치고 있는 셈이다. 알선행위를 하고 수수료를 받는 것은 중간착취라는 용어를 사용한다. 어느 도덕군자님이 이런 용어를 지어냈는지는 몰라도, 그렇다면 미국과 선진국들에서 Man-power라고 간판 달고 영업하는 사람들이 모두 다 인신매매단들 아닌가? 하긴 ILO에서도 조만간 영리를 목적으로한 직업알선 행위를 허용하는 권고안을 내놓을 것을 보면 영리적 직업알선의 부작용이 있기는 있는가 보다. 이런 점에서 공공 부문이 앞장서서 직업알선 기능을 강화해야한다. 그러나 영국에서조차도 나머지 20%의 사람들은 어떻게 직업을 찾는 것일까? 신문광고를 보거나 전보 대에 써 붙인 광고만을 이용하는 것은 아닐 것이다. 모자라는 것은 민간이 해내면 나쁠 것 없지 않은가? 수수료를 제한하는 것도 별로 좋은 방법은 아니다. 경쟁하도록 놔두면 누가 떼돈 번다 소문 나면 너도나도 달려들어 적정이윤의 수준으로 수수료가 하향조정 될 것이다. 민간 직업알선의 부작용이 있다면 전봇대에 써 붙인 광고를 보고 일자리를 찾는 사람도 위험하긴 마찬가지이다. 구직자들을 보호하는 가장 좋은 방법은 풍부하고 이용이 편리한 구인정보이다. 억울한 사람을 법으로 보호해야 하지만, 그보다 더 좋은것은 억울하다 생각하는 사람에게 더 좋은 조건의 일자리를 주는 것이다. 다투고 자시고, 더 좋은 곳으로 가면 그만이다. 그럴 수 없을 때에 2차적으로 필요한 것이 법의 보호이다.

Q & A Q & A Q & A Q & A Q & A Q & A Q & A Q & A Q & A

Q : 필자의 의도가 인력 감축에 의한 비용 절감인지, 안정성을 추구하는 인력관리에 있는 것인지?

A : 우리 나라에서 대량해고는 불가능합니다. BPR이 성공해도 감축된 인력을 보낼 곳이 없으면, 계속 교육시킬 수밖에 없습니다. 총체적인 인력 계획이 필요하고, 이런 시기에는 원치 않는 퇴직이 없어야 종업원은 안심하고 직장생활을 할 수 있습니다. 성과주의 임금체계와 activity matrix의 활용도 직원들이 원하는 만큼의 강도를 가지면 오히려 조직의 안정에 도움이 됩니다. 현재 어떤 회사의 종업원들은 누적적으

로 10% 이상의 임금 격차를 원하는데 좀 심했습니다. 그러니 종업원 스스로가 원하는 수준보다 낮은 차등화를 적용 시켜야 하는데 직원들이 호응합니다. 또 모 회사의 관리직들은 임금이 깎이는 한이 있어도 퇴직보다는 낫다고 합니다. 일을 잘 못하는 사람의 몫을 일 잘하는 사람에게로 돌리는 것이 주안점이고, 불필요한 인력을 필요한 곳으로 전직시키는 것이 핵심입니다. 신규인력을 억제한다는 점에서 인력 감축이지, 자른다는 것이 아니다. 더 이상의 radical한 방법은 나같이 간이 적은 사람은 잘 모릅니다. 인력 감축과 안정성이 어느 정도 trade-off 관계에 있기는 합니다. 전체적으로 개별 임금수준은 높이고 총 인건비는 줄여야 하는데 방법은 인당 생산성을 늘리는 방도밖에 없지 않을까요?

Q : 인력관리의 유연성이란 결국 비정규 인력을 많이 쓰고 core 인력만 정규직을 쓰는 것일텐데?

A : 무책임한 말 같지만, 사회적으로는 비정규인력의 증가를 억제해야 하고 개별 기업으로 보면, 법과 윤리에 어긋나지 않는 한 인력관리의 유연성이 제고되어야 합니다. 그래서 시급히 필요한 것이 인력 Data-base의 활용과 고용보험제도를 통한 재훈련과 취업알선입니다. 개별기업으로 보아서는 직무체계를 정돈해야 비정규 인력을 효율적으로 활용할 수 있습니다. 정 꼬집어 말하라면, 현재상태의 비정규직 활용은 사회적으로 바람직하지 못할 뿐만 아니라, 개별기업으로도 별 도움이 안됩니다. (법적으로도 문제가 있다)

Q : 비정규직이 임금에 비해 생산성이 떨어지고 조직 갈등을 유발한다는 근거라도 있습니까?

A : 94년 모 기업에서 비정규 여성근로자에 대한 직무분석과 합리적인 처리방안을 노사 합동의 의뢰로 용역을 수행한 바가 있다. 이 회사의 임시직들은 임금수준이 정규직에 비해 30%가 낮지만, 생산성은 40%나 낮았다. 또 정규직과는 잘 어울리지 못할 뿐만 아니라, 같은 업무를 하고 있는 정규직과의 차별을 불평하고 있었습니다. 연구 용역 결과로 이 회사는 즉각 비정규직을 폐지하였습니다. IBM과 같은 회사는 업무자체를 확연히 구분 짓고 아예 유니폼도 다른 것을 입거나 작업공간도 달리하여 처음부터 정규인력과는 다르다는 것을 보여주어 원활하게 운영하기도 합니다.

11장 Activity Matrix(과업 등급 분류표)

「팀별로 activity(과업)를 난이도별로 분류하는 간이하고 유용한 직무분석이다」

지금까지 팀제의 운영과 인력계획과 관리 그리고 인사의 평가에서 직무분석이 왜 필요한지를 살펴보았다. 한편, 직무분석의 필요성에 대한 일반 직원들의 의견을 살펴보자. 우리 나라에서 여러 번 직무분석이 필요해서 이를 시행하는 기업들이 많이 있으나 그 자료들이 충분하게 활용되고 있지 못하였다.(71%) 그럼에도 이러한 직무분석이 유연한 조직 운영에 필요하다는 의견이 36%나 되고 있어서 결국 직무분석의 방법에 문제가 있음을 시사하고 있다. 그래서 직무분석을 플로우(flow)개념으로 능력과 적성에 연결시키는 정도의 직무조사와 비슷한 방법을 사용하는 것을 제시하였던 바, 이에 대한 공감도가 매우 높게 나타나고 있었다.(92.6%) 그리고 현재 운영되고 있는 팀제에 있어서도 직무분석이 필요하다는 응답이 77.1%로 나타나고 있어서 팀제의 운영에서 팀장의 재량으로 무분별한 인사가 이루어질 수 있는 것에 대한 경종을 표현하고 있었다. 이처럼 팀제와 같은 매우 유연한 조직운영에 있어서도 오히려 직무분석이 필요하나 이에 대해 적절한 방법을 구사할 필요가 있다고들 한다. 필자는 Activity Matrix를 제안한다.

독자의 이해를 돕기 위해 우선 Activity Matrix가 무엇이고 어떻게 설정하는지를 먼저 제시하고, 직능자격제도의 직무조사 그리고 직무급의 직무분석과 어떻게 다른가를 설명하자. 직무조사와 직무분석의 방법은 경총의 임금연구(1997 봄)와 다른 문헌들은 참조하십시오.

1. Activity Matrix의 예시

1) Activity Matrix란?

편의상 직무분류 체계를 다음과 같이 정의한다. 동작〈단위작업〈과업〈직무〈직종(직렬)〈직군 Activity는 과업이라 부르기도 하는데 직무보다는 보다 한 단계 상세한 수준의 구성 단위이다. 하나의 직무(job)에 여러 개의 activity가 결합할 수 있다. 따라서 직무를 어떤 식으로 편성하던, 그 직무의 가치는 activity들의 가중평균치가 된다. 또한 어느 한 개인이 수행하고 있는 일(work)과 직무와는 다를 수 있다. 여러 개의 직무를 한사람이 하는 경우 또는 하나의 직무를 여러 사람이 담당하는 경우 등 다양하다. 또 중간에 직무의 내용이 변경 될 수도 있다. 이런 모든 경우에도 수행하고 있는 activity들을 가중 평균하면 그가 수행하는 일의 직무가치가 산출된다.

한편 matrix란 개념은 정보화시대의 수학적인 개념인 것이다. 이전에도 어떤 형태로든 직무 또는 직능분류표가 있어 왔고, 문서가 아니더라도 머릿속에 존재해 있었다. 그러나 이제부터는 시스템의 가동에 유용한 개념으로 보완하여야 하기 때문에 matrix란 용어를 선택할 수밖에 없는 것이다. 데이터 베이스(DB)란 matrix이기 때문이다.

2) 예시

【 인사팀 】

업무구분/난이도	1등급	2등급	3등급	4등급	5등급
조직관리	조직전략 조직개편 임원인사	조직진단분석	간부인사 자법인관리 자회사관리		
인력/제도운영	인사제도 개선기획	인력부문 경영계획	인사고과 사원승격	정기승급 휴직 복직 비정규인력관리	근태관리 인사전산
채용	채용전략	전형 및 배치	채용정보관리	입사예정자관리	의무고용 인력관리
노사/후생	노사전략	노사교육 근무조건개선 소송관리	노사협의회 운영 사내외 동향분석	취업규칙관리	복리후생제도 운영
급여	임금정책	임금체계관리	임금수준관리	급여지급 연말정산	제공과금관리

2. Activity Matrix의 설정방법

직무분석과 직무조사 그리고 Activity Matrix를 설정하는 방법은 대동소이하다. 따라서 다음부터 기술하는 내용은 반드시 Activity Matrix를 설정하는 방법이라기 보다는 광의의 의미에서의 직무분석이라 할 수도 있다. 미국이라 하더라도 단 하나의 직무분석 방법이 있는 것은 아니다. 다만 필자가 지금까지 여러 회사들을 컨설팅 (consulting)하면서 발견한 우리 나라 기업들의 취약점을 보강하는 차원에서 직무분석의 방법들을 수정 보완 한 것이다.

1)미션(Mission Statement)의 작성

직무 또는 Activity를 분석하려면 우선 그 부서 또는 팀의 임무가 무엇이냐를 알아야 어떤 activity가 필요한지를 가려 낼 수 있다. 그런데 경험으로 보면 이 간단하고 기초적인 물음이 결코 단순하지가 않다. 크게 보면 조직설계의 문제이다. 또 조직이 설계되었다 하더라도 우리 팀이 무엇을 하느냐는 좀더 고려해야 할 점들이 있다.

미션(Mission)의 출발은 우리 팀의 업무와 관련된 부서가 어디이고 바로 이들을 위하여 우리는 무엇을 하여야 하느냐를 물어 보아야 한다. 누구를 위해서 일을 하느냐?(for whom) 즉 내부고객과 외부고객이 누구인가를 먼저 물어 보고 이들을 고객으로 생각하는 것이다. 고객을 위해 일합니다 또는 회사를 위해 일한다는 일반적인 답을 하고 있으면, 진정으로 자기 팀의 임무가 무엇인지가 명료하지 않다. 우리 팀이 무슨 일을 하면, 그 업무를 수혜받는 팀 또는 외부의 조직이 누구이냐는 것이다. 고객을 위한 가치창조는 기업 내부의 가치창조의 과정(process)을 통해 일어난다. 그래서 우리 팀의 고객을 위한 가치창조는 실제로는 프로세스(process)의 전후방 관련 팀들을 위해 일을 함으로서 실현된다. 전체적인 관심이 있어야 하지만 구체적으로 회사전체를 위하여 자기 팀의 역할(role)이 구체적으로 무엇인가를 파악하여야 하는데 이는 협력 부서와의 관계에서 더욱 명확하게 드러난다. 주부의 임무와 하는 일이 무엇이라는 말보다는 구체적으로 어떤 남편과 어떤 아이들을 위하여 무엇을 하여야 하느냐를 생각하는 것이 보다 더 타당하다. 이점을 간과하면 혼자서 자신의 할 일을 마음대로 정해 놓고 상대방이 이것에 적응해 오기를 기대하고 그렇지 않은 경우 역할 갈등(role conflict)이 발생한다.

기업에서 벽없는 조직(boundaryless)이라는 슬로건(slogan)을 걸어 놓은 곳이 있다. 벽없는 조직(boundaryless)이란 부서간의 벽을 허물자는 것인데 필자의 생각으로는 그 실체가 이것이라 생각한다. 타부서와의 관계를 파악하는 것이 우선적으로 해결해야 할 과제인 것이다. 그런 연후에 인사와 정보의 교류 그리고 타부서의 업무라 할지라도 필요하면 우리 부서가 나서서 일을 처리할 수 있다는 조직을 의미한다. 또 프로세스(process)중심의 사고란 이것을 의미한다. 수직적인 조직구조를 상정하고 우리 팀과 상급 조직과의 관계에서 상사가 부여한 임무와 명령을 충실히 수행한다는 것보다는 업무 process의 흐름에서 우선적으로 자기 팀이 해야할 임무를 먼저 생각하고 그 흐름(flow)을 촉진시키는 것이 process중심의 사고 인 것이다. Market-in 의 개념, Total Marketing의 개념, Markets & Hierarchy의 개념, 고객을 위한 가치창조의 개념 등이 언급한 바대로 process의 흐름에서 내부고객을 위한 가치창조의 연속 (value-chain)에서 실현되어지는 것이다.

자기 팀의 고객은 여럿일 수도 있다. 이들을 위해 무엇을 하고 또 어떻게 이 임무를 수행할 것인지를 간단하게 기술하고, 이를 mission statement라고 한다. Activity Analysis의 출발은 우선 팀단위에서 시작하는 것이 좋다. 팀단위의 분류는 대부분 Job- family, 즉 직군 보다는 좀더 상세한 분류체계이다. 기능적인 면에서 동일한 성격을 띄우고 있는 팀들은 하나로 묶어 처리할 수 있다.

2) Flow-charting

Mission을 작성하는 것에서 for whom을 추적하여 무엇을(what), 어떻게 (how), 한다는 것의 주안점은 팀의 업무가 결국 어떤 process를 거쳐 고객에게 부가가치를 전달하고 있는가에 있었다. 이것을 보다 구체적으로 표현할 수 있는 것은 업무를 flow-charting하는 것이다. BPR에서는 이 작업을 process분석이라고 하고 직무분석을 하는 사람들은 이를 동태적 직무분석이라고도 한다. 많은 기업에서 어떤 부문에서는 중요한 프로세스는 이미 flow-charting을 해 놓기도 한다. 그런데 flow-charting만으로는 가끔 전체 업무를 모두 포괄하지 못하는 수가 있다. 그래서 flow-charting과 팀장에 의한 activity의 열거는 동시에 보완적으로 하는 것이 좋다.

3) Activity 의 분류

Activity를 열거하고 이를 분류하는 것은 우선 팀장이 할 일이다. 앞에서의 예시를 보면 대부분 팀장이 이를 열거하고 분류하는 것이 과히 어려운 작업은 아니다. 다음으로 유사한 업무를 하는 팀장들끼리 모여서 함께 의논하다 보면 대개 빠뜨리지 않고 거의 모든 activity들이 포착되고 업무의 분류도 그리 어렵지 않게 이루어 질 수 있다. 경험으로 보면 대개 한나절이면 작업이 끝난다.

필자가 권하는 방식은 점수화 보다는 activity를 대략 5단계로 나누어 그 난이도를 분류하는 것이다. 점수화 한다는 것이나 5단계로 나누는 것이나 같은 의미이다. 그리고 5단계이상으로 나누면 3, 4, 5 단계간에 구별이 애매해지는 것을 목격하였다. 실용적으로 보아서는 5단계 정도면 족하다. 이래 놓으면 두 단계 이상의 차이를 혼동하는 사람은 거의 없다. 대개는 자기 팀의 업무를 상향 조정하려 하고, 한 단계 정도의 혼선이 발생한다. 이때 consultant가 있으면 panel member(이사, 부서장, 인사부 요원 등)함께 해당 팀장의 진술을 듣고 의논해서 판정하면 된다. 그 때의 기준은 평가의 요소에서 후술하기로 한다. 이 때에 구태여 어느 요인의 가중치를 얼마나 둘 것인 가를 설정하지 않아도 건전한 상식이 있으면 실용적인 차원에서의 타당한 판정이 이루어진다. Hay의 요원이 와도 그 회사의 실정을 잘 알고 있는 사람의 의견을 듣고 scale을 조정하고 또 최종 review를 이들 panel들과 함께 해야 하기 때문이다. Hay는 이를 절차화하고 점수화해 놓은 것이기 때문이다. 평가에서 가장 중요한 것은 객관적인 근거가 아니라 私心이 없는 공정한 마음이다. 맑은 눈으로 보면 건전한 상식은 의외로 정확하다. 인간은 神이 창조한 영물이다. 어느 activity가 더 중요하고 어려운지 정도는 직관으로도 충분히 가려낼 수 있고 어설픈 점수화 보다는 이편이 훨씬 정확하다. 하지만 시간과 돈이 많은 기업들은 Hay를 제대로 쓰기를 권유한다.

4) Job competency

그러면 다음으로 job competency에 대하여 알아보자. Job-competency의 아이디어는 전략적이고 동태적인 관점에서 직무수행의 능력과 자질을 파악하는 것이다. 전통적인 직무분석은 그 직무자체에 필요한 required skill과 이를 위한 필요 자질 등의 직무요건을 기술하고 있다. Job-competency란 현업의 담당자와 팀장 그리고 필요한 경우 consultant의 도움을 받아 workshop을 통해 해당 직무의 성격과 이를 잘 수행하기 위하여 어떠한 자질이 필요한가를 전략적인 차원에서 파악하는 것이다. 다시 말하자면 회사가 처해 있는 상황과 해당 부서가 이를 어떻게 임무를 수행하여야 할지 그리고 man-power에 대한 평가 등을 하여 현실적으로 어떤 skill과 자질이 필요한 지를 가려내는 것이다. 이점에 있어서 activity analysis에서 job-competency의 개념을 활용하는 것이 좋다.

5) 능력과 태도

전략적인 관점에서 능력과 태도를 보면, 그 competency의 내용은 상황적합성을 띠워야하는 것이다. 일반적인 능력과 태도가 아니라 전략을 수행하고 성과를 내기 위한 능력과 태도가 되는 것이다. 이런 관점에서 보면 능력과 태도는 분리되지 않고, 자질(skill 또는 competence)이라는 항목으로 통합되어진다. 태도라고 하였을 때 공동사회 (Gemeinschaft)의 가치관에서는 한 사회가 지향하는 일반적인 가치관이 회사에서의 태도에도 적용이 되는 수가 많다. 그러나 이익사회로 이행하면서 가치관은 분화한다. 개인의 영역(privacy)과 회사의 업무수행 과정에서의 가치관이 어느 정도 분리된다. 회사에서 어떤 태도가 좋은 것이냐 나쁜 것이냐 하는 것은 고객과 주위의 종업원들에게 물어보아야한다. 젊은 아가씨가 사무실에서 짧은치마 입고 엉덩이 살랑살랑 흔들고 다니면, 그 태도는 어떤 것일까? 고객들이 히죽히죽 웃으며 물건 더 사가고, 옆의 동료들도 싱글벙글하면, 그 행위가 비윤리적이 아니라면, 좋은 태도인 것이다. privacy의 영역에서는 이를 여러 갈래로 판단할 수 있고 그것은 개인의 자유이다. 그러나 업무수행의 관점에서 보면 명백하다. 영업에 도움되는 것이 좋은 태도이다. 일반적인 가치관과 분화되는 것을 볼 수 있다. 그리고 보면 이런 태도는 능력이기도 한 것이다. 이런 점에서 보면 능력의 요소 중에서 technical skill을 제외한 다른 능력들(general ability)은 태도와 같은 것이라고 보아도 된다. 태도라기 보다는 자질이라고 하는 편이 더 적합하다.

예를 들면, customer satisfaction, creativity, quality, leadership, teamwork, tenacity, followship, organizing ability, 계획성⋯등등이다. 이런 자질은 회사의 업무수행에 직접 간접적으로 관련된 자질이고, 흔히 기업문화를 설정할 때에 보면 행동 준칙이라는 명분으로 강조되는 가치들인 것이다. 기업문화가 갖고있는 전략적인 중요성에 대하여는 1장에서 언급하였다. 분명한 것은 기업문화운동에서 조직 구성원이 회사의 전략적인 비전을 이해하고 구체적으로 이를 어떻게 실천해 가야할 것인 지를 알고 동참하도록 하는 것이 중요한데, 바로 업무수행의 방식을 기업문화가 지적하고 나서고, 그것이 바로 job-competency로 이어질 때에 기업문화는 액자에 걸려있는 구호가 아니라, 자신의 업무수행의 자질이고, 더 나아가서는 자신의 인사고과가 이를 통해 이루어지는 것을 알았을 때에 막강한 의미를 갖게된다.

Technical ability는 각각의 activity에 대한 technical requirement를 가려내면 된다. 그러나 general ability는 반드시 개별적으로 처리할 필요는 없다. Job-family별로 다루고 hierarchy의 상·중·하 또는 관리직과 사원 정도의 분류로도 가능하다. 그리고 이런 대분류에 의한 처리에다가 좀더 특수한 업무에 대하여는 별도의 자질을 추가해서 처리하고, 개인별 능력향상 목표와 coaching의 단계에서 충분히 반영할 수도 있다. HP는 영업, 관리, 일반 사원용 등으로 분류하고 HP의 기업문화를 활용하여 자질항목을 결정짓는다. Philips도 자질 항목을 큰분류로 설정하여 활용한다. Kimberly Clark에서는 약 20여 가지의 자질항목을 열거하여 놓고(inventory), 이것들 중에서 골라서 활용하거나, 다른 항목을 추가 할 수 있도록 하여 놓고 있다.

이런 식으로 처리하면, activity analysis는 엄청 간편하게 처리되어 진다. 보통 본격적인 직무분석을 하자면 짧게는 6개월, 길게는 2년씩 걸려야 하고, 그리고도 점수화한 직무가치는 활용되어지지 않는다. 또 때마다 보완하여야 한다. 그러나 이런 식의 activity analysis는 길게는 전 팀장들의 1박2일의 work-shop으로도 충분하게 정돈되어진다. 이유는 간단하다. 나무를 보면 잎의 수는 얼만지 모를 정도로 많다. 그러나 가지는 헤아릴 수 있다. 우리 기업들에게 필요한 것은 가지이고 그 수는 생각보다는 훨씬 적다. 대기업이라 해도 A4 100매 이내로 정돈이 가능하다.

3. 직무분석과 Activity Matrix 그리고 직능조사의 비교

1) 분석의 수위

Activity Matrix란 미국식 직무분석의 초기단계에서 얻어지는 직무분류표 또는 일본식 직무조사의 과업일람표를 과업의 난이도에 따라 재 분류한 것을 말한다. 이정도의 분석의 수준이 우리 나라의 현황에 알맞다.

경험에 의하면 많은 회사들이 직무분석을 자세하게 끝내 놓고 반년만 지나도 캐비넷이나 창고에 쌓아두고 활용을 못하고 있는 것을 보아왔다. 그런가 하면 아예 직무분석을 체계적으로 하지도 않고 커다란 조직을 움직여 가는 경우도 허다하다. 문제는 양극단으로 가는데에 있다. 무엇을 하려고 직무분석을 하는가를 살펴보면 그 범위와 주안점을 가늠할 수가 있다. 이때 정확하다는 것은 가장 세밀한 것이 아니고 가장 적합한 것을 의미한다. 통제(control mechanism)는 가장 세밀한 것이 우수한 것이 아니고 간편하면서도 주요한 줄거리가 포착될 수 있을 만한 수위의 통제(control)를 작동하게 하는 것이 우수한 통제이다.

적절한 직무분석의 수위는 조직마다 다르나 통상 우리 나라에서는 현시점으로 보면 팀단위의 activity 수준에 맞추는 것이 알맞다고 보여진다. 조직에 따라서는 민츠버그(Mintzberg)의 조직분류에 따른 소품종 다량생산의 안정적인 조직인 경우 좀더 정교하게 다루는 것이 필요하다. 유동적인 조직일수록 분석의 수위는 좀 덜 정밀하게 할 필요가 있다. 또한 외부 노동시장이 발달하고 기능구분이 미국처럼 좀 더 확연하여지면 직무분석의 수위도 보다 정밀할 필요가 있다.

2) 평가의 요소

직능자격제도의 평가방법은 다른 문헌에도 잘 소개가 되어 있어서 여기서는 Hay Group이 쓰고 있는 직무가치의 평가 방법을 소개한다. Hay Group은 이 작업을 위해 panel을 구성하고 이들이 각각의 직무가치에 대한 판정을 내린다. 직무가치의 기준은 Accountability, Depth in knowledge, Width of the Know-hows utilized, 그리고 Control의 직접성이다. Accountability는 금액으로 얼마나 손익에 직간접적인 영향을 미치는 가이다. 영향의 정도는 prime, shared, affect, 그리고 remote의 네 단계로 표시한다. 판매 부서는 직접판매량에 대한 prime accountability를 갖는다. Marketing 부서는 해당 품목의 shared accountability라고 할 수 있다. 인사 부서는 회사 전체의 인건비 총액에 대한 remote accountability 또는 부서의 총예산에 대한 prime accountability를 갖는다. 핵심은 accountability는 다단계로 구분해서 생각할 수 있다는 점이다. 이는 후에 부서와 개인의 목표와 업적을 평가할 때에도 같은 논리가 적용된다. 어떤 부서의 회사에 대한 기여도를 가늠할 때에 그 기여의 성격에 따라 직접적인 기여, 공동기여, 그리고 간접적인 기여 등으로 구분하여 적절한 가중치를 부여할 수도 있다.

그런데 이 Accountability는 개별 Activity의 난이도가 아니라 중요도를 평가하는 것이기에 activity matrix의 설정에는 사용하지 않는다. 그러나 activity matrix를 활용하여 개인의 목표관리에서 목표의 중요도와 성과를 측정할 때나 부서, 팀의 조직에 대한 기여도(contribution)를 측정할 때에 매우 유용한 개념이다. 심지어는 개별 activity(과업)과 단위작업에 대한 cost/benefit 분석 또는 Activity Based Costing 에도 활용할 수 있다.

그래서 activity matrix의 난이도 등급의 분류에서는 이상의 네가지 평가 요소중에서 accountability를 제외한 세요소를 원용한다. Depth in knowledge는 주로 이 업무를 수행하기 위하여 해당업무에 대한 정규교육을 포함한 기술 습득기간이 어느 정도인가이다. R&D 부서나 전문적인 기능을 요하는 직무에는 많은 점수를 부여한다. Width in Know-hows는 얼마나 포괄적인 지식과 경험이 필요한가이다. Control의 범위에서는 사장의 임무는 회사를 잘 운영하는 것이고 회장은 industry에 대한 영업이라는 보다 넓은 범위를 갖고 업무수행의 방식에 있어서도 제한이 별로 없다. 그러나 하위직급으로 내려 갈수록 업무수행의 방식은 한정되어지고 때로는 manual을 사용하기도 하고, 따라서 업무감독은 보다 직접적이고 가까이서 행해진다. 이는 대개 조직의 위계에서 높고 낮음을 반영하고 있다.

Hay 방식은 복잡한 것 같으나 사용하기에 의외로 편리하게 되어있다. 그리고 실제로 많은 실질 경험에서 추출된 방법이기 때문에 신뢰도가 높다. 단순한 것이 반드시 쉽거나 편리하지는 않다. 안락의자는 두툼하고 많은 요인을 고려했지만 단순한 의자 보다 편하다. Hay는 이를 지수화 하여 수식을 만들어 놓고 이용자는 정해진 방법에 따라 몇 번의 계산만 하면 결론에 도달한다. 그러나 이를 시행할 때에 Hay에서 요원이 파견되어 조직을 진단하고 계산 공식을 조율한다. 실제로 범용화된 Hay scale을 그대로 따르면 marketing부서와 현업들에게 생각보다 높은 점수가 부여된다.

3) 분류의 방법과 Accountability, 책임, 숙련도의 처리

직능자격제도에서의 직무조사는 직무분석과 마찬가지로 초기 단계에서는 과업을 조사하고 이를 분류한다. 여기 까지는 같다. 그런데 직무조사에서는 과업 단위로 난이도를 설정하지만, 직무분석에서는 과업들이 한데 묶여진 상태인 직무단위로 직무가치를 평가한다. 직능자격제도에서는 난이도와 자격등급의 관계를 설정한 다음, 대표가 되는 과업보다는 상세한 대표작업들을 열거하고 여기에 같은 난이도라 해도 숙련도에 따라 직능의 자격등급이 달라진다. 이때에 평가의 요소 중에서 책임 즉 accountability의 측정 기준이 달라진다. 왜냐하면 직능자격제도에서는 skill의 난이도를 가려내는데 주안점이 있기 때문에 "책임"이라는 평가요소는 직무가 아니라 그 기능의 역할이 조직에 미치는 영향을 말한다. 반면 직무분석은 1공장장과 2공장장의 직능요건의 난이도가 비슷하더라도 accountability, 즉 생산량과 금액 등에서 차이가 발생하는 것을 직무가치에 그대로 반영한다. 이 경우 직능자격제도는 이 문제를 개인 능력의 숙련도로 처리한다. accountability가 높은 직무에는 숙련도가 높은 사람, 즉 자격 등급이 높은 사람을 배치한다.

Activity Analysis는 직무조사와 초기 단계에서 과업수준의 분류와 등급을 가려내는 점에서 같지만, 차이점은 직무조사는 이를 토대로 직급과 직능에 따른 자격요건을 추출한 것이라면 activity matrix는 과업 자체 즉 activity를 분류하고 이것에 난이도 등급을 매겨 놓는 것이다. 직무분석과 다른 점은 직무분석에서는 여러개의 activity가 하나로 묶여진 상태의 직무단위를 중요도(accountability)를 포함한 그 직무의 가치를 평가하는 대신, 직무의 구성단위인 과업(activity)의 난이도 하나 하나를 평가해 둔다는 것이다. Activity Management에서는 accountability를 목표에 대한 가치평가, 즉 중요도×난이도에서 중요도에 대한 평가에 반영한다.

4) 개인의 업무분장과 평가

직무는 개인에게 분담되어질 때에, 하나 또는 그 일부 또는 다수의 직무가 배분되어진

다. 다시 말하자면, 개별 직무단위가 환경의 변화에 따라 변하지 않더라도 이를 수행하는 방법은 "1직무=1인"이 아닌 것이다. 조립공정의 일부 또는 국내 판매를 하나의 직무로 묶어도 이를 여러 사람이 분할한다. 원칙적으로는 하나의 직무는 量으로 배분되는 것이지만, 경우에 따라서는 분할 방식도 각양각색일 수 있다(팀제의 경우 사전적인 구분을 두지 않는다). 중요한 과업과 중요하지 않은 과업으로 구분해서 분할 할 수도 있고 기술적인 조건에 따라 분할이 달라지기도 한다. 또 한 사람이 여러 개의 직무를 맡는 경우도 있다. 이런 때에 개인의 담당업무를 activity의 組合으로 처리하면, 어떤 combination이던, 그가 하는 일의 구성 내용과 난이도 그리고 필요한 skill(competence)이 한눈에 들어온다.

직능자격제도에서는 대체로 그 사람의 직능과 자격등급에 상응하는 대표 과업을 중심으로 업무가 배분되어지나, 업무의 등급과 자격등급이 잘 일치하는 것은 아니고 대신 업무분장에 대하여 개인들은 지나치게 경직된 태도를 보이지는 않는다. Activity Matrix로 처리된 경우에, 어떤 과업을 부여받았는가에 따라 목표의 난이도가 이미 명기 되어있고 중요도를 감안하여 업무분장에서 부터 실질적인 평가가 시작되어 개인의 이해관계는 첨예해질 수 있다. 그만큼 업무분장에서 신경을 많이 쓰게된다. 직능자격제도에 비하여 업무분장의 유연성은 못하지만, 대신 합리성은 강화될 수 있다고 보여진다.

5) 동태적 직무분석(flow-charting)

동태적인 직무분석은 직능자격제도의 직무조사이거나 정태적 직무분석이거나 activity matrix의 방법이거나 상관없이 활용된다. 동태적인 직무분석의 핵심은 activity(과업)와 작업의 흐름을 process별로 flow-charting하고 이를 어떻게 개선할 것(to-be model)을 고려하는 것이다. 다만 직무분석이나 activity matrix의 방법과는 잘 부합하여 synergy를 일으킬 수 있다고 보여진다. Flow-charting과 그 분석에 해당하는 이 방법은 경영혁신의 중추가 되는 작업으로 BPR이 진행되건 아니건 어떤 경우에도 필요한 일이라 생각된다.

6) Activity Analysis의 방법을 다른 방법과 비교하여 표로 요약하면 다음과 같다.

	Activity Analysis	일본형 직능조사	구미형 직무분석
목적	목표관리 (일과 사람의 매칭)	동기부여 중시 (사람 중심)	직무자체의 분석 (일 중심)
대상	과업에 대한 업무수행능력 (난이도)	전체 과업에 대한 직무수행 능력(직종)	직무전체
내용	부서별, 업의 개념에 맞는 업무의 정의	직군별 전체과업정리 (가능한 한 중점과업 중점관 리항목 기술) 인재상, 능력상 분석	직무의 내용을 명확히 함
내용	과업별 전문능력, job- family별 일반 자질 도출	과업레벨로 능력의 수준을 판단함	동작, 시간연구
활용	경영혁신의 기초자료와 총액 임금관리 개념에 활용	직능급으로 활용	직무급으로 활용
기타	target(업무, 능력) 관리방식으 로 관리의 코스트가 상대적으 로 적다	직무분석보다는 탄력적이나, 역 시 관리코스트가 문제이고 성과 평가에 부적절함	상세, 정밀분석으로, 정기적인 follow-up이 어렵고 외부 노동시장의 발달이 전제되어야함
기타	부서장 및 베테랑사원이 협의 작성	전문스탭은 분석을 지도, 분석은 관리 감독자와 종업원 자신	전문 분석요원이 전담한다

4. 기본 이론 ; Matching

1) 기업 내에서의 Matching의 의미

Activity Matrix를 사전적인 의미로 해석하면 과업등급분류표라고 할 수 있다. 그 의
미하는 바는 조직관리(job assignment, 채용, 배치, 임금, 경력 관리 등)의 핵심적인
일과 사람의 matching(결합)을 위한 것이다.[1

경제학 교과서의 시작은 수요와 공급의 균형에서 출발한다. 가장 기본적인 이론이기
때문이다. 조직관리로 보면 노동의 수요는 직무이고 노동의 공급은 사람의 기능이다.
따라서 중요한 것은 직무자체 만도 아니고 사람의 기능만도 아닌 직무와 사람의 기능
을 결합하는 것에 있다. Matching(업무분장)인 것이다. 상식적으로 보더라도 관리자

들이 늘 고심하는 일은 부서의 일을 직원들에게 어떻게 나누어 줄 것인가이다. 이것이 인사의 출발이다. 그런데 이런 인사는 채용, 훈련, 배치, 임금 승진 등의 좁은 의미의 인사관리 기능이라기 보다는 업무의 추진 속에서 벌이지는 인사이다.

이렇게 보면 직무분석을 아무리 잘 해놓았어도 그것만으로는 의미가 없고 반드시 사람의 기능(skill)과 잘 결합시켜 놓아야 조직이 제대로 움직인다. 사람의 기능도 마찬가지이다. 아무리 채용, 배치, 임금, 승진 등을 인사 부서가 세련된 기법을 활용하여 관리 시스템을 잘 운용하여도 무슨 직무수행을 위한 것인지가 분명하지 않으면 의미는 반감되고 만다. 중요한 것은 사람의 기능들(skill inventory)을 보고 직무를 분류하여야 하며 또 activity 자체를 보고 기능분류표(skill inventory)를 운용하여야 하는 것이다. 그러나 matching 에 있어서 일에다 사람의 능력(skill)을 끼워 맞추는 것이 어색하지만 거꾸로 사람에다 일을 끼워 맞춘다는 것은 더욱 어색한 일이다. 양자의 상호관련성이 있지만 어디까지나 출발은 일에 있기 때문이다. 회사란 사람들이 모여 무엇을 할 것인가를 결정한다기보다는 무슨 일을 하기 위하여(조직의 목표) 사람을 결집시키는 곳이라고 보아야 한다.

그런데 그 과정이 단선적이지 만은 않다. 직능자격제도에서도, 직무를 제대로 조사해서 이를 토대로 직능자격제도의 요건을 제대로 갖추면 사후적으로는 운영하는 과정에서 실질적으로는 직무급체계와 유사한 효과를 나타낼 수 있다. 현업의 관리자들은 본능적으로 업무와 사람의 결합(matching)의 개념 속에서 조직을 운영해 가기 때문이다. 다시 말하자면 제도가 직무급이던 직능자격이던 제대로 운영되는 과정에서는 직무의 자격요건과 직급 그리고 그 사람의 능력을 항상 일치시켜 가려고 노력하게 된다. 직무급을 운영하면서도 직무요건에 합당하지 않으면, 직무자체를 수정하거나, pay band(임금폭)내에서 그 사람의 업적과 능력에 따라 임금을 가감할 수도 있다. 다시 말하자면 잘 운영하기만 하면 어떠한 인사제도이던 여러 가지 방법으로 matching (직무와 사람의 결합)을 통하여 직능자격제도와 직무급 그리고 연공서열형 인사제도 라도 비슷한 효과를 내도록 수렴하는 방향으로 움직인다. 현업의 관리자들은 이 문제를 직감으로 느끼고 매일매일 업무를 하지만 인사 부서는 오히려 제도자체에 더 우위를 두는 관념 속에 머물러 있는 것은 아닌가 싶다.[2]

그래서 인사제도를 설정할 때에는 애초부터 matching을 염두에 두고 이 matching

에 가장 적절한 대응을 할 수 있는 운영체계를 수립하는 것이 필요하다.

2) Matching의 거시적 의미

매우 커다란 논쟁도 미세해 보이는 구체적인 사안과 연결되어 있다. 사람과 일을 어떻게 결합(matching)하여 직무분류(Job Matrix)를 운용하는가는 사회학적 논쟁의 핵심이기도 하였다. 우회생산론, 에밀 뒤르껭(Emile Durkheim)의 "분업"(Division of Labor), 칼 마르크스(Karl Marx)의 "노동의 소외", 테일러(F. Taylor)의 "과학적 관리", 포디즘(Fordism), 노동생활의 질(Quality of Working Life), 준자치그룹(Semi-Automous Group), 팀제, 작업조직 개편(Work-Reform)…등등[3] 저자는 새로운 이론을 제기하려는 것이 아니고, 이 단순해 보이는 matching의 개념이 사실상 모든 논의의 핵심에 있다는 것을 부각시키려는 것이다.

한편 일과 사람의 matching은 국가전체의 사안이기도 하다. 교육개혁과 직업훈련, 평생교육에 있어서 직업수행에 관련된 부분이 국가전체의 인력수요(Activity Matrix)에 맞물려지도록 운영되어져야 한다. 이 때에도 잊지 말아야 하는 點이 activity 또는 job matrix인 것이다. 교육제도 자체가 잘 되어진 것이냐 아니냐(internal consistency)보다는 인력수요에 잘 부합하느냐 아니냐로 판별되어져야 한다. 또한 국가전체로 보면 취업전산망이 activity matrix에 의거한 데이터 베이스(Data Base)를 가동되고 있느냐 아니냐는 一國의 인력활용에 매우 중요한 요인인 것이다. 영국은 80%가 취업전산망을 이용하여 일자리를 얻고 있다.

3) Matching과 Habitus

조직체내에서 한 기업의 비전(Vision)이 선포되거나 영업전략을 선택할 때는 대개는 축제 분위기로 끝난다. 그런데 조직도가 달라지거나 업무흐름이 변화하면 조직은 벌집을 건드린 것같이 술렁인다. 이것을 보더라도 activity matrix의 설정과 변경은 단순한 직무분석과 분류의 문제만은 아니란 것이 명확하다. 여기에도 개인과 집단의 이해관계가 얽혀있다. 금전적 문제뿐만이 아니라 직장생활에서의 "Habitus(집단의 관습)"의 변화를 초래한다. 한 개인이 지금껏 하던 일의 일부를 떼어내어 다른 사람에게 넘겨주고 또 새로운 일을 받아들여 처리해 낸다는 것은 심리적으로 또 기능적으로 적응하여야 하는 문제가 남는다. 그런데 간혹 기업은 종업원들이 이러한 변화에 빨리 적응해 주기를 기대한다. 그러나 이러한 발상이 일을 그르치기 쉽다. Habitus는 그것대로의 내재적 원리가 있고 이를 충분히 감안하면서 일을 진행해야 한다. 그러기 때문에 업무의 분장이나 process의 개선(BPR)에서 Habitus를 고려하지 않고 직무분석이나 process분석을 토대로 직무를 관리하면 실패의 위험이 따른다.

과 주

1. Matching 되어진 matrix를 의미하지 않는다. matching을 원활하게 하기 위한 것이다. 필자는 당초 matching되어진 matrix를 찾으려 했으나 여러 번 실패하였다. 기업마다 또 부서마다 다르기 때문이다. 모 회사에서 이 matching되어진 개념으로 핵심업무 일람표를 작성하였으나, matching 되어지지 않았다. 개념의 혼란이 있었던 것이다. 핵심이란 말도 혼란을 야기한다. Activity matrix는 地圖일 뿐이다. 이것에 핵심업무를 표기하고 싶으면 그냥 표기하면 된다. 첫 단계에서부터 핵심 업무를 골라내려면, 혼란이 온다. 地圖는 이를 어떻게 활용하느냐에 따라 그 기능이 달라진다.

2. 현업에서 늘 고심하는 일이 일을 시키면 사람이 없어서 이 일을 맡길 사람을 찾다가, 사람을 찾으면 그 사람의 자질을 감안하여 직무의 내용을 수정한다. 사람이 없으면, 아예 그런 직무를 없애야 한다. 그렇다고 기존의 인력만을 토대로 업무를 계획하는 것이 아니고 추가인력이나 인력감축을 예견하면서 업무를 계획하고 추진한다. 이렇게 matching이 늘 일어나고 있다. 인사 부서가 영업의 partner로서 현업을 지원하는 것이라면, 현업의 이런 업무 process를 도울 수 있는 방향에서 인사제도를 설정하고 운영해야 된다. 이점에서 보더라도 activity matrix는 직무만을 고집한 직무분석 그리고 인적자원의 자격만을 고집한 직능자격제도의 직무조사 보다 효율적인 개념이다.

3. Division of labour는 물론 한 나라 전체 또는 전세계를 대상으로 하는 것이지만, 그 내용에 있어서는 한 기업 또는 한 팀의 업무를 어떻게 분업화 하느냐와 같은 내용이다. 업무를 분할하는 것이 논의의 대상이다. 분할된 업무를 노동자가 왜 내가 이일을 해야 하는지 잘 모르고 자신이 주인이 되어 일하지도 않고 대신, 상사 그리고 궁극적으로는 자본가를 위해 일하고 생계비를 받아 가는 것을 미시적으로 보면 Marx가 말한 노동의 소외라 할 수 있다. 업무 자체로 보면, 계획기능을 어느 정도 부여하는 QWL이 이런 노동의 소외를 완화한다.

Q : Activity matrix가 설정되더라도 여전히 직무기술서가 필요하지 않습니까?

A : 地圖일 뿐이니까 필요하면 이를 토대로 직무기술서를 작성하여도 작성방법이 편리할 겁니다. 또 목표관리를 하는 사람들에게 자신의 responsibility를 activity를 열거하고 설명을 부연하면, 그것이 직무기술서가 될 수 있을 겁니다. Matrix상에 담당자를 명기하면, 그것으로 업무분장표가 될 수 있습니다.

Q : 직무분석을 해도 캐비넷 두 대 분량은 안 나옵니다.

A : 분석자료가 많다는 뜻입니다. 물론 직무량 조사를 하지 않고 직무분석을 할 경우 좀 더 간단하게 처리됩니다만, 그래도 A-4 용지로 1000페이지는 넘습니다. Combination이 경우의 수를 많게 합니다. 나무를 비유하면, 나뭇잎의 수는 무지 많지만 가짓수는 헤아릴 수 있습니다. 엄청난 분량의 차이입니다.

Q : 실제로 이를 활용하는 회사가 있습니까?

A : 최근 필자가 consulting한 두 군데 회사들에서 작성되었습니다. 또 삼성전자에서 비슷한 개념으로 업무수행 능력표라는 이름으로 작성되었습니다. 이 예를 많이 찾기가 곤란한 것은 미국과 유럽은 노동시장이 발달되어 있어 직무분석을 하기 때문에 그 예를 찾기가 힘들고, 이런 matrix를 필자가 고안한 것이 최근이기 때문에 흔치 않을 뿐입니다. 정보통신에서도 CDMA방식은 한국이 처음 아닙니까? 목마른 사람이 우물 파야지요. 다만 미국도 최근 직무분석의 경직성을 탈피하기 위하여 broad banding을 많이 쓴다고 합니다만, 이는 pay band의 설정에서 활용하는 것으로 직무분석 자체는 종전과 유사합니다.

Q : Activity Matrix를 설정하는 실무적인 절차는 어떻습니까?

A : 직무에 관한 충분한 숙지를 위하여 현업관리자들을 훈련시키면 좋겠으나, 최소한

업무별로(job-family) 대표성 있는 팀장중에서 선발하여 간단한 오리엔테이션 후에 matrix를 설정하고, 이후 전 팀장과 임원들이 모여 이를 설명하고 수정 보완하면 됩니다. 빠르면 하루정도에 작성이 되어집니다. 이때에 기업문화도 함께 토의하여 작성할 수 있습니다. 그렇지만 가능하면, 목표관리와 신인사제도에 대한 오리엔테이션과 module에 의한 실제의 실습까지 겸하는 것이 더 좋습니다(K 경영관리 모델). 3-4일 일정이면 모든것이 어느 정도 훈련이 될 수 있습니다.

Q : 미션의 작성과 activity matrix의 설정과는 직접적인 관련성이 없지 않습니까?

A : 미션을 작성하지 않고도 activity matrix를 작성할 수는 있습니다. 그러나 실용성에서 보면 많은 차이가 나타납니다. 첫째로는 현재는 하고 있지 않는 업무라 하더라도 미션을 살펴보면, 해야될 일을 찾게될 수 있습니다. 둘째로는 job-competency가 고려되어진 skill 항목을 찾게됩니다. 우리가 성과중심으로 능력과 태도를 바라보게 되니, 그것이 기업문화의 행동규범과 상통하고 업무수행의 과정으로 파악하여 일반적 자질(skill)로 능력과 태도를 함께 볼 수 있는 것처럼, 팀의 미션에서 바라 볼 때에 전략적이고 process 중심으로 동태적인 개념의 required skill을 처리할 수 있게 됩니다. 이른바 job-competency인 것이지요. 세 번째로는 activity matrix상에는 표기가 되어 있지 않다 하더라도 팀장의 머리에는 은연중 market에서부터 이어지는 process의 연속성상에서 자기 팀의 업무를 파악하여 이후로도 각각의 activity가 어떤 위치에서 무슨 역할을 하고 있는 지를 가늠할 수 있게 됩니다. 이것이 사실상의 market-in의 실천적인 개념입니다.

Q : 직능자격제도에 대한 비판이 많은데요?

A : 우리 나라의 대기업들이 이 제도를 많이 쓰고 있고 그 동안 그 역할을 충분히 했다고 보여집니다. 그리고 앞으로의 임금직급체계가 어떻게 변하여도 지금까지 해놓은 작업들, 과업의 분류, 인재상 및 능력요건 등은 수정 보완하여 활용할 수 있는 것들입니다. 그리고 기능직들에게는 직능자격제도의 틀을 유지한채로도 몇 가지만 보완하면, 성과주의 그리고 직무중심의 인사.조직을 운영할 수도 있다고 보여집니다. 그러나 이 제도가 우리 나라와 일본에서 현실적으로 가장 적합한 제도라고는 볼 수 없습니다.

12장 Activity Management(TQM, BPR, ABC)

「Activity matrix라는 地圖를 활용하여 조직관리와 경영혁신을 조직적으로 추진한다」

우리는 경영혁신에 대하여 많은 말들을 한다. 그리고 각종 기법들을 활용하고 있는데, 이 기법들과 혁신에는 기본적인 전제가 깔려있다. 업무체계인 것이다. 필자는 우리 나라의 경영혁신에서 가장 중요한 한 가지를 든다면 바로 이 업무체계를 들것이다. Activity matrix인 것이다. 언뜻 너무나도 당연해서 어떠한 형태로든 머리 속에 이 그림이 그려져 있기도 하다. 또 서류를 뒤져보면 책상 위나 속에 어디에든 부분적으로 단편적으로 쓰여져 있기도 하다. 바로 이것이 미국에서는 직무분석이라는 형태로 체계화되어 있고 이들은 경영 혁신하면 바로 이 직무분석을 머리에 떠올리고 이를 어떻게 조절하고 활용하는가를 생각하게 되는 것이다. 우리의 경우 이 infra가 안되어 있어서 경영혁신이 다분히 관념적인 수준에 머물게 된다.

임금의 마술에서 전달하려 했던 중요한 message는 임금의 형태, 지급방법, 구성비 그리고 임금제도의 철학 등이 있는데 그 실체는 임금의 평균개념과 총액의 차등화 즉 액수에 있다. 마찬가지 이야기다. 경영혁신의 실체는 업무의 흐름, 업무의 분장, 업무에 대한 인력의 배치, 이것을 잘하기 위하여 교육과 훈련 선발, 이 업무의 process의 혁신을 information technology와 결합하는 것…등등이다. 이것을 地圖처럼 한눈에 들어오게 작성해 놓은 기초자료가 activity matrix와 그 flow-chart인 것이다. 경영혁신이란 바로 이것을 붙였다 떼었다 하는 작업을 말한다.

Activity matrix가 우리 나라의 경영혁신 운동들에 어떻게 활용되는지를 살펴보자.

1. 목표관리와 업적평가

업적 평가에 있어서는 두 가지 요소가 고려된다. 하나는 업무의 질 즉 직무분석에서 말하는 직무평가의 결과이고 다른 하나는 그 업무를 잘 하였는가이다. Activity matrix는 어느 개인이 무슨 일을 얼마나 잘했는가를 판별할 때에 그 직무의 가치를 판별하는 기준이 될 수 있다. 예를 들면 Activity matrix에서 4등급이라면 그것 자체가 상대적인 직무의 난이도를 나타낸 것이 된다. 여기에다가 accountability, 즉 영향의 범위를 고려하면 이 사람의 직무가치를 판별할 수 있고 그 다음 얼마나 잘 했는가를 판별하면 업적평가가 되어진다. 만일 이 matrix가 없으면 직무가치의 난이도 평가가 체계적으로 이루어지지 못한다. 직무급 체계에서는 이 분류가 너무 경직되어 있고 직능자격제도에서는 잘 나타나지 않는다.

이 업적평가가 납득할만한 수준에서 원활히 진행되지 않으면 목표관리 자체가 표류하는 것뿐만이 아니라 경영혁신과 경영관리 체계가 힘을 잃게 된다. 왜냐하면, 경영조직의 힘은 합리적인 평가에서 연유하기 때문이다. 직원 개개인의 입장에서 보면, 가장 중요한 것은 자신의 근로조건이고 이것을 결정 짓는 것은 사실상의 평가이기 때문이다.

능력평가에 있어서도 직무수행능력, 즉 해당업무에 대한 업무수행능력이 matrix로 체계화되어졌다. 따라서 그 사람의 능력과 이 matrix상에 나타난 필요능력을 비교하면 단번에 업무수행능력을 조목조목 평가할 수가 있게된다. 그리고 모자라는 능력이 무엇인지를 일목요연하게 알 수 있어서 이 사람의 능력 육성계획의 기초자료가 되어진다. 더 나아가서는 그 사람의 능력이 이것 말고 다른 것이 있다면 그 해당능력과 가장 잘 부합하는 업무가 어떤 것인지를 알 수 있어 승진·전보의 기준이 될 수 있다.

2. 인력계획과 교육훈련

인력계획은 CDP 교육 그리고 채용관리를 포함한다. Activity matrix가 있는 상황에서는 두 가지의 matrix가 나타난다. 현재 상태의 matrix와 향후의 process의 개선 또는 다른 경영혁신과 사업규모와 내용의 변화를 가정한 상태의 matrix이다. Matrix상에서 현재의 인력이 어떻게 투입되어 있고 향후 어떻게 변화되어지는가를 가늠하면 matrix별로 추가 소요인원이 파악되고 이와 더불어 각각의 qualification별로 집합하면, 기능별로도 추가 소요인원이 파악된다. 우선 현재의 인력들을 승진이나 전보를 통하여 적재적소에 배치시키고 또 이들을 육성하여 어느 곳으로 이동시킬 것인가를 계획한다. 장기적으로 모자라는 인원을 어떤 식으로 보충시킬 것인가가 채용계획이 되는 것이다. 물론 종전에도 어느 부문에 얼마만한 인력이 필요하니까 이를 다 모아 인력계획을 하고 있다. 그런데 이제 matrix가 활용되어지면 매우 상세한 자료가 체계적으로 드러난다. 한사람 한사람의 인사기록카드가 skill별로 집계되어 DB화하면 skill inventory의 matrix를 형성하게 된다. 한편으로 현재 또는 미래의 영업계획에 따라 각 부문에 필요인원이 파악되면 이를 skill별로 재분류하여 바람직한 skill inventory가 matrix로 작성되어 이 두 가지의 DB를 활용하면서 종전과 같은 인력계획을 할 수 있다. 다시 말하자면 종전의 인력계획을 좀더 체계적으로 운용할 수 있게 되어진다.

Activity별로 소요인원을 보면 우선 그 activity가 얼마나 가치 있는 것인가를 가늠할 수 있을 뿐만 아니라 인력의 소요를 보다 과학적으로 다룰 수 있게 된다. 어떤 activity는 영업의 신장에 따라 인력소요량이 정비례하고 어떤 activity는 거의 변하지 않기도 한다.

3. BPR과 Activity Analysis

BPR이 미국에서 먼저 시행되고 있었지만 일본은 BPR이란 이름으로 경영혁신이 많이 진행되고 있지는 않다. 물론 미국이 경쟁력을 회복한 것이 BPR에 기인한다는 주장도 일리가 있다. 그럼에도 일본이 이 문제를 BPR이란 혁신적인 방법이 아닌 다른 방법 즉 개선으로 처리하는 것을 눈여겨볼 필요가 있다. 현재까지 우리 나라에서 BPR이란 혁신적인 방법으로 추진되어진 사례들이 성공적이었는가? S전자, D전자, H보험회사 등 필자가 아는 몇몇 회사들만 해도 속시원히 BPR이 성공한 사례가 드물다. 이유는 혁신적인 방법이 통하지 않았다는 것이다. 인사관리 전문가들은 이 문제에 대하여 이런 말을 한다. 직무체계가 잡혀있지 않고 직무에 합리적인 방법으로 인력이 배치되지 않은 우리 나라에서 BPR의 성공 가능성이 희박하다고 한다.

BPR은 사무전산화 이상이라고 한다. 또 process개선 이상이라고도 한다. 그야말로 information technology를 동원하여 경영을 뿌리째 뒤흔드는 근본적인 변혁이라고 한다. 그러나 필자가 권유하는 방법은 이 근본적인 변혁보다는 전체를 보면서 사무전산화 또는 process개선이라도 하는 것이다. 일본도 대부분 이런 방법을 택하고 있다. 그러다가 뿌리째 변혁이 가시적으로 control범위 내에 들어오고 그 결과가 예견되는 자신 있는 상황이라면 마다할 이유는 없는 것이다. 문제는 어떠한 경우이던 일차적으로 기본적인 일부터 시작하는 것이다.

가장 기본적인 것은 현업의 팀장들이 자기 팀의 업무에 대한 보다 합리적인 이해와 접근이다. 우리 팀이 회사 전체의 업무 process에서 어떤 위치에 있고, 우리 팀의 외부고객과 내부고객은 누구인가? 이들에게 무엇을 어떻게 해 주어야 하는가? 그래서 구체적으로 우리 팀은 무엇을 하여야 하는가? 그 구체적인 activity들은 무엇인가? 이 각각의 activity들의 중요도와 난이도는 어느 정도인가?(Activity의 값어치) 이런 activity를 수행하려면 어떤 skill과 자질이 필요하여, 누구에게 이 일을 주어야하고 그 한 일들에 대하여 어떻게 평가 할 것인가? 만일 어떤 activity를 없애거나 합치거나, 순서를 뒤바꾸거나 data base를 활용하면 보다 효율적일 수 있는가? 각각의 activity들의 성과와 그 결과는 무엇이고 그 일을 하기 위하여 얼마만한 cost가 발생하는가? Activity analysis인 것이다.

이러한 물음이 너무 복잡한 것인가? 필자가 보기에는 장사를 하는 사람이던 한 팀을 맡고 있는 사람이건 이 가장 기본적인 물음은 누구나 하는 것이다. 이 물음들을 보면 이 물음들이 경영의 기본적인 과정임을 한눈에 알 수 있고, 이 안에 이미 BPR의 기본적인 줄거리가 들어 있는 것이다. 다시 말하자면 activity analysis를 체계적으로 하는 것이 이미 BPR의 기초작업이라는 점이다.

두 가지의 시사점이 있다. 하나는 경영이라는 총체적인 틀에서 분석이 되어져야 하며, 그 안에서 BPR이 진행되어져야 한다는 점이다. 이러한 포괄적인 틀을 떠나서 BPR이 진행되면 BPR은 표류할 것이라는 것이 쉽게 이해가 될 것이다. 두 번째로는 포괄적인 만큼 감당할 수 있는 수준에서 분석이 행해져야 한다는 점이다. 이 경우 지나치게 자세하면 정확한 것이 아니라 어지러워진다. 이 점이 미국식(?)으로 job-level 5수준까지 모든 data의 흐름을 자세히 분석하여, 캐비넷 한 대 분의 자료를 만들고 이것을 전산화하게 되는 것인데 대략 보아 job-level 3수준 즉, activity 수준에서 일단 분석하는 것이 필요하다. 일본식(?)이라 할 수 있다. 이렇게 하면 비용과 위험이 매우 줄어든다. 물론 아직까지 일본에서 이 문제에 대하여 activity matrix라는 명확한 개념과 틀을 가지고 BPR과 다른 경영혁신에 사용하는 것이 책에서 발견되어진 것은 없다. 그런 점에서 일본식이라고 할 수는 없겠으나, 다만 필자가 강조하고자한 점은 구체적이긴 하나, 포괄적으로 큰 틀에서 시작하여 manageable한 수준에서 업무 process를 개선시키고 이를 전산화하는 방법이 보다 성공적일 수 있다는 점이다. 필자가 일본계 한국 기업에서 관찰한 바에 의하면, 이 회사는 BPR을 경영혁신 차원에서 모든 부문이 효율적인 업무 수행을 위하여 제도도 개선하고 process도 개선하는 차원에서, 이를 data base의 활용과 함께 추진하고 있다. 이 경우 BPR이 실패하지는 않는다. 다만 부분적으로 지지부진할 수 있는 가능성이 있고 또 부분적으로 실패하는 경우도 있다. 그러나 막대한 비용을 퍼 붇고 실패할 위험은 없는 것이다.

4. Activity Based Costing과 Activity Matrix의 활용

수치적인 개념은 그것을 실제 공식대로 계산하여 사용하는 것보다, 그 개념을 활용하는 것이 더 중요한 의미를 갖는 수가 많다. 경제학에서의 micro-economics는 경영학에 매우 중요한 개념들이고 이것들은 수학의 공식들로도 표현되어 있다. 그러나 실제로 이것에 수치를 대입하여 사용하는 것보다, 주요 변수들의 관계와 그 의미를 이해하고 활용하는 것이 중요하다. Activity Based Costing도 마찬가지이다. 실제의 Activity Cost가 얼마인지를 수치로 찾아내어 이것을 어떻게 사용할 것인지로부터 출발을 하는 것이 실패의 원인이다. Activity costing이 무엇에 주목하고 있는 바를 이해하고 이를 활용하는 과정에서 중요하고도 쉽게 찾을 수 있는 activity-cost가 얼마인지를 가려내어 이를 활용하는 것이 타당한 순서이다. 따라서 무턱대고 Activity cost를 먼저 계산하고 이를 program하는 방법을 지양해야 한다. 그럼 Activity cost가 의미하는 바를 먼저 살펴보자.

1) 간접 부문의 중요성

간접 부문이다. Direct cost accounting에서는 직접비를 가려내어 한계이익을 계산한다. 간접비는 대략 고정비로 처리하고 그런 만큼 uncontrollable cost로 보는 것이다. 그러나, 요즈음 기업들이 당면한 문제의 핵심에는 이 간접부문의 비중이 크다. 여러 가지의 경영혁신의 도움으로 직접비에 대한 통제는 비교적 잘 정비되어 있어서, 직접재료비와 직접 노무비에서 낭비가 벌어지는 경우는 드물다. 전에는 공장을 운영하는 것이 돈도 많이 들고 생산설비가 기업의 핵심이었다. 그러나 이제는 soft한 부문이 경쟁력의 기초가 되고 자연히 사무실이 있는 본사는 전략적인 중심이 되고 있을 뿐만 아니라, 조그만 사무실 하나라도 내려고 생각해본 사람들은 쉽사리 이 사무실 비용이 의외로 만만치 않음을 안다. 그리고 사무관리직의 생산성은 20배 가량의 차이도 발생한다고 한다. 다시 말하자면 이젠 control의 핵심이 이 간접 부문에 있다는 말이다. Activity costing은 간접부문의 activity들이 어떤 product를 위해 사용되었는지를 가려내는 작업이다. 다시 말하면, 각각의 activity의 유용성을 product라는 수익의 관점에서 평가하고 또 그 activity의 cost가 얼마나 되는 지를 가늠하자는 것이다.

2) product concept

기업의 핵심에는 product concept가 있다. 전략의 출발은 어떤 product군을 형성시키느냐가 기본이다. 그러려면 자연히 이 product별 원가 계산이 필수적이다. 그리고 그것은 이 product의 생산과 판매, 그리고 이를 지원하는 간접부문이 최종적으로 어디를 유념해야 하는 가를 가르치고 있다. 우리는 흔히 customer satisfaction, 또는 고객지향, 고객을 위한 가치창조라고 말하고 있는데, 사실 알고 보면 고객과의 접점은 product를 통해서 이루어지고 있는 것이다. 따라서 모든 부문이 자신의 활동이 어떤 product를 위해 무엇을 하고 있는 지를 파악하는 것이 customer satisfaction의 구체적인 모습인 것이다.

한편 현대의 기업들이 중요시하는 process중심의 사고도 이것을 의미한다. 기업에서 input이 어떤 과정으로 가치사슬의 연쇄를 따라 어떤 product에 흘러들어 가는지를 파악하고 이를 적절히 운용하는 것이 process 중심의 사고라고 할 수 있겠다.

3) 계산보다 중요한 것은 직관이다.

그러나 실제로 이 activity cost를 계산해 내는 것은 쉬운 일이 아니다. 개별 activity들과 개별 product를 연결하는 고리가 불투명하다. 오죽하면 간접 부문이라고 했겠는가? 그런 만큼 이 부문은 오랫동안 무풍지대였다. 그 효과를 측정하기가 곤란했기 때문이다. 그런 만큼 손을 대야할 필요성은 큰 것이다. 이 때에 필요한 것이 직관이다. Accountant의 계산이 먼저 우선하면 미로에 빠진다. 한참 계산을 해보아도 자신이 없고 어디에다 어떻게 활용할지를 모르게 된다. 이런 경우, 커다란 pipe-line이 어떻게 연결되어 있는 지를 파악하는 것이 중요하다. 조직전문가의 안목이 필요한 대목이다. 인사와 조직을 다루는 사람들은 워낙에 불확정적인 변수들의 상호관련성과 중요도를 가늠하는데 익숙하다. 수치도 사용하나 그들이 다루는 수치는 financial accountant가 다루는 확정적 수치가 아니고, 어림셈의 수치이다.

Activity matrix라는 地圖는 이때에 힘을 발휘한다. 우선 자기 팀의 activity를 한 눈에 볼 수 있게 되고 그 각각의 Activity의 성격을 파악한 다음 어느 정도의 man-hour와 기타 경비가 투입되는 지를 팀의 업무분장과 개인의 목표관리 sheet를 통해 파악해 간다. 그리고 그 다음 flow-chart를 보면서 이런 activity가 어떤 경로를 통해 어떤 product에 사용되는가를 어림으로 가늠한다.

이것이 본격적인 계산 작업에 들어가기 전에 필수적으로 선결지어야 하는 문제이다. 이제부터는 cost가 많이 드는 activity에 대한 평가가 이루어지고 필요한 만큼의 계산을 수행하면 된다. 시간 등의 제약을 감안하여 중요한 항목부터 계산을 하면 된다.

5. Activity Management

Activity Based Management란 표현이 있었다. Activity Based Management는 핵심적으로 보면 고객에게 보다 효율적으로 service하기 위하여, 조직은 hierarchy보다는 value chain의 흐름, 즉 process중심이어야 하는데 ABM은 이를 cost측면에서 계량화한다. Activity cost를 management측면을 고려하여 이를 어떻게 경영에 활용하는가에 중점을 두는 표현이다. 필자가 Activity management라고 한 것은 Activity Based Management가 cost측면을 강조한 것에 비해, 보다 더 activity를 중심으로 경영혁신을 추진시키는 것을 의미한다. 그런데 이것이 의미하는 바는 매우 광범위하다.

회사의 업무를 activity단위에 초점을 두고 보는 것이다. 분석의 단위가 이보다 크기만 하면 실질적인 구체성이 희박하고 이보다 작으면 큰 숲이 안보인다. 감각적으로도, 직원 개인에게 가장 가까이 접근해 있는 개념이다. 그간 우리 나라가 여러번 시도했으나 실패한 직무분석은 그것이 너무 미세한 단위로, 그리고 직무라는 고정된 단위에서 출발하였기 때문이다. 그러나 사려 깊은 사람들은 직문 분석이 모든 업무의 기초가 된다는 것을 알고 어떠하던 이를 성사시키려 했던 것이다. 이제 activity라는 점에서 이 문제를 풀어야 할 때가 온 것이다. 불필요한 activity를 잘라내고, 합치고 data base를 활용하는 BPR과 함께 작업을 추진한다. 그러고 보면 BPR의 일환이거나, BPR의 효과를 미리 가늠하는 것이기도 하다는 점을 독자는 간파하셨을 것이다. 그렇다. Activity management란 하나이다. 이제는 budgeting과 팀제의 운용 그리고 TQC와 ISO 9000의 간접 부문으로의 확산이라는 것이 가시적으로 보일 것이다. 관건은 activity analysis에 있었던 것이다. 교육 훈련, 선발 등의 인력운용계획의 합리적인 기초가 되는것도 이것인 것이다.

예산에서도 경비쪽 보다 중요한 것은 인력이다. 그런데 이 인력이 많다 적다를 판별하려면 하는 일을 보아야 한다. 종래에는 업무량에 비해 투여 인력이 많다 적다로 판단하려 했으나 activity cost의 관점에서 보면 그 activity의 효용성과 cost의 비교라는 관점으로 시각을 돌리게 된다. 그러면 인력의 감축보다는 불필요하거나 비효율적인 activity를 제거하거나 개선하는 쪽에서 planning을 하게 된다. 이것이 전통적인 budgeting이 간과하고 있었던 인력관리의 기초가 된다.

팀제를 기능적인 점에서 보면 업무의 분장이다. 팀의 업무를 어떻게 분할하여 팀원들이 이를 수행하는 가이다. 과거에 부와 과 단위가 있었고 여기에 부장과 차장 그리고 과장이 배속되었다. 직급과 직책이 분리되면서 팀장과 팀원만이 있을 뿐이다. 직급에 구애받지 않고 업무를 배분하겠다는 의미이다. 무엇을 노린 것일까? 능력에 알맞게 자유자재로 업무를 맡기는 유연성을 회복하고, 결재도 필요한 만큼만 하겠다는 뜻이다. 그런데 이 뜻이 잘못 전달되어 팀장이 마음대로 업무분장을 하면 어떻게 되겠는가? 조직에서 개인의 경력관리가 흐트러지고 팀이라는 것이 절대적인 의미를 갖게된다. 오히려 팀웍이 손상 당할 위험이 있다. 문제는 팀장은 업무분장의 권한도 있지만 이것에서 파생하는 문제의 책임도 있다. 다시 말하자면 왜 그렇게 업무를 분장했는지에 대해 설명할 책임이 있는 것이다. 그러려면 우선 activity를 잘 들여다 보아야 한다. 하나 하나의 activity에 대한 자격요건과 상호 관련성 그리고 중요도와 업무량을 가늠하면서 이것에 인력을 잘 배치시키는 것이 팀장의 주요 책임과 권한인 것이다. 이처럼 팀 운영의 핵심에는 activity가 있는 것이다. 이점을 간과하면 팀제가 의도했던 flexibility가 골격을 잃은 해면체로 바뀌어 혼란이 가중된다. 우리 나라 팀제 운영의 단면이 이러하다. 애초 미국이 팀제운영으로 추구한 바는 경직된 직무체계를 유연하게 가져갈 목적이었다. 그러나 우리의 경우 애초부터 직무체계가 안되어 있었는데 여기에 또 유연성만을 추가하면 유연하다기 보다는 혼란이 가중될 것이 우려되는 것이다. 직급에 따른 차별을 없애는 것은 환영할 만하나, 업무의 체계를 아예 없애는 것은 다른 문제이다.

TQC쪽에서 보면, activity들을 quality라는 축에서 재고해 보는 것이다. 현대 기업에서 경쟁력의 3요소는 time, quality, cost이다. 이중에서 quality를 분리하여 추진하면, 시간과 cost를 고려하지 않고 무작정 quality를 높이는 쪽으로 조직은 움직인다. 그리고 우리 나라 기업들에서 나타나는 일반적인 현상처럼 quality는 공장 부문에 국한된다. 이것을 사무관리에도 적용하여야 한다. Activity를 보면서 추진하면, 전체를 체계적으로 들여다 볼 수 있을 뿐만 아니라, 구체적일 수 있다.

상세한 측면들은 추후 별도의 테마나 저술을 통하여 보완드릴 것을 약속한다. 여기서 강조하려는 것은 우리 나라 기업들이 현재 추진하고 있는 여러 가지 경영혁신들; 기업문화, BPR, 신인사, 연봉제, MBO, Job-competency, 평가시스템, 팀제, 인력관리, Downsizing, 연봉제, Activity Based Costing…등이 대상으로 하는 것은 구체적으로 보면 그것이 ACTIVITY라는 것이다. Activity management라는 것은 activity에서 보면 이 모든 경영혁신의 과제가 하나로 연결되어 총체적인 틀과 의미를 갖게된다. 필자가 Neo-Taylorism을 강조한 이유가 여기에 있다. 우리 나라 기업들의 가장 기본적인 infra가 이것인 것이다. 이 infra를 구축하지 않거나 도외시하고 가면 여러 가지 경영혁신들은 관념에 빠질 위험이 있거나, 부분적으로만 성공한다. 그러다 보면 연례행사처럼 일과성 행사에 그치거나, 크게 낭패할 우려가 있다. 일본이 헤매는 이유도 부분적으로는 여기에 있다. Gemeinschaft의 정서 속에서는 사람 중심으로 일을 끌어 왔고 폐쇄된 인력관리에서는 직무에 대한 체계화가 미비했던 것이다. 그러나 Gesellschaft의 정서로 이행하는 과정에서 그대로 미국의 직무분석 체계를 활용할 수 없는 난점이 있었고, 이를 극복할 기본적인 infra를 아직 찾지 못한 것으로 보인다. 미국은 분화되어 한 분야의 전문인으로 자족할 수 있었다. 그러나 우리 현실에서 경영학자에게 이런 저런 요청이 많았고 다행히도 필자는 경영관리의 이런저런 분야를 섭렵해 다녀야 했다. 이제 가만히 눈을 감고 이론과 실무 그리고 제반 경영혁신의 테마에 핵심이 무엇인가를 보면, 그것이 ACTIVITY인 것이다.
Q & A Q & A Q & A Q & A Q & A Q & A Q & A Q & A

Q : 어느 부서에서나 업무분장표가 있지 않습니까?

A : Activity Matrix상에다가 담당자의 이름을 표시하면, 업무 분장표로도 쓸 수 있겠지요. 그런데 그 업무 분장표 보다는 좀더 자세하고 모든 업무들이 체계적으로 나열되고 그 자격요건까지 표시되어 있다는 점이 특징입니다. 다시 말씀드리면, 유념해서 보아야할 단위가 activity란 것을 강조한 것입니다.

Q : 팀제와 인사관리의 현황을 설명하다가 Activity Matrix와 그 활용으로 돌아선 이유가 선명하지 않습니다.

A : 경영관리의 실체는 micro하게 보면 업무단위로 분할 됩니다. Activity인 것입니다. 이것을 여러 측면에서 이야기 할 수 있습니다. 팀제가 그것이고 직무와 직무성과의 기본단위이기도 합니다. BPR도 이를 process상에서 IT를 결합하여 합리화하는 것입니다. 조직의 문제도 마찬가지입니다. 조직이란 activity가 직무로 결합하고 이를 또 팀단위로 재분류하고 또 묶으면 조직이 됩니다. 필자는 모 기업에서 직무의 분석과 임금직급체계에 대한 consulting을 하면서 조직문제를 간명하게 처리해 준 바 있습니다. Activity의 성격과 이를 담당할 인력을 고려하니 답이 선명하게 나옵니다. Macro하게 조직문제를 접근했던 조직진단 보다 유효했습니다.

우리 나라의 경영관리의 허점이 바로 이 문제라는 것을 부각시키려고 팀제와 인사관리의 현황을 먼저 언급하고 그 해결의 실마리로 activity matrix를 제시한 것입니다. 그리고 이를 잘 활용하면 경영관리 전반의 맥을 파악할 수 있다는 점을 설명하고 있습니다. 직무관리를 정돈해야 한다는 필자의 논지도 바로 이러한 경영관리의 기본을 다져야 한다는 것입니다. 전쟁으로 치면, 地圖입니다. 지도를 놓고 작전을 계획하고 수행하여야 합니다. Activity matrix는 바로 경영관리의 지도에 해당합니다.

4부 K 경영관리의 Practice

13장 학습조직의 실천적 활용 ; module
「잘하는 사람것을 정돈하여 컨닝페이퍼로 활용한다」

Learning organization이란 표현을 Chris Agiris는 'deutro learning'이라는 용어로 설명한다.[1] 이 말은 고기를 잡아다 주는 것보다는 고기 잡는 법을 가르쳐주라는 것과 같이 조직이 스스로의 힘으로 집단적으로 새로운 정보를 수집하고 업무수행 방법을 개선해갈 수 있도록 조직운영을 할 수 있게 하는 것이다. Learning-mechanism을 조직 내에 built-in 시켜 놓는 것이 문제의 핵심이다.

필자가 접한 팀제와 목표관리 그리고 신 인사고과의 시행과정에서 보면 팀장들이 가장 원하는 것은 sample이었다. 팀제와 목표관리 그리고 신 인사고과의 목적과 의미 그리고 절차들을 설명하면 구체적으로 자신의 팀에 해당하는 예시를 보여 달라고 한다. 또 다양한 경영혁신 기법들을 시도할 때의 불평은 지금 하고 있는 것도 많은데 또 무슨 무슨 자료를 만들고 새로운 절차를 마련하라고 하느냐고 한다. Module이다! 우리에게 필요한 것은 실제의 예시를 수록한 경영혁신의 통합적인 module인 것이다. 유사한 업무를 하는 팀장들 끼리 모여 자신들이 하는 업무의 계획에서 실천과 평가까지(plan-do-see), 또 새로운 경영혁신의 방법들을 실제로 어떻게 적용하고 있는 지를 의논하고(이때에 전문가의 개입이 필요) 그 절차와 실례를 적어 놓은 것을 module이라 부르자.

l. Module은 집단학습의 장(field)이다

Module은 예시를 했을 뿐, 반드시 그렇게 하라는 표준이 아니다. 누구나 그 방법이 적합하지 않다고 생각되면 다른 더 좋은 방법을 제시하면 된다. 또 모두에게나 통용되는 것은 아니고 각자의 업무 특성에 맞도록 응용될 수도 있다. 다만 이때에 왜 다른 방법이 더 적절했는지를 같이 모인 사람들에게 설명하고 의논해서 서로 배워가도록 하면서 더 나은 방법들을 끊임없이 개선해 나가는 것이다. 이 module이 성공적이려면 유용한 정보와 know-how를 많이 제공한 사람을 대접하여야 한다. 다시 말하자면, 조직에 대한 contribution을 그가 직접 수행한 업무 못지 않게 동료 coach로서 다른 사람들의 업무수행을 도와준 것을 높게 평가해야 한다는 것이다. 80년대에 미국에서 활약하던 젊은 인력들을 수억을 제공하면서 scout하고는 이들이 얼마가지 않아 자신들의 know-how가 소진하고는 조직에서 밀려나는 경우들을 목격했다. 기업체에서 이런 현상이 벌어지면, 사람들은 자신의 know-how를 공개하려 하지 않는다. 이점에서 보면 대학교수들은 좀더 개방적인 것 같다. 자신의 연구를 발표하여 인정 받는다는 즐거움을 누리고 있는 것 같다. 그러나 기업에서 애써 쌓은 know-how는 그것을 남에게 전수해 주는 것보다는 자신이 활용하여 남보다 우월한 업적을 내야 하는 경쟁사회인 것이다. 인색해질 수밖에 없는 상황이다. 유용한 정보와 know-how는 연구 보고서와 같은 형태에만 수록되는 것은 아니다. 지나가는 말 몇 마디에도 스며 있는 것이다. 바로 이런 것들이 조직 내에서 흐르고 있고 쌓여 가야 한다. 누구라도 한 사람이 유용한 information을 가져오거나 좀더 나은 업무 방식들을 알고 있으면 이것이 필요한 사람들에게 빨리 전해야 한다.

누구나 새로운 조직에 들어갔을 때의 어려움을 안다. 때로는 동료나 상사가 별것도 아닌 작은 것을 가르쳐 주는 대가로 지나친 복종과 수모를 요구하기도 한다. 지금도 옆에 있는 사람이 그것 좀 가르쳐 주거나 무엇을 알려주면 좋겠는데, 잘 가르쳐 주지 않는다. 기업문화의 목적이 내부거래의 infra를 구축하는 것이라는 언급을 하였다. Communication의 활성화란 것도 그 실체는 이것을 두고 하는 말이다. 개방적인 집단과 서로서로 등돌리고 안 가르쳐 주는 집단과의 경쟁력의 차이는 명백하다.

2. Module은 예시이다

또한 업무절차라기 보다는 예시이다. 물론 표준업무 절차에서도 예시를 추가할 수도 있으나 업무가 단순하지 않을 때일수록 표준 업무를 마련하는 것이 어렵고 부적절할 뿐만 아니라, 실제로 팀장들이 당면한 문제는 이를 소화해서 적용하는 예시인 것이다. 많은 사람들이 목표관리와 평가에 대하여 오랜 교육 후에도 되풀이하여 묻는 것은 , "그래서 이것을 어떻게 처리하란 말입니까?" 이다. 우리는 이렇게 답하는데 익숙해져 있다. 그런 것까지 어떻게 일일이 답해 줄 수 있겠는가하고… 그런데 그렇게만 해줄 수 있다면 예시를 주는 것이 좋은 것만은 분명하다. 우스개 소리로도 '이제부터 숙달된 조교의 시범을 보시도록 하겠습니다.' 라고 한다. 일일이 예시를 줄 수는 없다. 그러나 큰 줄거리만이라도, 또 난해한 대목만이라도 예시가 있으면 훨씬 쉽게 숙달할 수 있는 것이다. PC나 간단한 가전제품을 사용해 본 사람들은 설명서를 읽어 가며 사용방법을 익히는 것보다, 한 번 어떻게 사용하는 지를 본 다음, 자신이 한 번 조작해 보면서 설명을 듣는 것이 한결 효과적이라는 것을 안다. 예시는 짤막하여도, 이를 설명하면 길어 질 수도 있다. 또 때로는 설명서를 만들 필요도 있다. 예시라 하여도 창의력을 가로막는 것은 아니다. 예술가들이 사사를 받을 때 대가를 모방하지만 때가 되면 스승을 앞지르고 자신의 예술 세계를 구축하곤 한다. 모범을 보이라는 것도 마찬가지의 이야기다. 많은 말과 가르침 보다, 살아있는 예시가 훨씬 설득력을 갖는다.

3. Module은 OJT(On the Job Training)이다

사외교육도 중요하다. 새로운 방법이나 근본적인 이해를 하는데에는 강의나 실험 실습도 필요하다. 그러나 그러한 모든 교육과 훈련이 회사업무에 직결되는 순간은 현장교육에서 온다. 현장교육은 업무에 가장 가깝다. Module은 업무수행에서 나타나는 자신의 문제를 다루기 때문에 현장의 학습인 것이다. 기술분야에서는 know-how가 중요하다는 것을 절감하고 있다. 그러나 기술 분야에만 국한된 것은 아니다. 모든 분야에서 know-how를 보다 광범하게 생각한다면, 업무 방식을 포함해서 세세한 것까지도 숙련형성에 필요한 것이다. 정보와 정보자체에 대한 출처도 중요하다. 다시 말하자면, 업무를 잘 해 나가는데에 필요한 정보와 지식 그리고 정보를 얻기 위하여 어떻게 인간관계를 끌고가야 하며 그 source는 어디에 있는 것인가 등을 서로 배워야 하는데 이는 업무 수행의 여러 측면을 뭉뚱그려서 practice라는 행위로 예시한 것이다.

기업에서는 strategy implementation차원에서 보면 경영의 모든 노력이 이 action을 돕기 위해 필요한 것이 된다. 물론 기업에서 현재 교육 훈련에 많은 노력을 기울이고 있으나, 아쉬운 점은 실천적인 측면이다. 목표관리란 무엇이고 어떻게 하는 것이라는 교육이 필요하지만 그보다, 유사한 업무에 대해, 어떻게 계획하고 어떻게 목표를 설정하였는가? 중요 정보는 무엇인데 출처가 어디이며 이를 어떻게 해석하고 활용하였는가? 등을 목표관리를 담당한 강사와 함께 그 분야에 정통한 실무자와 같이 강의를 진행하면서 실습하면 교육의 효과는 배증한다. 목표관리 뿐만이 아니라 여러 가지 경영혁신을 실제로 추진하는 구체적인 예시와 이론 그리고 실습을 통해 실무자들을 교육, 훈련시키는 것이다.

4. Module은 유사업무로 대별된다

현재 우리 나라의 경영관리의 수준으로 보아서는 module은 팀장들의 경우 job family 수준으로 대별 짓는 것이 좋다. 5대직군(생산, 판매, 구매, R&D, 관리)으로 나누는 것은 무리가 있다. 판매 직군 이라 해도 sales업무와 marketing기획은 업무성격이 다르다. 또 판매 조직에 속해 있지만 경리나 총무를 담당한 과나 부서는 관리 분야의 총무 또는 경리와 업무성격이 유사하다. R&D에서도, 신제품 개발과 기존의 제품을 개선하는 것은 다르다. 어떤 기술이 어떤 폭으로 활용되어져야 하느냐에 따라 job family의 분류가 달라져야 한다. 생산 부서에서도 직접 생산을 하는 부서와 생산 scheduling하는 부서, 품질관리, 수리와 유지, 공장의 신축 등은 업무성격이 다르기 때문에 이를 하나로 묶어 처리하는 것은 너무나 큰 분류이기 때문에 전문성을 기하기 어렵다. 한 기업으로 보면 대략 40-50개이하로 분류하는 것이 실천적으로 보인다. 이것이 팀제의 일차적인 단위일 수도 있다.

5. Taylor와 일류인간

F. Taylor는 자기 적성에 맞는 업무에 종사해서 정확한 방법으로 잘 숙련되어 최고의 업무효율을 내고 있는 사람을 일류 인간이라 불렀다. Taylor는 전문가가 이 사람의 동작을 연구하여 표준업무 기술서를 작성하여 다른 사람들도 이 교범을 따르도록 하였다. 이것을 기초로 표준 업무량이 계산되어지고 임금계산의 기초로 삼았다. Module이란 이런 idea를 말한다. 기능직뿐만 아니라 오히려 팀장들에게 더 필요한 방법으로 보인다. 다만 Taylor가 말한 표준 업무기술서라는 형태는 타당하지 않다. 그러나 중요한 것은 그 업무를 가장 잘하는 사람에게서 업무 수행 방식을 배워 오는 것이다. 여기에 전문가의 도움으로 체계화되고 보완되어져서 sample을 내어놓으면 관련 당사자들은 서로 의논해서 이보다 더 나은 방법들을 개발해 가는 것이다. Taylor 의 이 방법은 당시 매우 효율적이었다. 생산성이 200%, 300% 향상되는

것도 흔했다.

당시에도 논란이 많았다. 인간을 기계화하고 노동강도를 높이는 착취라고. 그리고 일류인간이라면 나머지는 이류인간 또는 쓰레기 인가 하고? 인간관계론이 대두되었다. 인간은 정서가 있다라고. 이런 비난들은 초점을 빗나가고 있다. 정확한 방식을 습득하는 것이 비인간적인가? 생산성이 높아져 더 많이 받아 가는 것이 싫은가? 자기 업무에 정통한 사람과 아닌 사람을 구분해서 제대로 훈련시킨다는 것이 자존심 상하는 일인가? 사실은 이것이 아니다. Game의 핵심은 know-how를 두고 이해관계가 상충하는 것이다. 장인적인 know-how를 노출시키라는 Taylor의 요구인 것이다. 숙련 노동자의 hegemony가 표준 업무기술서나 module을 움직이는 사람에게 넘어가게 된다. Information이 私有化되지 않는다. Know-how도 빼앗겨 버린다. 꼼수도 들통난다. 가르쳐 주고 싶은 사람에게만 가르쳐 주던 것이 무차별로 노출되는 것을 달가워 할 리가 없다. 또 Ford같은 사람이 나타나 생산성 향상만 무자비하게 달성하고 노동자를 억압하는 사태가 일어날 수도 있다.

때문에 회사는 응분의 사례를 흡족하게 지불해야 한다. 애써 쌓은 숙련을 공개하면, 공개 안했을 때보다 더 나은 이득을 주어야하고, 생산성이 향상되면 이를 성과배분과 같은 것으로 보상해야 한다. 이점을 F. Taylor가 강조하면서 자신의 과학적 관리법의 전제가 사용자의 정신혁명, 즉 합리적인 자세라고 하였다. 반복되는 역사에서 우리도 그 교훈을 배울 수 있다.

 각 주

1. Argyris C. "Inter-personal Competence and Organizational Effectiveness" 1964, Wiley

Q & A Q & A Q & A Q & A Q & A Q & A Q & A Q & A Q & A

Q : 어떤 식으로 module을 만들고 운영할 수 있습니까?

A : D기업을 consulting하면서 우선 팀장들 중에서 job-family별로 생각이 있는 팀장들을 선발하여 목표관리와 평가 그리고 activity matrix의 운영 절차와 의미 그리고 주의 점을 상세하게 설명하고 각자 팀별로 6장의 마지막 부분인 계획수립과정 절차를 수행하도록 하였습니다. 그리고 한 분씩 발표하면서 서로 토의하면서 수정 보완하여 module을 假설정합니다. 유사한 업무를 하는 팀장끼리 모여 미리 선발한 팀장이 사내 강사가 되어 전 과정을 어떻게 처리하여 주었는지를 설명하고 토의해 가면서 module을 수정 보완해 갑니다.

Q : 그렇다면 별것도 아니고 목표관리 sample이 아닙니까?

A : 그렇습니다. 신기한 것을 제시한 것이 아닙니다. 잘하는 사람 것을 컨닝 페이퍼처럼 돌려보고 더 보완하는 것입니다. 그런데 목표관리 양식만이 아니라 어떻게 그러한 목표를 설정하게 되었는가와 information과 그 출처 그리고 know-how…등등, 필요한 모든 것을 포함시키는 것입니다.

14장 조직실체의 파악[(1] ; Real Organization
「조직실체는 game 구조로 연결되어 있다」

조직은 성장하여 가면서 관료화(bureaucracy)되어 간다. 관료조직이란 웨버(Max Weber)의 합리성의 개념에서 나온 이상적인 조직형태이다(ideal type). 그런데 실제로 관료화된 조직에서 뜻한 바대로 움직이지 않는 악순환이 지속한다. 흔히 관료화되었다는 의미는 이런 것을 뜻한다. 그 원인에 대하여 조직론에서는 머튼(Merton), 셀즈닉, 굴드너 등과 같은 학자들에 의하여 다양하게 설명되어 왔다.[(2] 여기서는 그것보다 훨씬 현실적인 해석을 해놓은 크로지에의 이론과 방법론을 소개한다.

크로지에를 이해하면서 개인과 개인, 개인과 집단, 집단과 집단간의 관계를 포괄적이고도 현실적으로 파악하게 된다. 바로 구성원 개인과 구성원들간의 관계성에서부터 조직 실체를 설명하고 있기 때문이다. 개인행동과 조직행동은 따로 분리할 수가 없다. 물론 편의상 개인수준에서 다루어야 할 문제와 집단행동 수준에서 다루어야 할 문제가 있으나 현실적으로 집단 내에서 개인이 행동하고 개인들간의 관계가 집단행동을 구성한다.

1. 개요

조직의 문제는 넓은 의미로서의 기술적인 것들뿐만 아니라 사람의 문제이기도 하다. 그래서 기업 내에서의 개개인의 행동과 집단의 관계를 조정하는 것이 문제 해결의 실마리이기도 하다. 이것은 커뮤니케이션의 개선, 공식적인 권위의 행사 그리고 개인과 집단, 집단과 집단의 갈등을 해결하는 것 등, 새로운 기술이나 제도를 도입하거나 조직의 변화를 유도하는 것 그리고 심지어는 한 개인의 의사결정이 아니라 집단이 함께 문제를 정의하고 의사결정을 내리는 문제에 있어서도 고려해야 할 사항인 것이며, 리더십을 포함한 모든 형태의 개인행동에도 적용되는 문제이다.

세 가지 이유 때문에 조직의 문제는 복잡한 것이다.
① 개개인의 노력은 나름대로 특이하다.(different)
② 모든 문제도 역시 어느 정도 특이하다.
③ 제도적으로 (공식적인 권위, 제도, 절차 등) 문제해결을 하는 것만으로는 미흡하다.
왜냐하면 공식적인 조직은 조직의 실체를 구성하는 하나의 요소일 뿐이기 때문이다.

현실을 충분히 직시하고 파악하지 않고서는 效率的인 행동을 전개할 수가 없다. 예기치 못한 저항이 의외로 강하게 나타나거나 아무런 문제도 아니라고 생각하던 사항들이 문제가 되어 의도했던 바가 빗나가거나 좌절하기도 하여 애초에 시도했던 것과는 다른 주제가 부상되기도 한다.

한마디로 모든 행동은 기술적(넓은 의미)으로는 완벽하게 보여도 실제로는 예상하지 않은 결과로 인해 실패할 가능성이 있다. 이런 결과는 가끔 사전에 준비한 자료나 정보가 불충분했기 때문이기도 하다. 그러나 주요 원인은 무엇보다도 한 조직이 해당상황에서 어떻게 움직이고 반응하여 가는 구체적인 조직행동에 대한 이해를 하지 않았기 때문이다. 크로지에(M. Crozier) 교수는 이 구체적인 조직행동을 '게임'이라고 불렀다.

2. 개인의 행동전략과 개인간의 관계

1)개인의 행동전략

경험으로 볼 때 개인은 시키는 일이나 규범에 따라 수동적으로 움직이지는 않는다. 나(Crozier)의 20년간 연구조사의 경험으로 보면 개인은 흔히 말하는 동기부여에 따른 행동 또는 수동적 입장만 취하는 것이 아니고 제나름대로의 행동반경이 있으며 이것을 적극적이고도 조직적으로 활용하고 있다. 그런 이유 때문에 적극적 개인행동과 그의 전략적 행위에 대하여 말하게 된 것이다. 자세히 관찰하여 보면 다음과 같은 현상을 발견하게 된다.

① 개인은 지속적으로 명확한 목적이나 목표를 갖고 있는 것이 아니다. 대개 여러 목표가 다소 불명확하거나 자체 내로 모순이 되어 있기도 하다. 행동하다 보면 수정되거나

없어지고 또 때로는 새로운 목표들을 찾게 되는데 이것은 불확실한 미래 때문에 개인행동의 입지를 바꾸어 놓거나 행동 자체를 수정해야 되기 때문이다. 그래서 한 시점의 방법은 목적이 되고 역으로 목적이 수단화하기도 한다. 그래서 개인행동이 명확하고 정돈된 의식 속에서 사전에 잘 계산되어진 계획하에 움직인다고 하는 것은 환상이다.

② 그럼에도 그 행동은 능동적이다. 항상 제약받고 있지만 좀처럼 결정되지 않는다. 수동적인 행동인 경우에도 그것은 어느 정도 선택에 의한 수용인 것이다.

③ 행동에는 항상 의미가 있다. 명확한 목적에 부합하지 않는다고 비합리적이라고 할 수는 없고 오히려 그가 당면한 기회에 비추어 보면 확실히 합리적이라고 할 수도 있다. 그가 설정하고 해석한 상황에 비추어서 주어진 기회에 대하여 어떻게 행동하느냐를 보면 나름대로의 합리성이 있음을 본다. 타인의 행동과 서로간 설정한 '게임'을 감안하여 보면 분명해진다.

④ 개인행동은 양면성이 있다. 기회를 포착하고 상황을 호전시키려는 능동성과 현상을 유지하거나 자신의 행동반경 자체를 보호하려는 수동성이 있다.

⑤ 어떤 의미로 보면 비합리적인 행동은 없다. 그래서 겉으로 보기에 매우 합리적인 행동이나 전혀 엉뚱한 행동에도 행동전략이란 개념은 보다 광범위하게 적용할 수가 있다. 유머나 감성적 반응도 행동전략이란 점에서 자세히 보면 나름대로의 규칙성이 있다. 이 규칙성이란 사후적으로 표면에 나타난 횟수의 빈도를 말하는 것이 아니다. 또한 전략적 행동이란 '의지'라는 개념과는 다르고 또 반드시 의식적인 행동이라고 할 수도 없다.

개인은 상황을 인식하고 행동전략을 결정한다(상황이란 자신의 가용자원, 능력, 제약조건, 주어진 기회, 조직내의 인간관계 등). 이러한 점에서 개인의 말과 행동을 좌우하는 태도를 파악하는 것이 전략적 행동을 이해하는데에 중요한 요인이다. 개인은 자신의 태도를 과거에(그들의 사회화 과정, 과거의 경험 등) 의존하지 않고 그가 벌이고 있는 게임상황에서 현재와 미래의 기회를 보고 태도를 결정하여 자신의 행동전략을 다듬어 간다. 태도는 그가 가용할 수 있는 자원과 기회를 가늠하여 형성한 전략적 행동의 방향성을 결정한다.
2) 개인간의 관계는 협상의 산물이다.

제도에 의하여 사전적으로 명시되어 있던 않던 간에 공식조직으로 구성원간의 관계를 모두 통제할 수 있는 것은 아니다. 개인이 조직 내에서 자신의 위상을 설정하여 활동하는 것은 타인과의 관계에 의해서이다. 이러한 관계는 개인의 행동범위에 결정적으로 영향을 주고 상황을 설정하는 주요한 요인이 되어 개인의 전략적 행동을 유도한다. 이러한 관계 속에서 구성원들은 나름대로의 행동을 하게 되는데 아무리 단순한 만남이라 해도 이것은 기본적으로 협상인 것이다. 이 협상의 성격을 보면 다음과 같다.

① 개인은 여러 가지 명시된 활동과 목표들 그리고 역할들을 갖고 있다. 가능한 범위 내에서 이러한 역할들은 개인들에 의하여 해석되고 재고되며 행위로 표현된다.

② 목표를 달성하는 과정에서 개인은 타인들과 관계를 설정해 간다. 이러한 협조는 정보의 요구, 개입, 참을성, 중립을 지켜주는 것, 인적·물적 자원을 지원하여 주는 것 등을 말한다. 이러한 협력은 권리에 의하여만 반드시 얻어지는 것은 아니다.

③ 이러한 협력은 반대급부를 요한다. 그러나 그 교환은 항상 등가는 아닌 것이다. 오히려 사람들간의 권력관계의 산물이라고 보아야 한다.

④ 이 권력관계라는 개념에 대하여 알아보자. 권력이란 사람들에 부여된 어떤 특성도 아니며 특정지위에 신비롭게 부여되어 양으로 표현할 수 있는 것도 아니다. 권력이란 관련된 사람들로 하여금 하나의 목표를 달성하도록 개인적인 목표를 조절하게 하는 관계성이다. 실제적으로 어떤 사람들은 다른 사람보다 많은 권력을 가지고 있으나 그렇다고 절대적인 권력이란 없다고 보아야 한다.

A는 B와의 관계를 설정하면서 구체적인 목적이 있다. B로 하여금 자신의 행동반경에 의존하도록 하는 것이다. 그러나 B는 자신의 목적을 달성하는 여러 수단들이 있다. A의 요구에 대하여 B가 구사할 수 있는 행동반경은 A로 보면 B의 불확정 영역이 되고,

그 범위 내에서 B는 A와의 관계에서 힘을 발휘할 수 있게 되는 셈이다. 따라서 개인이나 집단의 힘은 상대적 관련성 하에서 그가 보유한 불확정 영역의 크기와 비례한다고 볼 수 있다. 이 불확정 영역이란 아무런 것이나 해당되는 것이 아니고 상황에 적합한 의미가 있는 것이다. 다시 말하면 특정문제를 해결하는 데에 있어서 상대편의 이해관계에 영향을 줄 수 있는 자신의 행동반경을 의미하는 것으로 이것이 상대방에게 영향력을 행사할 수 있는 힘이 된다. 이 불확정 영역, 즉 힘의 원천이 되는 것은 예를 들면 다음과 같은 것이 있다. 내부 커뮤니케이션, 외부 커뮤니케이션, 전문성과 정보의 공유, 일반적 조직운영 규율의 활용 등이다.

⑤ 이렇게 보면 구성원간의 관계는 힘의 역학이 작용하는 협상이며 협력과 상호간의 주고받음은 단순한 접촉이 아니다. 협상이며 전략적인 게임으로서 이 안에서 서로가 영향을 주고 있는 관계이다. 이러한 협상은 부분적으로는 구조화되어 있지만 (제도, 절차, 규율, 공식적 권위 등) 개개인 모두가 어느 정도 나름대로의 행동반경이 있기 때문에 전적으로 그렇다고 할 수 없다. 반면 개인간의 관계는 일반적으로 지속적이며 정형화되어 있다. 이 지속적으로 어느 정도 정형화된 관계에 의하여 협상과정에서 자신의 행동반경을 활용하는 법을 차츰 구조화시켜 나간다. 개인은 그가 처한 환경과 타인의 행동전략 그리고 게임의 규칙을 고려하여 행동전략을 설정한다. 이렇게 사람들은 상호관련이 있는 어느 정도 정형화된 행동전략들을 통하여 구조를 만들어 가고 있다.

3. 조직실체의 성격

조직실체의 성격은 첫째로는 개별적인 특수성이 있고 매우 불확정적인데 그것은 구성원이 나름대로의 자율성을 갖고 개인적인 안목으로 현실을 파악하여 개인적인 행동전략을 수립하기 때문이다. 또한 나름대로 특수한 다른 게임에 의하여 영향을 받고 있다.

두 번째로는 어느 정도 안정적이라는 점이다. 사람들은 나름대로 적절한 행동양식이 있다. 경험적으로 보면 행동양식이 규칙성을 갖고 있는데 이것으로 개인의 행동전략을 파악할 수 있다. 규칙성이 발생하는 이유는 모든 사람들은 보호가 필요하기 때문이다. 사람이란 특히 사회적 학습과정에서 항상 새로운 문제를 야기하고 실험하여 갈 수만은 없다. 사람들은 매번 자신의 행동반경 내에서 새로운 협상을 해 나가며 게임을 풀어 가는 과정

자체를 변경할 수는 있으나 결국은 서로간에 관계를 맺어가면서 정형화시켜 나간다. 개개의 조직실체는 조직 전체의 한 요소이다. 이것은 공식 조직에 의해 영향을 받고 있으나 그것과 다른 이유는 최초에 설정된 문제를 당사자들이 일정한 방법으로 풀어가는 과정에서 그 문제 자체가 변형되어 가기 때문이다. 그래서 조직이란 당사자들에 의해 구체화된 행동과정에서 새로이 설정되어진 문제라고 보아야 한다.

1) 조직실체는 게임들의 유기적 결합체이다.

조직실체는 게임들의 유기적 결합체로서 다음과 같은 특징이 있다.
- 제약 : 게임의 규칙에 있어서 어기면 제재가 따른다.
- 개인은 나름대로의 행동반경이 있다.
- 이해관계에 얽힌 핵심 사안이 있다.

게임에는 규칙이 있어서 당사자들은 다음 사항을 계산한다.
- 이기고 질 확률
- 이기거나 피해를 최소화 할 일련의 전략들
- 전략들 가운데서 선택의 범위

'게임'이라는 개념에서 보면 당사자들의 행동이 보다 선명하게 이해된다. 개인은 나름대로 행동하면서 자신의 이익을 추구하여 가며 이러한 가운데 싫든 좋든 집단의 목적이 수행되도록 자신들의 행동전략들이 제한되고 조절되어 간다. 구체적으로 어떤 게임이 있는 것일까? 우선 공식적인 게임이 있다(예산, 신제품 개발 등). 이러한 게임의 주제나 규율은 공식 조직의 일부여서 특히 가시적으로 드러나고 있다. 그러나 이것이 모두는 아니며 항상 가장 중요한 게임이라고 할 수는 없다. 조직의 실체를 구성하는 일련의 게임들은 사전에 확정되어 드러나 있는 것이 아니며 외부인이나 내부구성원에게 조차 가려져 있을 수도 있다.

이것을 찾는 방법은 다음과 같다. 협상에 의한 사람들간의 관계성에서 찾아지는 것으로서 '불확정 영역'을 중심으로 형성되고 있다. 또한 조직이 공식적으로 어떻게 움직여야 한다는 조직체계와 규율이 권력관계가 형성되어 가는 場을 결정짓기도 한다. 특정행동이 보다 선명하게 수행되도록 절차를 마련하게 되는데 이것을 출발점으로 하여 조직의 불확정 영역이 발생하고 이에 따라 개인과 집단은 자신들의 적절한 행동전략을 세워나가고 권력관계들을 형성하여 간다. '불확정 영역'이란 개념이 적절한 표현이다. 왜냐하면 게임들이란 관계성에 의하여 형성되어지는데 이 관계성조차 다른 게임들을 수반하기 때문이다. 관계성과 마찬가지로 게임들도 부분적으로는 공식조직에 의하여 정형화된다. 그러나 개인들은 나름대로의 행동전략으로 게임을 풀어나가는 과정을 설정하는데 게임자체가 지속적이면 게임을 풀어 가는 과정도 정형화되어진다. 사람들이 만든 이 게임과 게임을 풀어 가는 과정이 조직의 실체이다.

2) 게임들과 게임들을 풀어가는 과정에 대한 규제

조직에 대한 이해는 조금 더 세밀하게 관찰하여야 한다. 왜냐하면 조직은 게임들과 게임들을 풀어 가는 과정들의 단순한 집합이 아니기 때문이다. 이것들은 여러 가지 요인들에 의하여 영향을 받고 있다. 지속적인 관계 속에 살아가는 구성원들은 관계를 끊어 버리기를 주저하고 수정받기를 바라고 있다. 구성원들은 상대방이 암묵적으로 합의한 행동양식에서 벗어나거나 관계를 저버리려고 하면 상대에게 벌을 가하는 수단을 강구한다. 이처럼 구성원들이 설정한 구조는 거꾸로 구성원들의 행동반경에 제약을 가한다.

게임을 풀어 가는 과정들은 서로간에 영향을 준다. 판매하는 사람들이 고객들과 갖는 관계가 기업 내에서의 관계에 영향을 주고 역으로도 그렇다. 이렇게 구성원들 모두가 상호관련이 되어있다. 대부분의 경우 외부환경이 변하거나 구성원이 변하여도 조직 자체는 어느 정도의 안정성을 지속한다. 이 안정성이 있다는 자체가 조직을 규제하는 힘이 존재한다는 것을 의미한다.

요약하면 개인의 행동과 인간관계들은 공식조직에 의하여 전적으로 규제된다고 할 수가 없으며 조직의 현실이란 게임들, 게임들을 풀어 가는 과정들 그리고 규율의 메커니즘들로 이루어진다. 공식조직과 조직실체에는 연관성이 있다. 전자는 후자를 결정짓는 것이 아니라 영향을 준다. 다시 말하면 조직과 규율은 잠정적인 유기적 결합체를 구성함으로써 그 안에서 구성원들은 제한된 범위 내에서 가용자원들과 협상능력을 나름대로 구사하도록 하여 일련의 목적을 추구하여 간다.

현실성을 잘 감안하지 않는 이론들을 가지고 조직을 파악하면 '기대하지 않은 반응'을 포착하지 못한다는 것이 크로지에 조직론의 핵심이다. 조직 실체를 움직이지 않고 조직실체가 움직이고 있는 일련의 제약조건들만을 변경한다는 것은 결국 기대하지 않는 반응을 불러일으키는 결과를 초래한다. 대부분 조직에서 나타나는 현상들은 사람들로 하여금 바람직하지는 않지만 그나마 좀더 나은 상황으로 갈 수 있도록 적응하게 만들고 있다. 우회적인 의사결정, 방해, 비합리적 반응 등. 크로지에의 눈으로 보면 이러한 현상들은 이해되어야 하며 이것을 통하여 조직 실체가 움직이는 현실을 볼 수 있게 한다. 이해한다고 문제가 해결되는 것은 아니지만 맨 처음 하여야 할 필요한 작업이다.

1. 이 내용은 프랑스 Aix Marseille 3 대학에 계신 Romelair 교수가 Crozier 교수의 이론을 요약 정리하여 학생들에게 나누어준 교재의 일부분을 번역하여 발췌한 것이다. Crozier의 대표적인 저서로는 "Phenomene Bureaucratique"와 "Actors & Systems"가 있다.

2. Max Weber는 타인을 복종시키는 힘의 근거는 전통, 카리스마 그리고 합리성에 있다고 한다. 이 합리성을 법제나 규율 또는 절차화 시킨 것이 관료제 모형이다. 이것의 특징은 이념형 (ideal type)라는 데에 있다. 독자는 관료제 모형의 출처를 보고는 그 의미의 중요성을 자뭇 실감할 것이다. 만일 우리사회가 또는 어떤 조직이던, 합리성과 그것을 제도화한 법제와 규칙이 없다면 어떠한 혼란을 겪을 것인지 쉽게 짐작이 간다. 그런데 우리들이 흔히 쓰는 말에는 관료적이다라는 표현이 있다. 그 의미는 과잉동조, 서면주의와 형식주의, 무사안일, 행정의 독선, 인간성 상실, 변동에 대한 저항…등이다.

학자들은 오랫동안 진짜 관료제적(Weber)이지 못하고 통속적인 의미의 관료제의 병폐가 발생하기 때문에 진짜 관료제적인 조직을 만들어 내기 위하여 어떤 노력이 필요한 것인지를 연구한 것이다. 이점을 오해하면, 진짜 관료제적인 것들마저 부수어 버리거나 그런 노력을 기울이는 대신, 비합리적인 힘에 의한 무분별한 조직운영으로 대신할 위험이 있다.

Merton은 규칙의 엄수는 형식주의를 가져오고, 그 규칙이 그들이 달성해야 하는 조직의 목표

보다 더 중요시됨으로서 수단이 목표로 치환되는 역기능이 있다고 한다. Selznick은 수단이 목표로 치환되는 이유를 Merton과는 달리 권한의 위임이 전문능력에 대한 훈련의 양을 많게 하여 이해관계가 분리되는 역기능을 설명하고 있다. Gouldner는 규칙이란 고위층이 원하는 것 이외에도, 그들이 수락할 수 있는 최저수준(minimum level)도 함께 규정하여 책임회피의 수단이 되는 역기능이 있다고 설명하고 있다.

Crozier가 파악한 관료제의 역기능은 조직 내에 내재하는 구성원간의 game으로 설명되고 이것을 조직의 실체로 보고 있다. 조직의 실체는 조직의 공식적인 rule을 기축으로 조직구성원들 간에 game상황이 벌어지고 이 모종의 game-rule이 좋은 것이던 나쁜 것이던 조직의 실체를 구성하고 있는데, 어떠한 형태의 조직개발(Weber의 모형을 포함)도 조직의 이러한 현실을 도외시하고 넘어갈 수 없다는 것이다. 또 그래서는 안된다는 당위론적인 주장보다는 실질적으로 현존하는 game-rule을 어떻게 바람직한 방향으로 변화시키느냐가 핵심적인 사안이라는 것이다.

Q & A Q & A Q & A Q & A Q & A Q & A Q & A Q & A Q & A

Q : 개인의 행동전략의 목표를 힘(power)의 증강에 의한 영향력 범위의 확대에 있다고 하는데 힘의 원천이 왜 불확정적 영역이라고 하십니까?

A : 불확정적 영역이란 우선 나와 관련 있는 당사자의 입장에서 보면 불확정적이다라는 의미입니다. 당사자의 입장에서 어쩔 수 없이 받아들여야하는 가변적인 요소를 의미합니다. 그리고 그 가변성에 의하여 당사자의 이해관계가 상당히 달라질 수 있는 것이라면 나는 당사자에게 상당한 힘을 발휘할 수 있는 상황이라는 것입니다. 예를 들면, 내가 누구의 비리를 알고 이를 고발할 수도 있고 그냥 넘어갈 수도 있다면(불확정적 영역), 나는 당사자에 대한 힘(영향력)이 있다고 볼 수 있습니다.

이 힘의 원천은 여러 가지 입니다. 조직의 공식적인 권한도 있고 남들이 넘볼 수 없는 전문성, 또 조직의 외부와의 접촉과정에서 발생하는 information과 negotiation의 폭일 수도 있습니다.

Q : 그렇다면 직원들 간의 담합으로 조직의 실체가 구성된다는 것입니까?

A : Game-rule을 규제하는 또 다른 mechanism도 존재합니다. 개인간의 담합이 조

직에 부정적인 영향을 미치고 그것이 드러나면, 직원들간에 또는 조직의 長, 아니면 사회적인 압력에 의해 변화합니다.

Q : 모든 사람들이 이렇게 전략적입니까?

A : 정도의 차이가 있고 그 정도가 미미하면 사실 전략적이라고 표현하는 것이 부적절합니다. Sainsaulieu씨의 연구에 의하면, 전략적 행동 패턴은 관리직과 영업직에게 두드러진 특징이라고 합니다.

Q : 정신병자도 그의 행동이 합리적입니까?

A : 병적인 사고와 행동으로 충격을 회피해야 한다는 전략적인 행동으로 보면 그것이 무의식이긴 하나 합리적이라는 것이지요. 그러나 이런 것까지 합리적인 범주에 포함시키는 것은 확대 해석입니다.

Crozier의 이론을 관리직과 영업직 정도로 또 조직생활 정도로 국한해서 해석하면 무리가 없을 것입니다. 그리고 프랑스보다는 우리 나라가 덜합니다. 다른 범주에 속하는 사람들의 사고와 행동패턴은 Sainsaulieu씨의 "Identite au Travail"를 참조하십시오. 또 졸저 "기업문화와 성과급 ; (1993 한국노동연구원)" 31, 32 쪽을 참조하십시오.

Q : Crozier의 이론이 웬지 생존경쟁을 부추키는 성향이 보이는데요?

A : 그렇습니다 프랑스 정치학자중 Alain Tourane가 좌파를 대변하고 Crozier가 우파를 대변합니다. 개인적으로는 Crozier의 아이디어를 이어 받아 노동자 생활까지 하였던 Renault Sainsalieu를 더 좋아합니다. 그리고 이 책의 근간이 되는 개념들은 Touraine의 개념들이기도 합니다. 그렇지만, 좌파든 우파든 Crozier가 이 부분을 설명한 틀이 워낙에 탁월합니다. 이념을 따지기 전에 좋은 것은 배우는 것이 더 중요합니다.

15장 노사관계와 Taylorism의 유용성
「과학적 관리법은 알고보면 협력적 노사관계의 토대이다」

1. 협력적 노사관계의 핵심

우리 나라에서의 협력적인 노사관계의 가장 큰 장애 요인은 전국차원에서의 민노총의 문제였다.(졸저, "신경영과 현장노사" 참조) 그런데 개별 기업으로 보면, 전국적인 차원이 어떠하던, 종업원들을 꾸준히 합리적인 방법으로 대하는 것 이외의 다른 뾰쪽한 수가 없어 보인다. 노사협력이 잘 되고 있는 기업에 가보면, 경영자는 근로자에게 합리적으로 대하고 꾸준히 그들의 애로사항을 들어주며 노조가 어떻게 나오던 비합리적인 대처를 안하는 것이었다. 노사관계에서 노동조합과의 관계인 집단적인 노사관계의 근원은 개별적인 노사관계에 있다. 다시 말하자면, 종업원에게 가장 중요한 문제는 자신들의 인사와 근로조건에 관한 문제이다. 따라서 협력적인 노사관계의 기틀은 우선 인적자원 관리를 합리적으로 하는 데에서 출발한다.

그런데 이러한 문제는 인사부서의 일이라기 보다는 현장관리자의 권한과 책임이 더 크다. 이를 두고 '현장 노사관리'라고도 한다. 다시 말하자면 현장의 관리자들이 노사관계의 문제를 해결하려고 앞장서야 한다는 것이다. 다른 한편으로는 선행관리를 강조한다. 문제가 발생한 후에 해결하려하지 말고 문제가 발생하지 않도록 미리 미리 조처하는 것이고, 또 들어 주어야할 노조의 요구조건은 미리 들어주라는 것이다.

이러한 일반적인 것들 이외에 현재진행중인 노사관계의 새로운 측면은 기업의 경영혁신과 밀접한 관계가 있는 것이다. 잘 보면, 협력적인 노사관계는 기업체에서는 참여를 바탕으로 하는 생산성운동과 맥을 같이 한다. Toyota의 Lean 생산방식과 Volvo Kalmar 공장의 Sem-autonomous 그룹은 유사하다. 전자는 신경영기법 그리고 후자는 work-place democracy라 불린다.[1] 미국의 Saturn공장에서는 노 · 사 합동 프로그램으로 유사한 형태의 QWL이 진행된다. 따라서 협력적인 노사관계의 실제적인 기법들은 현재 기업들이 구사하는 신경영기법과 유사하게 나타나는 것이다.

이 문제를 제대로 소화하는 것이 경영과 노동 모두에게 필요한 것으로 향후의 활로에 중대한 영향을 준다. 이 신경영기법들의 내부 mechanism은 9장 각주 3에서 설명하였듯이 Neo-Taylorism인 것이다. 이것의 의미파악과 적절한 해석이 문제 해결의 관건이 된다.(지면관계상 충분한 설명이 생략되었다. K이론의 전체흐름에서 파악하길 바란다.) 테일러리즘은 경영학의 반세기 동안 비인간화의 대명사로도 불려 왔다. 그러나 노사협력의 경영내적인 조건으로는 테일러리즘으로의 회귀가 아니라 재출발로 결론짓는데, 그 이유는 다음과 같다.

2. 新 테일러리즘의 有用性

가. 노동생산성

인류가 고안해 내었던 산업체 운영의 방식은 다양하였다. 협동조합운동, 볼셰비키 혁명후의 스탈린 체제 그리고 이것과는 다른 사회주의 운동 등 많은 형태의 아이디어도 현실적 실험은 역사적으로 생존과 번영의 시험대를 거치게 된다. 결국 노동생산성의 저하는 체제의 붕괴를 수반하고 있다. 기업체 내에서도 노동의 인간화(QWL), 산업민주주의 등의 다양한 프로그램 그리고 생산성 향상을 직접 겨냥하는 QC와 TQM 등도 현실적 타당성을 갖추려면 제 1차 조건이 노동생산성의 증가에 있는 것이다. 이렇게 보면 생산성을 높여 공평한 분배를 통한 산업평화를 지향하고 있던 테일러의 사상과 기법은 오늘날에 있어서도 우리 나라의 현실에 긴요한 요소임에는 틀림없다.

일류인간, 즉 적재적소에 배치되어 자신의 역량을 충분히 발휘하고 또 하나 하나 동작까지도 자세한 연구를 통하여 작업장에서의 피로를 줄이고 가장 효율적인 작업방식을 찾아내어 산업체내에 정착시키려 했던 테일러의 시도는 산업민주화의 여러 가지 프로그램에 노동생산성의 향상이라는 일차적 조건을 시사하고 있다.[2]

나. 직무에 대한 과학적 관리

J.Pfeffer는 현대기업에서 인적자원의 관리가 경쟁력의 가장 중요한 원천이라고 말한

다. 그러나 그는 인적자원의 개발은 막연히 인력에 대한 투자 또는 인간존중과 같은 의미로 인사의 중요성을 말하는 것은 아니다. 그는 인력개발은 TQM과 같은 구체적인 작업과정에서 출발하여야 한다고 한다. 우리들은 지나치게 이분법의 사고에서 헤메이고 있다. 인간관계라고 하면 공식적인 사내의 질서와 작업과정 이외에서의 비공식조직(informal group)을 생각하고 인적자원의 개발은 많은 자격증을 양산하는 것으로 간주될 수도 있다. 그러나 인간관계는 회사의 생산성 향상을 위한 communication의 활성화를 위하여 그리고 인적자원의 개발은 직무의 원활한 수행을 위하여 추진되어져야 한다. 금전적인 보상과 비금전적인 보상도 구분한다. 그러다 보면 기업문화운동은 의식적인 것과 정신적인 것만을 강조하여 그것이 애초에 목적하였던 작업방식의 합리화와 개개인의 작업 내에서의 구체적인 행동에 파고들지 못하고 캠페인에 그치고 만다. 우리의 조사에서도 기업문화운동의 가장 치명적인 결함이 구체적인 내용을 결여하고 있는 것으로 나타났다. 그것은 기업문화운동의 방향을 설정하는 이유가 대부분 테일러리즘을 공박하고 그것과는 다른 대안을 내놓는 과정에서 작업장 내에서의 구체적인 문제를 떠나 포괄적인 의미를 신기루처럼 창출하려 했기 때문으로 보여진다.

그러나 QC나 TQM 또는 리엔지니어링 같은 작업이 알고 보면 테일러리즘 때문에 파생한 문제를 개선하고 있는 것이 아니라 테일러리즘이 제대로 정착되지 않아서 발생하는 문제를 개선하여 야 하는 실정이다. 설문조사 결과를 보더라도 문제의 출발은 공장 내의 비인간적인 인간관계에 있는 것이 아니라 구체적인 작업이 준비되고 할당되며 설명되어지고 그에 따른 합리적 보상이 뒤따르지 않기 때문이다. 물론 채플린이 묘사하였던 지나친 작업의 세분화와 표준화에 따른 작업수행의 단조로움과 이로 인해 거대한 공장의 부품으로 전락하는 비인간화를 걱정하지 않는 바는 아니나, 적어도 현재 우리 나라에서 벌어지고 있는 문제 또는 작업방식의 불만요인은 잘 정돈되고 계획되어지지 않는 무질서에 더욱 기인한다고 볼 수 있다. QC이건 TQM이건 또한 리엔지니어링이건 간에 우선 직무관리의 기본적인 골격을 과학적으로 체계화 시켜놓은 이후에 이에 대한 개선책과 미비점을 보완하여야 한다. 그래서 대부분 QC이건 TQM운동이건 작업수행에서의 불만과 모순을 단편적으로 제기하고 수정하는 역할에 그치고 있는 것이다.

미세한 표준화가 필요하다는 의미가 아니라 테일러리즘이 추구했던 과학적인 방법의 기초적인 작업이 한층 더 강화되어야 하고 이러한 노력은 노동의 인간화에 배치되는 것이 아니라 오히려 QWL의 기본이 될 수 있다는 점을 인식하여야 한다.

다. 거시노동운동과 테일러리즘

테일러리즘의 결함은 거시적 노동운동의 역동적인 행동전략을 제공하고 있지 못하고, 갈등구조 속에 빠진 노사관계의 현실적인 모순을 선량한 양심과 자각에 호소한점이다. 그러나 노동운동이 테일러리즘을 직접적으로 공박할 필요는 없는 것이다. 이 테일러리즘 때문에 거시적인 노동운동이 저해되지는 않는다. 전술적으로 생산성 향상운동 과학적인 관리, 성과급 등을 노동운동이 반대할 필요는 있지만 장기적으로 이러한 반대는 그 표적이 빗나간 것으로 보이고 이러한 반대의 논리로는 노동운동은 지속적인 동력을 상실하게 된다.

노총과 민노총, 특히 민노총이 현재 반대하고 있는 신경영기법은 고도의 사변이 깔려있기 때문에 흑백논리로는 대항하기 힘들다. 그것만으로는 노동자의 탄압 내지는 무력화의 수단이 아니기 때문이다(프랑스 CFDT의 입장). 테일러리즘의 변함으로 나타나는 신경영기법을 통한 협력적 노사관계와 생산성 향상은 그것 자체보다는 주변변수, 즉 제3자 개입 금지와 복수노조 설립불허 또는 노조의 정치참여불허라는 외생 변수 때문에 노조의 반대가 더 증폭되었다고도 볼 수 있다.

테일러리즘은 거시 노동운동에 장기적인 방향을 시사한다. 노총이 경영참가를 주장하고 나선 것(1995. 5. 1.)에는 생산성 향상운동에 노조의 참여를 북돋우는 정책도 반영되고 있다고 할 수 있다. 물론 노총이 지향하는 바는 경영참가를 통해 인사와 사업체의 경영에 노동자의 발언권을 강화하겠다는 의지가 주종을 이루고 있으나 고무적인 면도 있다. 노동운동은 장기적으로는 테일러리즘을 잘 소화해 내야 국민적인 공감대와 지지를 얻고 사내에서의 역할도 증대시킬 수 있다.

라. 테일러리즘과 성과배분

테일러가 말한 차별성과급제도는 그대로 우리 나라 기업체에 적용하기는 무리이고 또 테일러 자신이 오늘 우리 나라 상황에서 꼭 자신이 공표 했던 계산의 수식을 고집하지는 않을 것이다. 그 기본적인 아이디어는 개인별 능력과 업적에 따른 차등이 필요하고 또 기업의 성과를 나누어야 한다는 것으로 볼 수 있다. 개인별 차등화는 정도가 문제이다. 지나친 경쟁을 유발하는 것은 근로자와 노조에게 불리할 뿐만 아니라 경영자에게도 조직의 화합과 통합에 지장을 초래한다.

상황이 달라져서 우리 나라 근로자들도 연공만에 의한 임금지급과 조직운영 방식에 반대하는 의견이 더 많다. 임금지급방식과 조직운영방식은 생산성에 따라 어느 정도 분배의 차등이 고려되어져야 하고 또 기업의 성과는 생산성에 따라 근로자들에게 어느 정도 분배되어져야 한다. 테일러의 수식은 기업성과라 하더라도 근로자의 기여분(contribution)에 대한 보상으로, 성과배분으로 보면 이익분배(profit sharing)보다는 부가가치에 대한 이윤분배(gain sharing)의 의미를 강조하고 있다. 이 제도의 시행은 운영의 묘를 필요로 하나 향후의 개선방향을 제시하고 있다는 점에서 의미가 있다.

우리는 흔히 물질적 보상보다는 직무자체나 정신적 보상이 보다 고상하다는 뉘앙스를 풍기는 언어를 많이 구사한다. QC나 TQM또는 기업문화운동에서도 그 보상을 정신적인 것으로 미루는 것이 대부분이다. 아직까지 경영혁신운동 자체의 추진과 과정이 임금지급방식과 잘 연동 되지 않고 있다. 물질과 가치가 돈으로 표현되는 기업세계에서는 이 양자는 잘 구분되어지지 않는다. 가치는 돈으로 표현되는 상대적 가치체계의 세계이기 때문이다. 구태여 양자를 구분해 본다면 물질적 보상이 뒤따르지 않는 정신적 보상은 의미가 감소할 뿐만 아니라 지속적인 효과가 없고 대부분 내용이 없는 것으로 간주된다. 테일러의 성과배분은 이 시대에도 필요하다.

마. 산업평화와 테일러리즘

테일러리즘이 지향하였던 산업평화는 분배의 몫을 과학적 표준에 의하여 산정하여 합리적으로 분배하고 그 기초가 되는 부가가치의 크기를 과학적 관리에 의해 증대시킨다는 것이다. 국내기업에서도 협력적인 노사관계의 대표적인 사례는 경영의 합리적인 운영이 협력적인 노사관계 형성에 큰 요인이 되고 있음을 입증한다(한국전자. 한국소니 등). 경영정보를 공개하고 인사와 사업장 운영에 대하여 최고 경영자는 왜 이렇게 하느냐를 설명하는데에 인색하지 않고, 또 실제로 합리적인 운영을 추구하고 있다.

이 점은 권위적인 운영방식에서 민주적인 운영방식으로의 이동을 의미하기도 한다. 민주적 운영방식은 설득력을 전제로 하고 있는데 설득력의 기반이 합리성에 있기 때문이다. 우리가 목격한 모범 노사협력업체의 경영자는 모두 이러한 합리적인 성향이 두드러지고 있다.

바. 숙련 노동자와 과학적 관리

또한 테일러의 과학적 관리의 내용에서 주목할 만한 부분은 과학적 관리의 표본이 숙련노동자의 동작과 의견에 있다는 점이다. 시간동작연구를 전문가가 하게 되는데 이는 숙련노동자로 하여금 그의 경험을 살려 어떻게 동작하는 것이 가장 능률이 오르고 피로를 덜하게 할 수 있는가를 말하며 실제로 해보도록 하여 전문가적인 입장에서 조언을 하여 수정하도록 한다. 또한 이러한 동작을 다른 사람들이 재현할 수 있도록 표준화시킨 것을 근거로 과학적 관리가 시행된다. 이처럼 숙련노동자의 의견과 경험이 과학적 관리의 가장 중요한 토대가 되고 있다.

우리 나라에서도 현재 생산성 향상에 숙련노동자의 동작과 경험을 최대한으로 살려내는 것 이상의 방법은 없어 보인다. 리엔지니어링과 공장자동화(FA : Factory Automation)가 실패하는 사례가 많은데 그 주요 원인이 외부전문가가 단순히 작업흐름만을 보고 자동화하거나 컴퓨터 활용을 설계하고 이를 노동자에게 교육시켜 적응하도록 하는 기계구조 위주의 개선책에 있다고 할 수 있다. 일본의 경우 대부분 공정개선의 출발은 현장근로자, 특히 숙련노동자의 제안에 의존하는 경우가 많아 이때 매우 현실적이고 실용적인 개선 안이 나오는 것과는 대조적이라고 할 수 있다.

사업장에서의 교육 · 훈련 또는 숙련형성과정에서 직업훈련과 외부의 교육만으로는 불충분하고 현장학습(OJT)이 최종적인 마무리를 짓게 되는데 이때 숙련노동자는 교사로서의 역할을 해내야 한다. 이들의 동작을 반드시 시간과 동작연구를 통하여 표준을 산출한다는 의미보다도 숙련노동자의 경험과 의견을 반영하여 제도적으로 교육 · 훈련과 실제의 운영에 활용하는 것이 긴요하다. 설문조사에서도 나타난 바와 같이 직무에 대한 충분한 연구가 미비하고 또 이것을 토대로 인사관리와 사업장 운용이 체계화 되어있지 못한 상황이다. 이런 때에 숙련노동자의 직무수행 방식을 토대로 사업장 운영을 체계화하는 일이 경영혁신의 기본이라고도 할 수 있다.

3. Neo-Taylorism의 한계와 극복방안

테일러리즘에 대한 지나친 강조가 본 연구의 전체적인 윤곽을 흐릴 수도 있다. 신테일러주의 만으로는 미비한 두 가지가 있는데 하나는 노사협력공동위원회를 만들어 노조의 조직전체에 파트너쉽의 권한과 책임을 부여하는 문제이고, 다른 하나는 조직실체의 정치적인 변수에 대한 처리이다.[3

가. 노사협력공동위원회[4

Meek교수(Brigam Young University)가 제안하는 방법은 노사의 파트너쉽을 보증할 평행적인 노사조직을 운영하는 것이다. 그는 노사 파트너쉽의 1단계로서 '노사합의서'를 작성할 것을 제안한다. 합의서의 개발은 상호이해의 증진, 실패자 – 승리자의 관계에서 승리자 – 승리자 관계로의 전환 그리고 협조적인 문제해결을 대내외 신뢰구축에서 출발하는 것이다. 이 합의서를 토대로 파트너쉽의 노사평행조직 체계를 만들어, 협조노력의 지도자적 위치는 노사 동수의 노사협의회 혹은 추진위원회에 두어 모든 협조파트너쉽의 활동을 지도하고 조정한다. 추진위원회는 소위원회와(문제 해결팀) 과업위원회를 구성하여 구체적인 노사협력 문제들을 풀어간다.

현재로서는 우선 노사협력공동위원회의 구성자체가 우리 나라 기업에서 노사협력의 조건으로 등장하고 있지 않으며 노조의 경영참가는 노총의 주장보다 사업장에서는 훨씬 미비한 수준에서 제기되고 있다. 향후 우리 나라 노조와 노동운동권이 이 문제를 어떻게 주장하고 나설지는 의문이지만 현재로써 노사협력의 분위기를 조성하는 데에는 절박한 문제로 부상하고 있지는 않다. 다만 勞使不二와 같은 협력선언을 한 사업체 등에서 독일 Opel사 또는 서구의 例에서와 같은 보다 구체적인 공장협조 또는 노사공동선언문이 나와 주기를 기대할 수는 있다. 그리고 장기적으로 볼 때 캠페인 위주의 이러한 행사들은 곧이어 실질적인 내용이 뒤따르고 바람직하게는 실질적인 경영참가가 이루어진다면 보다 생산적인 노사협력의 기반이 구축될 것으로 생각된다. 경영외적으로는 노조설립의 자유와 제3자 개입과 정치참여의 합법성 등으로 말해줄 수 있는 노동조합의 헌법적 권리가 부여될 때 협력적 노사관계의 조건이 더욱 성숙할 것으로 보인다. 이러한 문제가 테일러리즘과 신경영의 논의에서 다루어지지 않는 주제로서 현재 우리 나라의 상황에서 신경영과 협력적 노사관계의 정착에 주요한 장애로 나타나는 현상이다.

나. 조직실체의 파악[5

다른 하나는 조직실체의 정치적인 움직임이다. 흔히 기대하지 않은 효과로 표현되는 조직내의 개인과 집단이 벌이는 전략적인 행동에 대한 고려이다. 이 점에 있어서는 현재 우리 나라 기업인과 노조 모두 의식적으로 그 대처방안을 체계적으로 검토하고 있지 않아 보인다. 기업의 정치역량이 노사관계에 미친 영향이 매우 큰 사례는 H그룹에서도 잘 나타나고 있다. 우리 나라 기업체의 노무담당 또는 인사담당자의 정치적인 역량은 매우 낮게 평가할 수 있다. 단선적인 이데올로기 하나만으로 이러한 문제를 대처하는 경향이 많고 노동정책 역시 공안차원 내지는 성장의 저해요인이란 단순논리로 대처하고 있으며, 이전에도 그랬으나 향후로도 조직내외의 정치적 움직임에 대한 총체적인 인식이 필요한 부분이다. 또한 특정 이념을 중심으로 한 정치적 움직임뿐만 아니라 계층간, 직급간의 개인적인 전략적 움직임에 대한 무관심 내지는 통합적이고 획일적인 대처는 기업경영의 큰 흐름에 대한 적응이냐 아니면 갈등의 유발이냐 라는 흑백논리로 조직체의 분위기를 몰아갈 위험이 있다. 신경영기법으로 지배이데올로기를 기업문화 등을 통해 조직구성원 전체에 확산함으로써 실질적으로는 명료한 의식의 발달을 저해하고 개성을 가진 구성원의 자발적이고 민주적인 참여를 통한 생산성 향상과 협력적인 종업원 관계를 이끌어내는 데에 한계를 노출하고 있다. 이러한 현상은 신경영 기법자체가 원초적으로 갖고 있는 반민주적 특성 때문만은 아니며 이 기법을 구사하는 방법과 현재의 기업내외의 분위기에 의해 크게 영향받고 있는 것으로 풀이된다.

4. 정책방향

이제 미비하지만 지금까지 검토된 사항을 토대로 정책적인 시사점을 도출하면 다음과 같다.

1) 노동운동

노동운동에 대한 시사점으로는 생산성 향상을 기하는 신인사제도, 기업문화, TQM 등을 거부하느냐 수용하느냐의 양자선택보다는 사안별로 검토하여 구체적인 하나 하나의 문제에 대하여 필요하면 적극적인 참여를 하는 것이 바람직하며 이러한 과정을 통하여 오히려 노조의 결속력과 노동운동의 활로를 열어가야 할 것으로 보인다.

지금까지의 논의로 본 연구에서 신경영기법은 신테일러주의 성격을 갖는 것으로서 이러한 기법을 반대하는 것은 생산성 향상을 기해야 하는 현재의 시국에서 국민적인 공감대를 잃을 뿐만 아니라 장기적으로는 기업의 존립기반이 침식당하여 노사 모두에게 치명적인 손실을 가져다 줄 우려가 있다. 이러한 기법은 어떻게 활용하느냐에 따라 심지어는 극좌의 수단으로도 쓰이고 극우의 수단으로도 쓰인다. 따라서 기법자체가 문제되는 것이 아니고 상황과 기본적인 발상에 대한 충분한 검토가 필요하며 개별적인 대처가 요구된다. 문제는 보다 복잡하다고 할 수 있다. 그러나 노동운동은 이 문제를 피해갈 수 없는 어려움이 있다. 정면으로 성실하게 대처하는 방법밖에 없고 무조건 거부 또는 무조건 수용이라는 단순논리를 쓰기에는 이미 기업경영의 내외환경이 너무나 많이 변해있고 또 급속하게 변화하고 있다.

노동운동이 힘들어지고 있다. 신경영기법을 소화해내야 하는 반면 점증되는 소비자문화는 노조원의 정체성을 함몰시켜가고 있다. 노동운동의 문화적인 정체성은 본 연구의 일차적인 관심 밖이므로 논의를 뒤로 미룬다. 그러나 정치적인 관점에서 노조의 조직체를 기반으로 경영에 대한 공존체제를 엮어가야 할 필요가 있다. 개별적 근로관계로 분화되어 가는 추세에서 집단적 노사관계의 기반을 확충하려면 수동적 자세보다는 능동적으로 생산성 향상과 근로복지의 개선에 앞장서 나가면서 공(功)을 조합의 역량으로 과시하여야 한다.

2) 경영

경영의 역할이 가장 크다. 경영이 해야 할 과제는 크게 세 가지로 말할 수 있는데, 첫째는 업무를 중심으로 한 기법의 연계이고 둘째는 어떠한 여건이건 협력적인 노사관계를 위한 지속적인 노력을 하는 것이며 셋째는 노조의 경영참여에 대한 역할을 인정하는 것이다.

우선, 경영은 업무를 중심으로 기법을 연계시켜 나가는 것이 중요하며 이것이 테일러리즘이 강조되었던 큰 이유중의 하나이다. 기업경영의 구체적인 현장은 업무를 중심으로 파생되고 있기 때문에 기초적인 정비를 해놓고 이에 상응하는 각종 경영혁신 운동을 전개해 나가야 한다. 우리 나라 경영혁신운동의 가장 취약한 부분이 바로 이 점이고, 따라서 업무와 구체적으로 연관된 프로그램을 포괄적으로 전개해야 하는 것이다. 이는 업무만을 따로 떼어내어 합리화하여 간다는 것과는 전혀 다른 의미이다. 업무는 인간관계, 의식, 그리고 제도에 맞물려져 있기에 업무수행 자체만을 개선해서는 안되고, 전체적인 윤곽 속에서 추진되어져야 한다. 한편 경영혁신에서 업무를 간과하면 파생적인 캠페인에 그친다.

둘째로 신경영기법은 노조가 반대해도 또 경영외적인 여건이 성숙하지 않았다 하더라도 지속적인 추진은 협력적 노사관계에 도움이 된다. 노조의 의사에 반하여 추진해야 한다 함은 아니고 노조의 협력이 없더라도 가능한 한 협력의 장으로 끌어들이려는 꾸준한 노력이 필요하다. 필자의 연구에서도(신경영과 현장노사) 신경영기법이 잘 추진되어지는 것과 협력적 노사관계의 형성이 상호 연관성이 있다는 것을 알았다. 유연한 경영 그리고 종업원 참여를 기반으로 하는 신경영의 노력은 장기적으로는 협력적 노사관계를 증진시킨다. 또 협력적 노사관계의 기반이 크면 클수록 경영혁신을 성공적으로 추진할 수 있다.

셋째로 노조를 경영혁신에 참여시키는 것이다. 서구의 우수 기업들은 돈을 들여가며 종업원을 경영참여에 끌어들인다. 부분적으로 경영권의 고유 권한을 보호해야 하나 대체로 노조의 경영참여는 기업에 활력을 불어넣고 노조의 책임감이 커져 오히려 안정적인 경영분위기를 구축하는데 도움이 된다. 노조의 논리가 단기적으로 기업손익에 나쁜 영향을 준다고 해서 성장과 경쟁력의 논리만으로 일률적인 거부반응을 보이는 것은 장차 다원화해 가는 사회분위기를 이탈해간다. 기업에서는 다양한 움직임을 포용하는 것이 장기적으로도 기업발전에 필요한 일이다.

3) 정부정책

정부정책은 시기가 문제일 뿐 조만간 노동조합의 헌법적인 권리를 보장하여야 노사협력의 장이 궤도에 오른다. 현재의 노사협력선언은 노사현장에서의 분위기를 전향시키는 데에 커다란 기여를 한 것만은 틀림이 없으나 그 내용은 기업이 당면한 구체적인 문제에 접근하고 있지 못하다. 고충처리와 환경운동 등 경영의 주변을 맴돌면서 노사의 협력적 분위기 조성에 일조하고 있다. 이러한 추세가 노사협력을 기반으로 생산방식의 혁신 등 경영의 주요사안에 추진력을 부여하려면 보다 구조적인 기반조성이 필요하다. 그것은 정부정책이 노조의 기본권리를 인정하고 그 정체성을 보장하는 조처이다.

각 주

....

1. 이 세 가지 경우의 새로운 작업구조의 변화는 유사하다. Small group에 의한 작업방식이다. 이들에게 어느 정도, 작업에 대한 권한이 주어졌다. 작업명령이 구성원의 의사를 존중해서 타협되어지고 small group은 명실공히 책임감을 느낀다. 자신들의 의사가 반영되어 내린 결정이었기 때문이다. Participation의 원리가 주요 내용인 것이다. 그런데 스웨덴에서는 이른바 work-place democracy에 의하여 노동조합의 쟁취로 얻어진 Quality of working life 프로그램의 일환이다. 이 QWL운동은 프랑스에서는 우파의 기수인 Giscar Destaing 대통령에 의하여 프랑스에 확산되기도 하였다. 그러나 그 실제의 내용은 또 다르다. 그런 반면 미국 Saturn 공장의 프로그램은 노사 합동으로 추진되어졌다. 그런가 하면 일본은 사용자의 주도로 생산성 향상 프로그램으로 추진되어졌다. 형태는 비슷하나 실제의 운용에서 노동자의 재량은 크게 다르다. 작업시간과 생산량의 결정 그리고, 고용의 관행과 임금지급 방식 등에서 많은 차이가 있다. 문제는 생산성향상을 위해 때로는 이런 작업구조의 변화가 필요한데 노조는 이를 무조건 반대해서도 안되고 할 수도 없지만 그냥 무방비 상태로 끌려 갈 필요도 없다는 점이다. 사안별로 구체적인 내용들을 검토할 수밖에 없다.

이 주제에 관하여 Harry C. Katz(Cornell 대학 노사관계 교수)와 필자가 대담한 내용을 참고로 싣는다.

Kim ; 당신과 동료들의 저서인 Worldwide Changes in Employment Relations의 주요 내용은, 이들 나라에서의 노사관계의 변화는 기업들이 Human Resource Management나 경영혁신에 의하여 초래되고 있는 현상에 대하여 중점적으로 연구한 것으로 파악됩니다.

Katz ; 그렇습니다. 전통적으로 보면, 노사관계는 임금을 포함한 근로조건에 대한 노사의 단체협상에 초점이 맞추어져 왔습니다만, 최근에 이들 나라에서의 노사관계 변화의 가장 큰 특징은 위에서 말하는 개별적인 노사관계가 집단적인 노사관계를 대체 내지는 변화시키고 있는 추세입니다. 노사관계의 decentralization이라 할 수 있습니다. 근로자들은 개별적으로 회사와 자신의 근로조건에 대하여 회사와 직접 협의하는 기회가 많아지고 또 그럴 필요가 증대하고 있습니다. 노동조합조직에서도, 개별기업단위의 교섭이, 산별이나 전국차원의 교섭에 비해 그 비중이 늘어나고 있는 것입니다. 그리고 노조라는 공식적인 조직에 의한 단체교섭보다는 덜 공식적인 노사협의회나 비공식적인 모임을 통해 노사간의 communication이 커져가고 있는 것입니다. 그 원인은 당신이 언급한 대로, 기업의 인사, 조직 그리고 경영혁신의 전략에서 비롯합니다. 물론 그 배경에는 국제적인 경쟁이 격화되고, 산업구조가 고도화하여 인적자원을 보다 효율적으로 운영하고 개개인의 특성과 의견을 반영해야하는, 소위 말하는 인적자원활용의 개별화와 유연화가 필요했기 때문입니다. 다시 말하자면, 이러한 기업의 전략적인 변화는 개중에는 노조를 무력화시키기 위한 것도 있으나, 커다란 흐름에서 보면, 기업의 경쟁력을 강화하기 위한 피치 못할 자구책에서 비롯된 것입니다.

Kim ; 당신의 책제목의 副題는 Converging Divergences라고 되어 있습니다. 이 점에 대하여 당신은 각국의 노사관계가 그들의 문화적인 차이를 넘어서서 한 방향으로 움직이고 있다는 시사점을 보여 주고 있는 것입니까? 최근의 일본을 보더라도 80년대 후반 이후 그들의 문화적인 특질에서 연유한다는 즉, 동양적인 가치관과 문화 때문에 종신고용과 연공서열 그리고 집단적인 의사결정의 관행들이 구미와 비슷한, 능력주와 개인에 대한 배려로 바뀌고 있습니다. 저는 K 이론(Korea Management)에서 이러한 변화는 공동사회에서 자본주의를 토대로 하는 이익사회로의 변화가 가져다주는 결과라고 표현하고 있습니다. 동서양의 문화적인 차이라기보다는 경제 사회적인 기반 (infra-structure)의 변화가 30-40년의 시차를 두고 가져다준 의식과 행동패턴의 변화입니다. 그렇다면 한국도 예외일 수는 없고 앞으로 노사관계의 변화의 방향을 시사하고 있다고 보여집니다.

Katz ; 이 문제에 관하여 저는 Converging Divergences라고 표현했듯이, 추세변화는 수렴되고 있지만, 그 양상은 매우 다양하다는 것입니다. 그리고 그 다양성은 문화적이라기 보다는 법제와 같은 제도 그리고 그 기반을 이루고 있는 광의의 power game에서 비롯되는 것이 더 크다고 보여집니다. 한국에 대하여도 당신의 견해가 일리 있다고 생각되나, 구체적인 연구가 없는 상황에서 저로서는 결정적인 답변은 유보합니다.

2. 이 주제는 Module의 활용 부분에서도 자세히 언급하였다. Bench marking이라는 것이 남들이 잘하는 것을 빨리 배워 써먹는 것이다. 그 일을 가장 잘하는 사람(일류인간)을 빨리 배우는 것이 Taylorism의 아이디어이기도 하다.

3. Bouwelism이라고 일컫는 교묘한 노동 탄압의 방법이 신경영기법과 유사한 형태로 나타난

다. 자본이 처음에는 개량주의로 미소지으며 종업원의 애로사항들을 들어주며 부분적으로 이를 개선하는 과정에서, 노동조합은 힘을 잃고 더우기 전투 일변도의 노조전략은 크게 빗나간다. 노조가 와해되는 것을 기다려 다시 서서히 탄압국면으로 들어 섰을 때 이를 종업원들은 저지할 힘을 잃게 되는 상황에 빠진다. 93년 국내에 현대그룹의 노조를 consulting 하였던 사람들은 이를 가마솥의 개구리로 비유하고 있다. 물이 처음에는 따뜻하여 기분 좋지만 차츰 뜨거워지고 나중엔 탈출할 수 없다는 것이다.

Taylor는 노사 평화의 조건으로 노사 양측이 합리적으로 되는 정신 혁명을 강조하였다. 그 중에서도 사용자의 책임이 90%라고 하였다. 96년 말 1차 노동법이 개정되는 시점에, 날치기 통과로 복수 노조의 허용을 유예 시킨 것은 아는 사람들은 다 누구의 소행인지 안다. 노사협력에서 누구를 탓할 필요 없다. 사용자는 무조건 합리적인 대처를 하여야 한다. 그 중에서도 힘을 가진 재벌 총수들의 사고가 변하는 것이 첫째 관문이다. Taylor 아저씨가 한 말을 다시 되새긴다.

4. Brigam Young 대학의 Chris Meek와 Woodwarth교수의 노사협력에 관한 parallel조직의 아이디어이다.

5. Crozier의 이론을 소개한 이 책의 14장에 자세히 다루었다.

Q & A Q & A Q & A Q & A Q & A Q & A Q & A Q & A Q & A

Q : 노사협력 또는 산업평화에 대한 필자의 견해를 한마디로 표현한다면?

A : 사용자와 정부가 무조건 합리적으로 대처하는 것입니다. 사용자와 정부는 노동법 개정 전까지, 노동조합의 결사의 자유를 제한하려고 개별적 노사관계에서 많은 부분을 양보하였거나, 노동자에게 유리한 것처럼 근로기준법을 운영하고 있었습니다. 노조 전임자 문제, 연·월차의 시행 등입니다. 그러고도 노조에 밀리는 이유는 떳떳하지 못하기 때문이었습니다. 정부나 사용자들도 헌법이 보장하는 노동자의 권한을 인정하고, 합리적인 대화를 꾸준히 추진해야 합니다. 노동자들이 일시적으로 또는 고질적으로 비합리적인 요구를 해오더라도, 꾸준히 설득이 아니라 설명하고 일관성을 유지하는 것입니다. 술 마시며 무슨 문제를 해결하려는 것이 화근입니다. 우리 나라 노무 담당들이 일년에 술을 얼마나 드시는가 물어 보십시오. 그리고 인사관리의 공정성을 확보하는 것입니다. 인사관리의 공정성이 회사의 기강을 좌우합니다. 엉뚱한 사람 승진 시켜놓고는 그 다음 어떤 말도 우습게 들립니다. 서슬 퍼런 정책이 기강을 바로잡는 것이 아닙니다.

다음으로는 현장관리와 선행관리를 들 수 있습니다. 둘 다 같은 말입니다. 현장 관리자들이 앞장서서 노동자들의 애로사항과 불만사항을 미리미리 해소하는 것입니다. 노조와의 협상에서 밀려 요구 조건을 들어준다는 것은 일이 집단 민원의 형태로 커진 것입니다. 그러기 전에 해결하는 것이 현명합니다. LG 화학의 김영수 이사님의 지론이기도 합니다. (Top management의 지속적인 의지가 뒷받침되어 현장노무관리체계를 확립하는것으로, 그 내용은 선행관리체계 강화, 건전 노조기반 구축, 상호신뢰 풍토조성 그리고 최적의 근로조건 유지입니다.)

16장 Leadership

「리더는 엔지니어다운 감각으로 난맥을 헤쳐나가야 한다」

현대의 기업들이 당면한 구체적인 문제들을 염두에 두고 리더십에 대하여 검토하여 보자.

1. 해도 안되는 일이 있다

하면 된다는 한 시대의 slogan은 이미 퇴색해 가고 있다. 많은 억지들이 통했었다. 그저 밀어붙이고 확장하면 되었다. 그것은 고도성장기에 강력한 정부의 뒷받침이 있었고 어느 정도는 국민들도 그 필요성을 감수할 상황이었다. 그러나 지금은 절대권력이 근거를 잃고 있고, 시장은 단위규모에 의한 경쟁력에 한계가 왔다. 기술과 아이디어가 경쟁력에서 차지하는 비중이 더욱 높아졌다. 그보다 더욱 중요한 사실은 우리 사회가 이익사회로 전환했다는 사실이다. 눈치가 빨라진 것이다. 이해관계의 타협과 절충을 거치지 않고는 움직이려 들지 않는다. 개인과 집단의 목소리도 높아졌다. 가끔 노사관계의 현장에서 참다 못한 사용자들이 한번 망해 보아야 정신들을 차릴 거라 분통을 터뜨리기도 하나 시대 착오적인 발상이다.

리더십은 참여와 동의를 필요로 하고 있고, 이 경우 명분보다는 이해관계의 조정이 필요하다. 조직 실체의 파악이란 논제로 되돌아 가보면, 그 해법은 이해관계의 절충에 있음을 알게 된다. 당연히 인사관리가 motivation과 리더쉽의 핵심에 놓이게 된다. 왜냐하면 종업원의 입장에서 보면 근로조건에 관계된 자신의 인사 문제가 가장 중요하기 때문이다. 이제 회사를 위해 또는 어떤 명분을 위해 개인의 희생을 요청하기가 어렵게 되었다. 정당한 보상이 전제되어야 개인은 움직인다.

노사관계를 보는 시각이 여러 가지일 수도 있으나 96년 노동법 기습처리는 패착이라 볼 수 있다. 밀어붙이려는 강수가 빚은 비극이다. 우리 나라 노사관계는 민노총의 실체를 인정하지 않으려는 재계의 움직임과 공공부문에 대한 제한 등의 헌법적인 결사의 권리를 원천적으로 제약하고 있기 때문에 사용자들의 설득력이 줄어들고 그 대가로 개별적인 노사관계에서 임금을 포함한 근로조건에서 노동자들에게 많은 양보를 허용하고 있는 것이다. 간단한 이야기는 아니나, 전체적으로 이익사회에 걸맞은 합리성에 기초하여 결사의 자유 등과 같은 노동자의 기본적 권한을 인정하여야, 그 다음 합리적인 근로조건의 협상이 이어질 수 있다고 보여진다. 연공서열을 탈피해서 경영혁신을 뒷받침하는 인사제도의 개편과 실질적인 노사협력이, 실체를 인정받지 못하거나 합리적인 대우를 못 받는 노동조합들의 반발로 진행되지 못하기도 했었던 것이다.

사회의 다른 분야에서도 양상은 비슷하다. 강공 보다는 서비스정신이 더욱 필요한 시점이다. 당연히 리더십은 밀어붙이려는 권위주의적인 것에서 탈피해서 상식적으로 타당한 일들을 상대방의 입장에서 설명할 필요가 있는 것이다. 권위주의적인 리더십이 애초부터 나빠서가 아니라 사회변동에 따른 당위성 때문이다. 카리스마 자체만으로는 선악을 구분하기 어렵고, 카리스마라 하더라도 consensus를 필요로 하고 그것도 합리적 기반이 좀더 요청된다.

2. 쫀쫀해질 필요가 있다

리더십이라면, 통 큰 것을 상정하기가 쉽다. 그러나 현재 우리 나라의 기업들이 당면한 문제는 실질적인 문제들이고, 이런 문제들은 구체적인 사항들과 연결되어 있다. 거시적인 것은 항상 매우 미세해 보이는 구체적인 사항들을 내포하고 있다. 이런 사항들은 큰 말보다는 주변의 바로 그 핵심사항을 지적하고 해결책을 제시하는 것이 중요하다. 조직내외의 문제들이 얽혀있다. Engineering하는 사람들은 무슨 문제를 풀어나갈 때에 시스템으로 사고하고 가늠한다. 그리고는 micro-level에서 변수들을 조절한다. 알고 보면 이것이 발명으로 이어지고 신제품으로 시장을 석권한다. 지금은 이처럼 우리 기업에서 일하는 종업원들이 차분하게 일에 관련되어진 process와 업무, 그리고 투여된 인력에 대한 구체적인 사안들에 눈을 돌리도록 유도하여야 한다. 격분하게 하고 포부를 크게 하거나, 자신을 희생하여서라도 임무를 완수하도록 의미를 부여하는 인간관계론적인 접근보다, 그저 덤덤하게라도 정말 문제가 되는 부분들을 그저 정리하는 자세가 더욱 요청된다.

우리는 너무 오랫동안 통 큰 것에 익숙해져왔고 리더라 하면 풍채 좋은 카리스마를 연상해 왔다. 그러나 이 책에서 여러 대목에 걸쳐 우리 기업들이 당면한 문제들의 성격이 시스템적인 접근으로 풀어야 할 문제들이란 점을 제기하고 있다. 임금에 있어서도 알고 보니 실질적인 변수는 간격과, 차등화에 있었다. 능력주의, 성과주의와 같은 말이 중요한 것이 아님을 살펴보았다. BPR과 경영 혁신의 실질적인 문제도, 업무배분과 절차의 문제였다. Empowerment와 자율경영이라는 것도 알고 보니 목표관리의 구체적인 운용절차에 관련된 사항이었다. 기업문화의 핵심사안은 product-concept에서 출발하여 인사고과의 자질평가 항목을 설정하는 문제이었다. 협력적인 노사관계란 성과배분을 의미한다 해도 과언이 아니다.

보라. 통큰 말을 하는 순간, 이러한 실질적인 사안은 멀어지고, 원칙 아닌 원칙이 공허하게 앞장서 가며 문제의 본질을 호도하고 있지 않은가? 바로 그 문제, 실질적인 사안들과 그것의 상호연관성을 풀어가기 위하여는 쫀쫀하게 들여다보고 쫀쫀한 말로 표현하여야 정확하게 의사전달이 되고 간명하게 일이 처리되어진다. 쫀쫀하다는 말로 표현하려는 것은 지나치게 상세하거나 지엽적인 문제에 집착한다는 것을 의미하지는 않는다. 이면지 활용으로 비용절감을 한다거나 깨알같은 수치로 통제하는 것이 아니다. 오히려 적절한 어림셈이 가장 정확할 수 있다. 진정으로 의미하는 바는 공허한 말의 함정에 빠지지 말고 구체적이고 실천적인 사안에 눈을 돌리라는 것이다.

우리들이 다루었던 사안들은 많은 뉘앙스가 있는 것이다. 인간과 사회, 경제와 기술구조 같은 것이 총체적으로 얽혀 돌아간다. 이것들을 몇 개의 principle안에 담을 수 없다. 말 하나도 그 의미가 정확하게 전달되기 힘든 상황이다. 이런 때의 가장 중요한 것은 건전한 상식이고 이를 토대로 있는 현상과 그 핵심을 그대로 간결하게 표현해 내는 일이 진정으로 중요한 리더십이지, 장황한 의미를 붙여 과대 포장하는 순간부터 혼란이 야기된다. 그런 점에서 쫀쫀해야 할 것이다.

3. 조화와 균형 그리고 기본

요즈음 연봉제를 실시하는 기업들을 보면, 성과급의 격차를 매우 큰 폭으로 두려 하고 있다. 조금 살벌한 느낌이 든다. 원인은 90년대 초반에 신인사라고 시작한 능력주의 인사가 사실상 필요한 만큼의 차등화를 추진하지 못하였고 일본기업들도 연봉제를 실시한 점을 감안하여, 반작용으로 오히려 큰 폭의 차등화를 도모하고 나섰다. 그러나 임금은 기복이 심해지고 조직구성원은 불안해지기 시작했다. 서점 가에서 '아버지'라는 책과 '명예퇴직 뛰어넘기' 라는 책이 세태를 반영한다. Jeffrey Pfeffer의 충고에 귀기울일 필요가 있다. 인사에서 중요한 하나의 축은 안정이다. 성과주의나 능력주의는 글자 그대로 성과 또는 능력에 상응하는 보상을 지급하는 것이지, 누구를 도태시키거나 잘라내자는 것은 아니다. 윤석철 교수의 이론으로 보면, 仁과 義가 있을 뿐이다. 조화와 균형이 필요한 것이다. 또 매년의 성과를 성과가급 만으로 처리하는 것은 비누적적인 것이기 때문에 다년간의 효과는 사실상 크지 않은 것이고 소위 약발이 몇 년 안가는 과장인 것으로 보인다.

BPR에서도 마찬가지 현상이 벌어진다. 근본적인 변혁을 주장하여 이것이 완성되면 미국기업들 처럼 일본을 능가하는 경쟁력을 갖추게 될 것처럼 보이나, 그간 BPR을 추진한 국내기업들 중에서 속시원히 BPR이 성공한 사례가 보이질 않는다. 미국기업들이 수십 년간 정비해 놓은 직무체계에다 Information Technology를 결합하여 혁명적인 경영혁신이 가능한지는 모르나, 우리 나라 기업에서는 애초부터 그럭저럭 꾸려가던 직무체계에다 혁명적인 방법이 통할 리 없다. 구조적 변환과 개선의 조화가 있을 뿐이다. 구조적 변환은 지속적인 개선의 축적 후에야 가능하다.

자율과 통제, 개인과 집단, 물적 보상으로 반영된 가치… 등으로 표현되는 정책기조에서, 조화와 균형을 모색하여야 할 시점이다. 말에 매어 스스로의 말에 발목이 잡힌다. 원래 뉘앙스가 있는 의미들을 화끈한 표현으로 말하면 뉘앙스가 날아간다. 말은 그 힘으로 한편으로 치우치면서 균형을 상실한다. 경영의 세계는 워낙에 dynamic하고 복합적이다. Paradox로 가득한 상황에서는 나약해 보이지만 짧게 끊어가며 한발씩 움직이고 선명하지만 유보적인 표현으로 균형을 유지해야 한다.

王道는 없다. Best-seller가 그려내는 혁명, 이것이 해법이다… 등등. 과신하지 마시길 바란다. MBA(Master of Business Administration) 과정에서 학생들은 수많은 case들을 다루면서 쉴새 없이 읽고 쓰고 토론하는 훈련을 쌓는다. 몇 가지 화끈한 이론으로 경영이 이루어지는 것이 아니기 때문이다. 기본이 중요하다. 기본을 충분히 숙지하고 그것이 어떻게 활용되는지를 훈련하는 도리밖에 없다. 이 책에서 활용한 기본적이란 이론은 경제학의 수요와 공급의 균형, 서구라파의 일반적인 지성이 말하는 변증법, 초등학교에서 배운 어림셈이다.

기업으로 보면 그 많은 경영혁신의 중심에는 업무분장이 있다. 인사관리의 실질적인 1장에 나오는 직무에 관한 이야기이다. 이곳이 기본이다. 어떻게 배분하느냐가 division of labour이고, 그 업무의 cost가 얼마이고, 어느 product에 귀속하느냐가 activity costing이다. 붙였다 뗐다하며 Information Technology를 결합하면 BPR이고 어느 부서에 귀속시키느냐가 조직체계이다. 그 업무의 결재 단계를 축소하는 것이 팀제의 핵심이고, 그 업무를 계획성 있게 추진하고 평가하는 것이 목표관리이다. 누구를 배치시키느냐가 전환과 배치 그리고 CDP의 기본이고, 그 업무를 잘 하도록 하는 것이 교육 훈련이고, 그 일을 잘하면 얼마를 주느냐가 임금이다.

5부 K 이론의 철학적 배경

17장 다시 읽는 경영학 원론

「古典은 다시 읽을수록 새롭다. 뉘앙스의 파악이 중요하다」

경영학 원론의 근간은 테일러리즘에서 시작하여 인간관계론으로 이어진다. 이 부분이 첫 단추에 해당되기 때문에 보다 정확한 이해가 필요한 부분이다. 대체로 간결하고 알기 쉽게 서술되어져 있다. 그런데 전체의 흐름을 지나치게 대비시켜 놓아 독자들이 수박의 겉을 핥는 것까지는 그렇다 치더라도, 문제는 건전한 상식을 일탈할 위험이 있다. 구체적인 예를 살펴보고 그 원인이 어디에 있었는지를 살펴보자.[1]

1. 인간관계론과 Taylorism

Hawthorn 공장에 대한 실험결과에 대한 Elton Mayo의 해석(실제로 Mayo는 이 실험에 직접 참여한 것이 아니고 그 결과를 세상에 널리 알렸다.)을 경영학자들이 Taylorism과 대비시켜 놓으면서 이른바 '인간관계론'의 출발점으로 삼고 있다 ; 초기 실험에서 작업조건의 어떠한 변화 (조명, 온도, 습도, 소음 등)에도 불구하고 생산성이 증가하고 있는 것을 발견했다. 오히려 작업조건이 나빠지고 있었음에도 불구하고 생산성이 증가하고도 있었다. 생산성에 영향을 미치고 있는 또 다른 변수가 있음을 말해 주고 있다. 아마도 유명한 대학의 교수들이 실험을 하고 있었다는 사실이 생산성 향상의 원인인 것 같았다.(Hawthorn Effect)

계전기 공장에서는 세 차례에 걸쳐, 집단 상여금 동기 유발제도와 개인별 성과 상여금 제도가 실험되어졌다. 집단상여금 실험에서는 상당한 생산성이 증가했으나 개인별 성과 상여금 실험의 결과는 들쑥날쑥이었다. 집단 상여금제도에 대한 두 번째의 실험은 도중에 중단되자 생산성은 오히려 저하했다. 이에 대해 뢰슬리스버거와 딕슨은 노동자들이 일차적으로 경제적 이해관계에 의해 움직인다는 실제적인 증거를 찾아 볼 수 없다고 하였다. 그 대신 감독과 사회적 요인들이 가장 중요하다고 결론 짓고 있다. 그러나 잘 보면 이 실험자체와 그 결과 또한 Taylorism을 반증하기보다는 Alex Carey의 결론과 같이 적절한 감독뿐만 아니라 화폐적인 유인이 동기유발을 시킨 것이라고 보는 것이 타당하다. 어느 것이 맞는 결론인지 독자들 스스로 우선 판별하여 보시길 바란다.

다음 단계에서 관찰실이 설치되고 14명의 근로자들의 행동이 관찰되어졌는데, 초과 생산한 '속도위반자'와 과소 생산한 사람에게 비공식적인 제재가 가해지고 있었다. 원인은 당시 불황이었고, 근로자들의 자율기준에 따른 생산량의 제한은 장래의 높은 실업전망에 대한 경제적인 동기에 따른 대응이었다. 이 실험은 경영학자들이 비공식 조직의 중요성에 대한 출발점이 되고 있다.

그런데 이 대부분의 내용들은 Taylorism을 대체하기보다는 보완적인 의미를 갖는다. 이것들을 자세하게 살펴보자. 우선 Hawthorn공장에서의 실험에서 작업조건의 변화가 생산성과 무관했다는 것은 작업조건 이외의 다른 변수가 생산성에 영향을 미칠 수 있다는 것일 뿐 작업조건과 생산성이 관계가 있다는 자체를 부정하지는 않는다. 두 번째로 성과급제에 대한 연구에서 필자의 판단으로는 초기의 집단 성과제의 시행 결과를 보면 성과급제가 유효했다고 본다. 이 실험 역시 성과급제만이 생산성 향상을 유인하는 것은 아니고, 관리자의 감독이 중요했다는 것이 개인별 성과급제의 실험에서 나타나고 있었다. 그러나 성과급제가 유효하지 않다는 실험결과는 없어 보인다. 상식적으로 보더라도 금전적인 incentive가 생산성 향상의 유인이 되리라는 것을 부정하기 어렵다. 세 번째로 비공식조직이 작업 조직 반에서 영향을 미치고 있다는 사실 역시 인간관계론의 단면을 제시하기는 하나 Taylorism을 부정하지는 않는다.

Mayo의 관심과 공헌은 노동자들이 기술적 기능과 사회적 기능이 필요하다면 이중에서 사회적 기능, 다시 말하자면, 좋은 친구가 되는 법을 가르친 것이지, Anti-Taylorism을 주장한 것은 아니다.

사실상의 Anti-Taylorism이 역사상 출현한 것은 자주관리를 주장했던 이태리의 공장평의회 조직에서였다. 공장평의회에서는 기술적 합리성과 사회적 합리성이 기계적으로 직접적 연관성을 갖고 있는 것으로 간주했다. Taylor의 기술적인 합리성은 기계론적인 구조로서 그 안에 사는 사람들은 억압적인 기계구조에 합리성이 매몰되는 것으로 보았다. 산업혁명 당시의 기계파괴를 앞장섰던 챠티스트 운동을 연상시키는 대목이다. 그러나 공산주의 혁명에서 레닌조차도 Taylorism은 공산주의 혁명에 필요한 것으로 보면, Taylorism자체가 자본주의 구조하에서 노동계급에 대한 착취 수단만은 아닌 것이라고 상식적으로도 유추할 수 있다. 그러고 보면 어떤 표현을 하였던 간에 공장평의회와 아마도 무정부주의(Anarchist)적인 발상을 하는 사람들을 제외하고는 실질적 내용에 있어서 Taylorism 자체를 정면으로 부정한 이론들은 없어 보인다. Elton Mayo 역시 기술진보와 생활 수준의 급속한 개선에 전적으로 찬성함으로써 Taylorism에 대한 부정이 아님을 시사하고 있다.

인간관계론은 Taylor가 간과하고 있었거나 직접적인 해법을 제시하지 않은 부분을 새롭게 조명하고 있을 뿐이다. 조직내의 의사소통과 협력인 것이다. 그런데 이 부분이 Taylor에 대한 공박으로 시작되면 핵심을 빗나간다. Mayo가 우려했던 점은 전문적 기술의 발달로 인하여 새로운 질서가 조직 내에 부여되기 때문에 새로운 의사소통 방법과 친구 만들기 방법을 익혀야 한다는 점이다. 바로 인간관계의 출발은 작업구조와 방법에 있는 것이지, 막연한 인간의 관계가 아닌 것이다. 비공식조직을 볼 때에도 공식조직과의 관련성을 보아야한다. 공장에서의 인간관계는 작업의 분할과 역할의 갈등에서 일차적으로 출발한다. 물론 공식 조직과 공식적인 역할의 부여에 모든 인간관계가 종속되어져야 함을 의미하지는 않는다. 그러나 공장 내에서의 업무와 관련한 인간관계와 공식적인 역할과 이에서 파생되는 갈등 내지는 상호작용을 이해하고 이를 처리하는 것이 인간관계론이 다루어야 하는 핵심적인 사안인 것이다.

2. Taylorism과 인간관계론의 현대적 의미

물론 Taylor가 당시에 말하였던 사항들 가운데에는 현대적으로 보아서 문제가 되는 부분들이 많이 있다. 특히 노동과 기획 기능의 분리이다. 노동은 단순 반복작업으로 분할되고, 이전의 장인들이 누렸던 자신의 노동에 대한 스스로의 통제력을 감독자에게 빼앗기게 되었다. 요즈음 팀제의 활성화는 부분적으로 팀원들이 각자 자신의 업무를 기획하고 책임질 수 있도록 하는 면이 강조되고 있다. 직무 충실화(job enrichment)에서 직무의 수직적, 수평적 통합이 일어난다. 이런 것들이 부분적으로는 분명히 Taylor의 아이디어에 반대되는 요소들인 것이다.

그러나 Taylor에게 있어서 그의 중심 개념이 무엇이었는가를 가려낸다면 그의 사상과 기법을 올바로 이해할 수 있게 된다. 어떠한 이론도 시대적인 변화와 여건들을 모두 설명하거나 충족하지 못한다. 중요한 것은 중심개념을 현대적으로 재해석하는 작업이다. Taylor의 일차적 관심은 노사의 평화였다. 그의 과학적 관리법은 우선 노사 양측이 특히 관리자의 인식의 혁명을 전제로 하고 있다. 합리적인 사고인 것이다. 이를 토대로 과학적인 관리에 의하여 생산성을 높이고 이를 합리적인 기준에 의해 분배하는 것이다. 이 합리적 분배의 기준이 Taylor에게 있어서는 표준인 것이다. 기술적으로 보면 업무의 적절한 분할과 이에 적합한 인력의 배치와 훈련, 그리고 성과급에 의한 화폐적인 유인(motivation)과 보상으로의 연결이다.

요즈음 우리 나라에서 보면 조직관리에서 가장 문제가 되고 있는 부분은 업무의 체계적인 관리가 안되어 있고 따라서 인력과 업무의 합리적인 matching이 안되어 있는 것이다. 채용을 할 때에도 그래서 부문과 관계없이 00명으로 한다. 또 알고 보면 조직내의 인간관계도 역할 갈등에서 연유하는 것이 크다. 이 점은 9장에서의 설문조사 분석 부분을 다시 한 번 참조하시길 바란다. 감히 결론을 내린다면 현재 우리 나라는 Taylor를 공박할 때가 아니고 한시 바삐 Taylorism을 제대로 흡수하고 소화해야 할 때이다.

BPR에 의한 업무의 통합과정도 Taylor를 제대로 소화하고 있다면, process의 흐름에서 information technology가 투입될 경우 어떻게 업무를 분할할 것인지를 Taylor 당시와는 다른 방식이지만 그의 과학적 관리법을 BPR에 활용하여 경영혁신의 연속성과 연계성을 회복할 수 있다. 팀제의 운용에 있어서도 중요한 것은 팀 업무의 합리적인 배분과 운용이다. 만일 Anti-Taylorism의 아이디어로 팀제를 운용하면 팀 내부는 혼란을 겪게 된다. 팀제라고 하여 아무렇게나 업무가 배분되면 경력 관리도 기술 축적도 적절한 개인적 보상도 무시당한 채 혼란이 온다.

우리 나라 기업들에게서 현재 도입된 연봉제는 대부분 성과가급이다. 뒤늦게나마 우리 나라 임금, 직급체계의 변화의 방향이 신인사제도라 불리는 직능자격제도라기 보다는 임금의 개별화 내지는 차등화를 업무성과에 두는 것은 환영할 만하다. Taylor를 회상하면, 성과가급은 업무의 과학적 관리와 연계된 것을 직감할 수 있다. 직무의 정돈이 성과가급 운용의 핵심사안이 되는 것을 알 수 있다. 국내 기업들이 현재 성과가급의 직무체계를 정돈하지 않은채로 운용하고 있는 것과 대조를 보이고 있다. 성과가 급이라는 화폐적인 유인과, 직무관리가 연계되는 것이다. 안타까운 일이다. 우리는 경영혁신을 할 때 의례 Taylorism을 공박하였던 것이다. 그리고 그 대안을 인간관계론에서, 그것도 좁은 의미의 개인간의 심리(inter-personal psychology)의 영역에서 Empowerment라는 용어를 써가며 그 해법을 찾으려한 흔적도 보인다.

흔히 인간을 Homo-Economicus라고 단정할 수 없다고 하는 이론이 있고 그 예를 들고도 있으나 economic theory자체가 틀린 것도 아니고 그 중요성이 반감한 것도 아니다. 이런 것처럼 Taylor의 과학적 관리법이 기계론적인 구조를 강화하고 있는데 Elton Mayo의 실험으로 오히려 기계론적인 구조는 보완되어 지면서 성장을 거듭할 토대가 되는 것이다. 우리들은 문명이 공간적으로는 네모꼴로 compartment화하고 시간적으로는 초단위로 분할되는 상황에 대하여 불안감을 느끼기도 하나, 정작 우리를 비인간화하는 것은 네모난 공간도 분할된 시간도 아니다. 컨베어 벨트로 공장을 자동화하고 그 속도를 가속시키면서 노동자들 가슴에 총을 겨눈 Henry Ford의 Fordism 뒤에는 그의 편집증적인 정신 분열과 초기 자본주의의 구조적인 모순이 있었기 때문이다. 이것을 개선하는 방법은 Taylorism을 폐기하고 인간관계론의 개인 심리로 대체하는 것이 아니다.

Elton Mayo의 후기 관심사에도 주목할 필요가 있다. 이점은 이후의 인간관계론과 연관된 다른 학자들(Abraham Maslow와 Herzberg등)에게도 마찬가지이지만 그들의 관심사가 사회학적이란 거시적 안목에 있었음을 상기할 필요가 있다. 그렇게 보면 인간관계는 개인과 소집단에게만 국한되지 않고 사회 변동과 구조에 밀접한 연관성이 있음을 감지할 수 있게 된다. 이렇게 보아야 경영자들은 보다 폭넓고 통합적인 방법으로 필요한 총체적인 안목을 형성할 수 있게 된다. 인간관계론에 대한 이론적인 이해의 맥은 inter-discipline(심리학, 문화인류학과 사회학)에 있다.[2]

3. 동기이론

동기이론을 소개한 경영학 교과서는 욕구를 이분하거나 또는 세 단계 내지는 다섯 단계로 분류하고 상위 욕구를 중시한다. 우선 Maslow의 욕구 5단계설[3]을 검토하여 보

자. Maslow가 욕구 5단계설을 주장한 것은 그의 이론에서는 매우 지엽적인 문제였다. 또 그는 욕구가 반드시 하위 욕구에서 단계적으로 상위 욕구로 이행한다고 하지도 않았다. 그의 최초의 관심사는 범세계적인 종교들이 과연 핵심적으로 인간에게 무엇을 하려한 것인가를 요약하는 과정에서 자아실현의 욕구를 말하게 되고 다른 욕구와의 관계를 설명하는 과정에서 하위 욕구에서 상위 욕구로 이행하기도하고 그 역도 가능함을 말한 것뿐이다. 상식으로 돌아와 보자. 대개의 사람들이 자아실현을 하는 모습을 보면 생명과 안전 그리고 사회적인 인정 같은 것을 돌아보지 않고 위험을 무릅쓰거나 다른 욕구를 희생하면서 자아를 실현한다. 욕구가 단계적으로 이행하지 만은 않는다. 욕심 많은 부자들도 돈을 많이 벌면 더 벌려고 하는 수가 많다.

Hertzberg의 핵심은 그가 위생요인을 Adam, 그리고 동기요인을 Abraham의 조건이라는 종교적인 표현을 쓴 데에 있다.[4] 당시 또 지금도 미국인들은 일요일에는 할렐루야를 평일에는 이윤추구의 회사생활에서 가끔 돈과 하나님을 함께 섬기지 못한다는 종교적 의미가 헷갈리고 있었다. 이런 complex를 Hertzberg가 Adam과 Abraham이란 성서적인 해석을 내려 땀흘려 먹고 살리라고 한 Adam의 조건을 위생요인으로 표현하고, 미지로 떠난 신앙의 조상 Abraham을 동기요인의 화신으로 해석한 것이다. 우리는 경영학 교과서를 읽으며, 왜 욕구가 동기요인과 위생요인으로 구분되는 것인지 또 하나마나한 이야기가 왜 이렇게 유명하게 되었는지를 의아하게 생각했었다. Adam과 Abraham의 이야기가 빠져 있었기 때문이다. Maslow와 Hertzberg에게서 모두 종교문제가 경영학 교과서에서 삭제되었다. 종교적인 경영원리는 없어 보인다. 그러나 종교적인 공백 상태에서 사람들의 이야기를 하는 것 역시 비현실적이지 않는가? 해석학(Hermeneutics)의 차원이다. 이들 사회학자들의 관심은 종교적 가르침을 세속의 언어로 환원하는 데에 있었던 것이다.

X · Y 이론에서 경영학은 X와 Y를 상호 대비 시켜 놓고 있지만, McGregor는 Y는 X를 포괄하는 개념으로 설명하고 있다.[5] 인간은 X라는 강요된 피동적 주체이기도 하지만 또한 자율적인 존재이기도 하다. 상식으로도 Leadership의 발휘가 X냐 Y냐는 성악설과 성선설의 이분법적인 선택이 아닌 것이다. 조화와 균형이 있을 뿐이다.

경영학이 말하듯 욕구는 고급 욕구와 저급 욕구로 나누어지지도 않고, 욕구가 단계별로 이행되기만 하는 것도 아니다. 또 어느 욕구가 중요한 것만도 아니다. 돈과 안전은 저급하고 사회적 명예와 자아실현은 고상하다면, 한번 손가락 잘려 나간 산업 장애인에게 위생요인이 하찮은 것이라고 해 보라. 또 유능하고 유명한 경영자에게 일의 보람을 역설하면서 돈이 중요한 것이 아니니, 연봉 천만 원에 고용조건을 제시해 보라. 그리고 전방을 지키는 군인들에게 자율권을 부여해 보라.

모든 경영학 교과서가 동기 이론을 단선적 논리로만 설명하는 것은 아니라 하더라도 필자가 접한 많은 사람들이 위에서 제시한 사고의 위험에 빠져들고 있다.

4. 자의적 해석의 원인

사람들은 자기 맘대로 받아들인다. 이러한 원인이 어디에 있었는가? S. Moscovici[6]는 대중이 복잡한 이론이나 사건을 단순화시키고(objectivisation), 이를 자신의 사고의 틀에 끼워 맞춘다고(anchorage process) 한다. 이러한 일이 가장 심하게 일어나고 있는 분야 중에 하나가 경영학 원론이다. 사회학, 심리학 그리고 문화인류학에서 연구되어진 매우 풍부한 이론들을 실용적인 (사실 실질적 가치는 별로 없는) 틀로 단순화하여 필요한 뉘앙스가 사라지거나 변질된다. 또 이 과정에서 개별 학문이 갖고 있었던 본래의 목적성(teleology)이 management 중심(이윤추구)으로 바뀌어 재조립되어졌다. 지동설이 천동설로 뒤바뀐 것과 같다. Management centric의 시각에서 보면 모든 학문이 management를 중심으로 운항되는 것처럼 보인다. 그러나 management는 세상의 한 일부일 뿐이다. business는 business일 뿐이다.

기업체에 계신 분들을 맞나면 가끔 딱한 경우가 있다. 이 분들은 바쁘니까 간단한 처방을 원한다. 당연한 요구이나, 애초부터 경영은 복합적이고 dynamic하다. 이를 단선적으로 처리하는것 부터가 무리이다. 시중에 나도는 best-seller 책들을 보면 가끔 현란한 미사여구가 많으나, 읽어보면 균형감각을 상실한 피상적인 내용들이 많다. 새겨 들어야 한다. 경영에는 왕도는 없다.

1. 인간관계론과 Taylorism에 대하여는 사회학자들의 문헌이 좀더 깊이있게 다루고 있다. 스튜아트 클레그와 던컬리가 지은 "Organization, Class and Control ; Routledge & Kegan Paul, 1980"을 참조하시길 바란다. 국내에서는 서울대학의 김진균교수와 허석력씨가 번역한 풀빛사의 책이 있다.

2. 조직론을 구성하고 있는 기초학문은 심리학, 문화인류학과 사회학이다. 그러나 조직론은 이것들의 단순한 집합이 아니고, 이 학문들간의 연계(inter-discipline)를 통해 사물을 설명하는 틀이다.

3. Abraham Maslow, "Motivation and Personality", Harper & Row, 1970

4. Frederick Hertzberg, "Work and the Nature of Man", World Publishing Co., 1966

5. Douglas McGregor, "The Human Side of Enterprise", McGraw-hill, 1960

6. S. Moscovoci, "La Machine a Faire des Dieux", Fayard Paris, 1988

Q & A Q & A Q & A Q & A Q & A Q & A Q & A Q & A

Q : 경영학 특히 경영조직론이 틀렸거나 무용하다는 주장입니까?

A : 경영학 분야에서도 기법들을 소개하거나 응용하는 분야는 매우 유용하다고 봅니다. 그런데 경영 조직론은 워낙에 사회와 문화적인 요인을 배경으로 하고 있기 때문에 그 해석이 간단하지 않다고 생각합니다. 문제는 왜 그러한 학설이 나왔고 그 의미는 무엇인가입니다. 그 문제를 살펴보려면 시대적인 context에 대한 해석이 필요하다고 봅니다. 미국의 경우 Taylorism은 상당히 정착해 있었고, 그후에 이런 경향이 경직되어 기계적으로 Taylorism을 받아들이는 시각을 교정하기 위하여 인간관계론이 각광을 받게 된 것 같습니다. 그리고 자본주의를 옹호하는 propaganda의 차원에서 경영학이 과장되어진 이유도 있다고 보여집니다. 하여간 필자로서는 이 부분에 대한 기존의 경영학 교과서는 과장되어 원래의 의미가 심하게 왜곡되어졌고, 읽는 사람에게 혼동을 일으키기에 충분하다고 봅니다.

18장 辨證法的 사유의 활용

「異見을 발전적으로 해석해서 合을 찾는 과정」

1. 가치체계의 발전적 통합

Hegel의 "正反合에 의한 世界理性의 力動的 움직임"이란 이론은 알고 보면 철학을 위한 哲學이라기 보다는 당시의 서구라파의 知性을 대변하여 다만 Hegel이 集大成하였다는 의미가 크다. 다시 말하자면 일상적인 지성의 활동 과정을 체계화하였다는 것이다. 쉽게 표현하자면 대화문화인 셈이다. 마음을 터놓고 대화하면 여러 異見이 표출된다. 正反이란 것을 異見이라고 하여도 무방하다. 서로가 왜 그런 생각을 하고 그런 견해를 갖게 되었는지를 설명하고 서로에 대하여 건설적인 비판을 해간다. 누가 옳고 그른가를 시비하자는 것이 아니다. 다만 무엇이 올바른 것인지를 모색해 가는 과정이 대화의 참다운 의미인 것이다. 서로가 보다 풍부하고 근원적인 의미를 파악하면서 異見이 좁혀져 가며 合에 이른다. 처음 출발하였을 때보다 이 合은 발전적인 의미를 갖게된다. 정보도 더 많아졌고 미약하던 논리도 세련되어지면서 이것 저것 혼란스런 사실들이 규명되고 정돈되어지면서 무엇보다 통찰력을 얻게되면 이 合은 대화에 성공한 것이다. 正反合의 辨證法이 이것이 아니고 무엇이겠는가? 보편적 가치를 찾는데는 이것 이상으로 좋은 방법이 없다면 세계이성이라고 하여도 과히 틀린 말은 아닐 것이다. 그러면 이 정반합의 변증법적 사유체계와 다른 사고의 차이는 무엇일까? 진정한 대화가 없는 것, 즉 쌍방 communication이 일어나지 않는 것이고 단선적인 monologue가 이것에 해당한다. 권위주의적인 문화가 그 대표적인 예일 것이다. 또 대화가 있다 해도 정보나 창의력이 모자라면 발전적인 합의 의미를 집단적으로 터득하여 가기도 힘이 든다.

인사·조직에 있어서 현재 상충되어 보이는 의미들이 무엇이고 이를 변증법의 틀로서 합을 찾는 예시를 3장 '경영관리의 Paradigm Shigt'에 수록하였다. 이를 요약하면 다음과 같다 : 개인과 집단은 상충하는 가치로 보일 수도 있다. 그러나 반드시 개인을 존중하면 집단이익이 손상을 입고 집단을 보호하려면 개인의 이익이 침해되는 것은 아니다. 집단 구성원으로서의 개인에 대한 배려는 오히려 집단의식을 강화한다. 개인과 집단이라는 正과 反은 슴을 찾게되어 개인도 적절한 배려를 받고 그럼으로써 집단의식도 강화되어질 수 있다. 자율경영 역시 마찬가지였다. 통제 메커니즘의 발달이 오히려 자율경영을 가능케 한다. 어떠한 경우든 조직은 유기적인 관련성을 유지하여야 하는데 자율경영이란 이 유기적 관련성을 벗어나는 것이 아니기 때문에 오히려 유기적 관련성이라는 보호막 속에서 자율은 신장되어진다. 이처럼 우리 나라의 현재 경영관리 paradigm의 변화에 있어서 자율경영, 팀제 그리고 개인적 성향의 움직임, 임금개별화, 능력주의 인사… 등의 문제들이 변증법적인 사유에 의하여 보다 온전한 의미를 회복하게 되고 균형감을 유지할 수 있게 된다.

2. 물질과 정신의 변증법

변증법적 사유의 또 다른 축은 물질과 정신의 관계에 있다. 이점에 있어서 Hegel과 Marx는 서로 다른 입장을 나타낸다. Hegel은 정신을 우위에 두고 Marx는 물질을 우위에 둔다. Marx는 이른바 唯物論的 辨證法을 대변한다. 그러나 Hegel과 Marx의 異見보다는 두 사람의 공통점을 간과해서도 안된다. 辨證的 관계이다.[1] 쉽게 표현하자면 상호관련성이고 interactionism(상호작용주의)이라 해도 크게 빗나간 표현은 아니다. 다시 말하자면 정신현상에는 물질적 토대가 반드시 있는 것이고 물적인 토대는 정신적 의미를 환기시킨다. "돈이 문제가 아닙니다"라고 말하는 사람의 complex를 이해하게 된다. 돈이 문제였다. 그러나 그 돈이 주는 의미가 더 중요하다는 것을 "돈이 문제가 아닙니다"라고 표현한다. 해결방법은 돈만 주어서도 안되며 또 그가 말하는 의미만을 시인해 주어서도 안된다. 그가 주장하는 의미의 시비를 가려주면서 돈의 문제도 동시에 해결해 주어야 한다. 보다 간단히 말하자면 사건 자체를 해결하는 것이고 그 사건의 속성은 物質의 의미에 있는 것이다.

3D(Difficult, Dangerous, Dirty) 기피현상은 자연스러운 것이다. 의식개혁으로 되는 것이 아니고 3D에 해당하는 위해수당, 작업수당 등으로 그 작업의 가치를 인정해 주어야 한다. 가치와 물질이 따로 떨어져서 움직여서는 안된다. 가치를 부여했으면 가급적 금전으로 환산해야 한다.

왜냐하면 돈은 교환가치 즉 가치를 반영하는 것이기 때문이다. 모든 것이 화폐가치로 환원되어지는 것은 아닐 것이다. 또 정신이 중요할 수 있고 어쩌면 Hegel의 말처럼 정신이 역사를 이끌어가야 하고 또 이끌어 가는지도 모른다. 그러나 분명한 것은 우리의 입장은 Hegel이 옳은지 Marx가 옳은지를 구별하는 것이 아니고 Hegel이던 Marx이던 정신현상과 물적 토대 사이의 관계를 잊지 않고 가급적이면 정신적 가치를 물적인 substance로 뒷받침하는 것이다.

흔히 인간관계로 나타나는 문제를 좀 더 관찰하여 보면 물질적 이해관계가 원인이 되어 문제가 촉발되는 경우가 허다하다. 기업에서는 개인의 업무가 불분명하거나 적합한 조절 mechanism이 없는 경우에는 서로가 유리한 방향으로 각자의 업무의 범위와 수행방법을 해석하게 되고 이때에 두 당사자의 인간관계가 악화된다. 특히 90년대 후반 우리 나라의 인사·조직의 가장 큰 문제는 개인역할이 모호해진 것이다. Gemeinschaft의 풍토에서는 업무는 비교적 단순하였다. 산업화가 진전되면서 업무도 복잡하여지고 세분화되어 갔다. 환경변화가 급격하여지면서 여러 가지 돌발적인 일들이 많이 발생하고 개인의 역할과 책임권한 관계가 불분명하여 갔으나, 관행은 예전 그대로 적당히 넘어가려고 하는 데에 문제가 있는 것이다. Team제가 번져가면서 개인보다는 team-work를 중시하려고 하는데 그 발상은 서로 협력하여 간다는 것이다. 여전히 문제의 근원을 외면하고 있는 것으로 보여진다. 변증법의 안목으로 보면 업무의 분할(differentiation)과 결합(integration)에 있는 것이다. 협력을 강조했다면 반드시 그 協力의 토대를 정비해야 할 일이다. Team을 강조하면서 개인을 아무런 일에나 두서없이 쑤셔 넣어 놓고는 집단성과 team의 목표만을 강요한다면 team-work과 협력은 오래가지 못할 것이 분명하다. team제의 정착에는 어떠한 형태로든 직무의 파악이 필요하고 이 직무를 어떻게 누가 처리할 것인지에 대한 적절한 방안이 마련되어야 한다.

임금에 대하여도 새로운 인식을 하게된다. 기업과 같은 데에서는 절대적인 가치체계보다는 상대적인 가치체계가 더 많이 통용된다고 보아야 한다. 상대적인 가치는 그것 자체가 가치이고 그것은 화폐라는 교환가치로 표현된다. 임금은 그 사람의 노동시장에서의 가치인 것이다. 결코 그 사람의 본질적인 가치를 의미하는 것은 아니고 다만 노동시장에서의 교환가치를 의미할 뿐이다. 그러나 교환가치이기 때문에 왜 그만한 가치가 부여되었는지 설명되어져야 한다. 그것이 임금의 논리인 것이다. 노동시장에서는 상대적인 차별화와 절대적인 임금평균의 수준이 문제일 뿐이다. 이 상대적 차별화와 평균임금의 수준이 결국은 그 회사의 인사·실질적인 정책을 반영한다. 다시 말하자면 아무리 회사가 어떠 어떠한 인사·조직의 정책을 발표하고 운영하여도 최종임금이 이를 제대로 반영하지 않으면 화폐가치로 환산되어진 상대적 가치는 다르게 나타난다는 말이다. 당사자는 정책과 실제의 괴리를 느끼고 실체인 임금에 더 큰 관심을 두게된다. 흔히 정신적인 보상과 물질적인 보상을 나누어 생각하기도 하나 물질적인 보상 자체가 상대적 가치 즉 정신적 보상을 동반하고 있다고 보아야 한다. 정신적인 보상은 그 절대적 가치를 인정하였다고는 볼 수 있으나, 이로 인한 물질적 보상이 (부수적으로 파급되는 효과를 포함하여) 뒤따르지 않을 때에 공허함이 뒤따른다. 이렇게 보면 임금이란 인사·조직의 정책을 계량화해 놓은 것이라고 이해할 수가 있다. 그래서 임금전문가란 따로 있는 것이 아니고 다만 인사·조직의 전문가가 있을 뿐이라고 할 수 있다. 임금을 관리한다는 것은 결국 인사·조직 전반의 관리가 출발점이고 임금은 단지 이를 계수로 표시한 것이기 때문이다.

이렇게 변증법적 사유의 틀은 정신적인 것과 물질적인 것의 관계성에도 주목한다. 거시적으로 보면 기술구조의 변화가 경제구조의 변화를 일으키고 이는 의식구조와 문화구조에 영향을 준다고 할 수 있다. 사회변동을 보는 안목이다. 노가다라 일컫던 노동자들에 대한 대우가 말에 있어서나 처우가 그들에 대한 새로운 인식이 있어서가 아니라, 실은 건설 노동자들이 크게 모자라서 노동공급의 희소성 때문에 임금이 올라가고 제대로 대접하게 된 것이라고 보는 것이 오히려 좀 더 포괄적인 설명이다.

기업 내에서 많은 의식개혁 운동을 전개한다. 변증법에서 처음 설명하던 정반합의 접근으로 보다 발전적인 의식의 틀을 제시할 수도 있다. 그러나 그것만으로는 한계가 있다. 다른 한편으로는 물적인 토대를 살펴보아야 한다. 업무분장, 업무의 흐름, 그리고 특히 물질적인 보상이 인사제도와 관행에 맞물려 종업원의 의식구조에 막대한 영향을 미치고 있음을 발견하게 된다. 그래서 기업문화 운동은 반드시 인사제도의 개선과 함께 추진되어야 보다 큰 효력을 발휘하게 된다. Hewlet Packard 社가 그 대표적인 例이다. HP way는 그대로 인사고과의 항목으로 작동한다. 의식과 관행은 인사고과를 통해 곧바로 보상 즉 임금의 차별화로 나타난다. 또한 HP way는 회사의 목표와 의지를 개인의 이해와 직결시키고 있다. 그래야 기업문화는 말 이상의 의미를 나타내게 된다.

기업운영의 실체로 접근하면 plan-do-see가 feed-back되는 과정이 중심과제로 떠오르고 see 즉 평가의 항목과 기준이 기업문화에서 제시되면 평가는 의미체계를 갖추게 되는데, 평가 즉 see한다는 것은 곧바로 다음번 planning의 guide로 작동한다. 대학 입시요강 즉 선발기준이 고등학교 교육의 학사운용에 직접적인 영향을 주는 것과 같다. Plan은 조직의 행동과 의지를 이끌어가게 되어 이른바 목표관리는 포괄적인 의미의 틀 속에서 진행되어진다. HP 社에서는 "coaching & managing performance" 라는 제목으로 HP way의 항목, 즉 기업문화의 주안점이 performance factor를 결정짓는다. 개인은 자기신고제를 작성할 때에 이 양식을 사용한다. 이렇게 목표관리는 단순히 계량화된 목표달성 여부만을 가리지 않고 전체적인 업무추진의 계획과 실제를 지도하고 관리하는 시스템으로 작동되고 있다. 이런 것을 반드시 변증법이라고 부를 필요는 없으나 巨視사회변동과 맞물려 있는 우리 나라에서는 변증법적 사유의 틀이 보다 분명하고 체계적인 틀을 제공할 수 있다. 다시 말하자면 왜 우리도 향후 HP 社와 같은 방향으로 인사·조직의 틀이 발전되어가야 하며 또 어떤 속도로 어떻게 변화 관리를 할 것인지, 그리고 어떤 요인들을 빠짐없이 고려에 넣어야 하는 것을 생각하면 이러한 조직적인 사고의 틀이 효력을 발휘하는 것을 이해할 수 있게 된다.

3. 절대적 가치와 상대적 가치

한편, 정신적 가치세계에서의 절대적인 가치와 business 세계에서의 상대적 가치는 무분별하게 혼동되어서도 안하다. 이 주제는 지나치게 단순화시킬 수 없는 주제임을 전제로 한다. 돈은 물건과 용역의 교환가치를 반영하는 상대적 가치의 場(field)에 속한다. 교환가치는 주로 수요와 공급이 맞나는 시장에서 결정되어 진다. 이에 비해 절대적 가치들은 교환되어 지는 것이 아니어서, 나름대로의 내재적인 원리에 따라 흐른다. 종교와 철학, 정치사상 같은 것들이 이 범주에 속해 있기를 사람들이 기대하고 있다. 양자의 세계가 확연히 구분되는 것은 아니지만, 두 범주에 속한 것들이 무분별하게 혼동되는 것은 바람직하지 못하다. 돈이 절대적 가치를 갖거나, 종교나 철학이 돈을 매개로 거래되는 것 또한 좋지 않다.

Business의 세계는 상대적 가치에 속한 것이다. 이 세계에서 지나치게 절대적인 가치를 찾아 나서거나, 의미를 부여해서는 안된다. 경영학 학자들과 경영자들이 이런 유혹에 많이 직면한다. 만사를 business를 중심으로 해석하려 하는 것이다. 이를 management centric이라고 한다. 지구에 사는 사람들이 천체의 운항을 확인하기 전에는 태양과 별들이 지구의 주위를 돌고 있는 것으로 생각하고 있었다, 왜냐하면 자기중심으로 사물을 보고 있었기 때문이다. Management centric[1]에서 벗어난다는 것은 management를 포기한다는 것과는 다른 의미이다. 정치 또는 사회운동을 하거나 어느 종교에 귀의해야만 management centric에서 벗어나는 것은 아니다. 인식의 범위를 넓혀서 정치, 종교, 사회, 예술 등 다양한 분야를 섭렵한다고 해서 되는 일도 아니다. 별자리를 수 없이 연구했던 당시의 점성가들도 천동설을 믿고 있었던 것을 보더라도 인식의 확대가 발상의 전환을 가져다주는 것이 아님을 알 수 있다.

겸손해야한다. 지구가 천체의 운항에서 차지하는 위상을 알았을 때와 마찬가지로, business란 절대적인 의미체계에서 보면, 문자 그대로 바쁜 것이란 의미를 갖고 있을 뿐이다. 서구라파에서는 비교적 이 문제를 합리적으로 다루고 있는 것 같아 보인다. 개인적인 privacy의 영역이 business의 영역과 분리되어 있다는 점에서 보면 미국과 유사하나, business가 정치의 종속적 관계로 설정되어 있다는 점이 조금 달라 보인다. 우리 나라에서 보면 정부의 규제를 완화해야 하는 것은 당연한 것이지만 이때에 규제완화란 쓸데없이 복잡한 절차를 없애는 것을 의미하는 것이지, 사회적 통제기능을 이완하는 것을 의미하는 것은 아니다. 기업으로 보면 사회적인 요구를 수렴하여 경영에 포함시키는 것이며 경영학에서는 이런 시각을 social management라고 한다.

어떻게 하면 좋은가? 대충 보자면 변화하고 있는 사회 분위기에서 한 걸음만 앞서 가시길 권유한다. 노사관계에 있어서는 민노총과 관련 당사자들의 활동에 대하여 적대적인 언행은 삼가는 것이 좋다. 북한과의 접촉이 조만간 활발하여 질 것을 감안한다면, 기업의 입장에서 자유연맹과 같은 태도는 삼가는 것이 좋다. 인사에 있어서 성과주의로의 선회가 눈에 두드러지게 나타나고 있으나, 당장에 구미와 같은 정도가 아니므로 직무성과급제의 완화 내지는 수정보완이 바람직하다. 성과배분제도에 있어서도 기업이익의 몇%를 나눈다는 형태보다는 성과에 따라 상여금을 몇% 더 준다는 식의 타결이 보다 더 자본주의 방식에 가깝다. 기업의 윤리문제에 있어서도 도덕적 이상주의를 시현하려 하거나 표방하는 것보다는 사회적 요구에 부응하도록 최선의 노력을 아끼지 않는다는 태도를 견지하는 것이 좋다. 직장 내부로 눈을 돌려보면 요즘 흔히 보는 기업의 윤리 헌장의 내용에도 있는 것들이다. 상사도 부하 직원에게 경어를 사용하는 것이 어색하다면 그저 반말을 함부로 하는 것은 자제하는 것이 좋다. 근본적으로는 개인에 대한 존중을 의미하는 것이고 회사의 업무에서 발생한 관계를 확대하여 privacy의 영역을 침해하지 않는 것이다.

한 걸음 더 나아가면 기업은 사회적으로 법과 정의의 토대가 된 기본적인 평등의 원리를 그대로 수용하는 것이다. 구체적으로 보면, 성, 종교, 국적, 지역, 학벌 등에 대한 차별을 하지 않는 것이다. 성희롱 방지, 뇌물수수등에 관한 것들이다.

한편 social management[2]의 뉘앙스를 파악하는 것이 중요하다. 기업이 사회적 요구를 미리 수렴하여 경영에 반영한다는 것은 기업의 사회적 책임이 증가하는 일면도 있으나, 다른 한편으로 보면 사회적 책임에 있어서 수동적인 입장이란 점이 강조되고 있는 것이다. 근본적으로 사회가 기업에 요구하는 것은 기업 본연의 업무인 business자체인 것이다. 이점을 요즘 다른 나라 정상들이 TV 매체를 통해 말하는 것을 들어보면, 그 요지는 자기 나라의 투자 환경이 좋으니 한국기업이 많이 진출해 줄 것을 요청하는 것이다. 어느 나라 건 국민이건 대부분 기업에 요구하는 본질적인 내용 자체는 business인 것이다. 시장에 디자인 좋은 튼튼한 물건을 값싸게 내어놓고, 고용과 근로조건을 늘리고 개선하는 것이 사회가 기업에 요구하는 가장 중요한 일인 것이며, 흔히 말하는 사회적 책임의 사항들은 이런 business를 행하는데 에 있어서 지켜야 할 boundary의미가 큰 것이다.

기업의 사회적 책임에 대한 의식조사의 반응에서, 대상은 기업체 직원 800여명으로 대표성을 갖기에 충분하다고는 할 수 없어도 여론을 감지할 수는 있었다. 여론은 기업은 사회적 책임을 능동적으로 감당하는 도덕적인 주체여야 한다는 응답이 88.6%이었고, "기업이 사회적인 책임을 수행하도록 법을 제정하고 시민운동을 통해 압력을 가하고 그 테두리 안에서 기업은 본연의 목적인 영리추구만을 하여야 한다"라는 질문에 대해 긍정적 답변은 26.9%인 반면 부정적인 답변은 42.4%에 달하고 있었다. 96년 현재 비자금 사건에 대한 공판이 진행 중이었다는 이유도 있었겠으나, 역사적으로 우리나라 재벌의 형성과정을 보면, 국민들과 정부의 지원이 매우 컸던 것으로 국민들은 당연히 재벌들이 이제 국민들을 위하여 상거래 관계를 넘어서 무엇인가 기여해야하고 윤리적으로도 주체적인 역할을 감당해야 한다고 생각하는 것으로 해석되어진다.

이렇게 정돈되기를 희망한다. Business는 상대적 가치체계의 영역으로서, 사회가 부여하는 절대적 가치를 지키고 존중해야 하며 본연의 사업을 충실히 정진토록 하며, 사회는 기업의 사회적인 위상과 역할을 한정 시켜주고 기업이 지켜야할 사회적 책임을 덕목과 함께 구체적인 사항으로 법제화하거나 제도화하는 것이 바람직하다. 유추해서 해석하면 기업은 언론, 종교, 교육, 시민운동 그리고 정당과 같은 가치체계를 창출하는 집단 (social institution)과는 별개이어야 한다. 또한 상대적 가치체계의 세계는 절대 천박하거나 저급한 것은 아니다. 돈으로 환산되어지는 거래는 나름대로의 가치를 반영한다. 그러나 두 영역은 어느 정도 구분되어지는 것이 바람직하다.

각 주

1. Tom Bottomore, "Marxism and Sociology" A History of Sociological Analysis ;

1978 Heinemann, London

Marx와 Hegel의 구별을 흔히 Hegel의 변증법의 논리를 Marx는 거꾸로 뒤집었다고 한다. 다시 말하자면, 세계이성으로 불리는 정신세계가 주류를 이루는 문명의 상부구조 (superstructure ; 정치, 종교, 문화 예술)에 의한 변증법적인 작용으로 문명을 이끌고 간다는 Hegel의 사상을 Marx는 문명의 하부구조인 생산체계의 움직임으로 또 역시 변증법적인 작용으로 역사를 움직여 간다고 한다. Marx에게서 인간의 노동이란, 물질뿐만 아니라 지적인 활동을 포함하는 넓은 의미의 활동을 의미하고는 있으나, 그가 중요하게 다루고 있는 것은 인간과 자연의 교호작용으로서의 경제활동을 중시하고 있다는 점에서 Hegel의 "spiritual labour"와의 차이를 볼 수 있다. 그러나 우리들은 이 주제를 지나치게 단순화하여 Hegel과 Marx의 차이점만을 부각시키면 두 사람 모두가 근거하고 있는 변증법의 체계를 간과하게된다. 두 사람 모두 spiritual labour이건 economic labour이건 자연과 문명 그리고 지적인 활동과 경제적인 활동이 변증법이라는 복합적이고 dynamic한 관계에서 interact하고 있다는 점이 중요하다. 이 논의는 사실 생각보다 난해하다. 필자로서 권유하고 싶은 것은 어느 입장이건, 일차적인 자연이건 2, 3차 가공된 자연이건 인간의 순수 정신적인 활동과 intermingle되어 있다는 사실을 염두에 두시라는 것이다. Marx와 전혀 관계없어 보이는 Toffler에게서도 제삼의 물결은 정보통신 혁명이라는 기술구조가 권력의 이동과 사람들의 생활 패턴에 막대한 영향을 주고 있음을 서술하고 있다.

분명한 사실은 자본주의 경제체제는 우리의 의식과 사회생활에 막대한 영향을 주고 있으며 그 기본적인 변화는 공동사회(Gemeinschaft)에서 이익사회(Gesellschaft)로의 이행이다. 이 변화는 전통적으로 생각하는 동서양의 차별보다는 훨씬 큰 폭으로 영향을 주고 있으며, 거의 universal한 성격을 갖고 있다. 서양이라 해도 자본주의 경제 이전의 사회에서는 우리들이 말하는 oriental한 성격(가부장적, 공동체적인 운명, 개인의 미분화, 연장자와 연공에 의한 서열, 온정관계의 중시, 관계의 지속성, 혈연과 지연에 의한 연고… 등)이 사회적인 관계에 만연하고 있었다.

2. George Trepo et al "Monsieur Personnel" p.231 Flammarion, Paris, 1978

사회적 경영이란 용어로서 사회적 경영의 지수들을 설정하는데 이것은 경제적 이득만 고려하거나 주주나 경영자에게만 보고되는 것을 목적으로 하는 것은 아니며 기업의 사회적인 책임과 경제적 상호 유기적인 연결로 파악하여야 한다고 한다.

Q & A Q & A Q & A Q & A Q & A Q & A Q & A Q & A

Q : 오늘날에 와서 보면, 자본주의 경제체제가 공산주의와 사회주의 경제체제 보다 경제

적인 면에서 보면 월등히 우수한 체제인데, 자본주의 사회에서 기업 내에서 또는 경영학에서 변증법과 유물론을 활용하고 있지는 않고 있습니다. 필자가 이런 시각으로 보는 것이 필요하다는 이유는 무엇인가? 거시적인 점에서의 설명이 필요합니다.

A : 미국의 경우 사회변동은 자본주의 내에서 이루어진 인간과 사회관계의 점진적인 변화입니다. 그리고 사실 인간관계론의 출현 배경은 원시 자본주의에서 수정 자본주의로의 이행이라는 사회적인 변화 때문이고 그 원인은 다분히 노동(labour)과 자본(capital)간의 역학 변화에 있다고 보여집니다. 다시 말하자면, 노동조합과 노동자의 힘이 그전보다 강해진데에 기인합니다. 그것에 비해 지금 우리가 겪고 있는 변화는 Toffler가 말하는 제2의 물결이라고 불리는 자본주의 산업사회의 인간과 사회관계로의 이행입니다. 매우 근본적인 변화입니다. 이런 경우 거시적인 틀을 보는 좀더 체계적인 시각이 필요합니다.

이론적으로도, 조직론은 사회학, 문화인류학 그리고 심리학을 기초로 하고 있습니다. 그런데 이 학문들에게서, 변증법과 유물론(물질과 정신과의 관계)은 기본입니다. 프로이트의 심리학에서 육체와 id라 불리는 본능은 정신현상에 영향을 주고 있는 것으로 파악합니다. 헬름홀츠의 에너지 이론이 정신현상에 적용된 것입니다. 사회학 역시 Marx와 그에 대한 비판 없이 우회하기 힘들고 이런 과정에서 단선 논리로 만의 사고는 전체를 파악하는 데에 한계가 있습니다. 우리가 이런 학문들은 접할 때에 필수적인 안목도 바로 이런 사고의 논리입니다. 경영학에서의 system론이라는 것도 유사한 사고를 요하는 것입니다. 그런데 변동은 system론에서 어떻게 설명되어지겠습니까? System이란 자기 유지적인 성격으로 변동하지 않으려는 것입니다. 할 수 없이 systems dynamics라고 하여야 합니다. 경영의 본질입니다. 범위를 한정하여 미리 변수를 set-up하지 않고 연관되는 모든 주요 변수를 총체적으로 고려하는 것입니다. 그러나 이런 시각은 총체적인 점에서 변증법과 유사하나, 체계적이지 못합니다. 거듭 말하자면 변증법과 유물론은 서구 지성의 기본적인 골격이고 우리가 외양이 아닌 그 본질을 파악하는 데에 한층 보강해야 할 사고 체계입니다.

Q : 변증법 이야기를 하다가 후반에 가서 기업운영의 실체를 plan-do-see로 규정지으며 평가와 plan의 연결고리를 강조하는 이유는 무엇입니까?

A : 이 책이 줄곧 강조하는 바는 경영실체의 핵심을 종합적으로 보고 그 원인을 추적해서 근본적인 대책을 마련하는 것입니다. 경영의 기본은 plan-do-see인데, 이 삼자가 각기 따로 돌기 때문에 우리 기업들이 혼란을 겪고 있다는 것입니다. 애초에 planning 할때에 그 기본이 잘 지켜지지 않고 있어서 계획한 것이 그대로 되어질리 만무합니다. 상황이 변했을 때에 이를 어떻게 처리하느냐를 교육하고 이를 시행했다면 반드시 review해서 다음 번에 잘하도록 see하는 것입니다. see의 과정이 평가인데 이 평가가 보상이라는 임금과 승진에 적절히 반영되지 않고 보상과 평가가 따로 돌아갑니다. 이러한 기본적인 경영 process를 보지 않고 기업문화라는 의미체계를 다루면 또 겉돌게 됩니다. 그렇다고 이러한 요소들이 mechanic하게 모두가 단선적으로 연결되어야 속 시원하다고하면 또다시 혼란이 오게 됩니다. 단선적일 리가 없고 세상이 그리 간단할 리가 없습니다. 변증적인 관계로 볼 때에 보다 더 실체의 핵심에 접근할 수 있습니다. 관념과 개념을 그대로 외워서 쓰면 안되고 그것이 표현하는 바를 구체적으로 추적해야 합니다.

Q : 필자의 K이론이 나오기 까지의 지적인 흐름은 어떤 것입니까?

A : 필자는 약 10년간, 소위 말하는 경영학의 범위를 벗어나서 방황을 하였습니다. 아마추어의 수준이었지만, 철학과 종교 사회학과 심리학 그리고 문화인류학을 자유롭게 넘나들었습니다. 그러다가 기업체들을 자문하기 시작한지 6-7년 지났습니다. 한국노동연구원에 재직하면서 실태조사를 하며 연구한 테마들도 축적되었습니다. 이 책은 그간의 조사와 경험들과 사유를 정리한 것입니다. 다분히 새로운 시각으로 바라보게 되었고, 실무적인 차원에서는 통합적인 접근이 시도되었습니다.

K이론이라 이름 붙여진 것은 학술을 위한 학술이 아닌 바에, 기업에 계신 실무자들에게 친근하게 접근하면서도 책의 내용을 함축적으로 표현할 수 있는 말을 찾다보니, Management for Korean Firms의 K자를 내세우게 된 것입니다. 한국적인 경영을 포괄하고 있습니다. 접근 방식에 있어서도, 철학을 좋아하지만 직관적인 한국인의 기질이 발휘되었습니다. 변환의 과정을 총체적으로 경영자의 입장에서 서술하면서 오늘날의 한국의 경영현실을 반영하려 하였습니다. 미완성된 부분도 많이 있지만, 독자들이 읽을 만큼 되었을 때 더 이상 지체할 수는 없었습니다. 불후의 명작을 쓰려는 것은 아니고 지금 필요한 것을 빨리 독자들에게 전달하려는 것입니다. 그리고 향후 또 부지

런히 써가면서 보완되어 질 것입니다.

知的인 흐름으로 보면, 연세대학의 오세철 교수에게서 많은 시사를 얻었습니다. 그러면서 좌파 운동권의 학생들과 북한의 동포들도 생각이 났습니다. 어쩌면, 이들은 유물론과 변증법이 공산주의 이론의 전유물로 생각할는지도 모릅니다. 남한의 사람들에게도 마찬가지입니다. 이 책을 다 써 놓고 보니, 현대의 불확정이론과 다른 좋은 철학 사상이 많이 나왔지만, 유물론과 변증법은 dynamic한 현실을 파악하는 사유의 틀로서 매우 유용한 것 같고, 만일 필자가 신선한 시각으로 현실의 복합성을 꿰뚫어 보며 유용한 대안을 제시하고 있었다면, 그것은 유물론과 변증법의 논리에 힘입은 바가 큽니다. 그러나 필자는, 유물론은 Gaston Bachelard, 그리고 변증법은 Hegel을 흉내었습니다. 여기서 필자는 새로운 가능성을 봅니다. 좌파에서 유물론과 변증법을 훈련받은 많은 사람들은 그 사유의 틀을 잘 활용하여 자본주의 사회에서도 공헌할 수 있습니다. 또 이론적으로는 맞지만, 단지 먹고살기 위해 사상적인 변절을 할 필요는 없다는 것입니다. 남한에서도, 공산주의 폭력 혁명론과 유물론적 변증법사이에 틈새를 내고 양자를 격리시킬 필요가 있습니다. 좌파가 유물론과 변증법을 빌려다 쓴 것 뿐입니다.

어쩌면 필자는 말도 안돼는 엄청난 지적인 오류를 범하고 있는 지도 모릅니다. Frankfurt학파와 해방신학에서 여러 번 시도되었으나, 아직 정통성을 부여받지 못하고 있기 때문입니다. 그러나 필자는 임금과, 기업문화 그리고 다른 경영혁신의 방법들을 이런 각도에서 바라보니 많은 의문점이 풀려가고, 보다 현실적인 대안들이 눈에 보였을 뿐입니다. 더 이상의 철학적인 논의는 황장엽씨 같은 분에게 부탁합시다. 어찌 경영학을 하는 나 같은 사람이 이것은 거대한 철학적 명제의 흐름을 바꾸려 하겠습니까? 저자는 그저 지나가다 이런 것을 보았을 뿐입니다.

Q : K 이론에서 실무적인 차원에서 강조하고 싶은 것은 무엇입니까?

A : 한국의 경영현실에서 여러 가지 경영혁신의 방법들이 성공하려면 가장 중요한 것은 기본적인 것을 돌아보는 것입니다. 바로 activity인 것입니다. 경영혁신의 방법들에서 공통적으로 흐르는 맥은 activity인 것입니다. BPR은 이 activity들의 결합을 process중심으로 재편하면서, information technology를 활용하는 것입

니다. 기업문화에서 업무(activity)를 어떤 식으로 해야한다는 행동의 준칙들이 제시되어져야 합니다. 이는 인사제도에서 보면, 일반적인 능력과 태도를 general skill이라는 항목으로 결합한 것입니다. 당연히 activity의 성격에 따라 달라질 것입니다. 인력 계획에서도, activity를 분석하면서, 필요한 skill의 종류가 matrix 형태로 나와지면, 이를 근간으로 채용과 교육·훈련, 그리고 승진과 전환 배치가 합리적으로 운용될 수 있습니다. 목표관리를 시행하려 해도 본인의 activity가 정리 된 후 그 목표의 난이도가 가려지고, 어떤 식으로 업무를 전개해야 할지가 확연해 집니다. 임금을 줄 때에도, 일 잘한 것을 기준으로 임금을 차등화 하려면, 일의 난이도와 중요도를 가려내야 하는데, activity matrix의 설정이 필요한 것입니다. TQM이 성공하려면, activity에 적합한 사람이 배치되거나, 이에 적합한 적절한 훈련을 시켜야 합니다.

사람들은 이 구닥다리 기본개념을 보면서, 보다 fancy한 경영혁신 방법을 찾을는지 모릅니다. 이러한 방법들이란 무덤에 있는 F. Taylor를 다시 끄집어내서 수선하려고 하는 것이라 할지도 모릅니다. 그러나 현란한 말들이 오히려 현실의 실체를 가리울 수도 있습니다. 현업의 경영자들은 생각의 출발을 주변의 실제 상황에 두어야 합니다. 이 책을 이해하려면 열린 마음이 필요합니다. 인사관리라는 틀, 경영학이라는 틀을 떠나 상식과 대화의 세계로 들어와야 합니다.

Q : K 경영이론이 포괄하는 범위는 무엇입니까?

A : 경영학이 포괄하는 범위는 전략, 마케팅, 재무, 인사·조직, 생산 등의 모든 분야를 막라합니다. 그러나 이 모든 분야를 평면적으로 나열하는 것보다는 핵심적으로는, 전략적인 관점에서 경영의 여러 분야들을 다루는 것이 보다 효율적이라고 보여집니다. 그런데 K이론은 엄밀히 말하자면, strategy implementation의 차원에서 다루어졌는데, 그 중에서도 인사, 조직, 노사를 주로 다루고 있습니다. 미국의 경영학 분야에서 Academy of Management학회는 전략을 포함한 상기의 세 가지 분야를 한데로 묶어서 다루고 있습니다. 필자가 말하는 strategy implementation은 기업의 경영전략이라기 보다는 수립된 경영전략 또는 전략수립 이전에 고려해야 할 문제들을 인사·조직 측면에서 다루고 있습니다.

Q : 필자의 변증법적인 사유 또는 유물론의 시각이 K이론을 이해하는데 에 필수적인 사항입니까?

A : 반드시 그렇지는 않다고 보여집니다. 또 어떤 이들에게는 오히려 혼란을 가중시킬 수도 있는 것입니다. 이런 분들은 구태여 K이론의 철학적 배경을 읽으실 필요는 없다고 보여집니다. 그러나 글을 쓰는 사람의 입장에서 보면 자신의 사유가 어디에서 연유하고 있는 지를 밝혀 두는 것이 어떤 독자들에게는 속 시원하고 또 이러한 주제를 좀더 깊이 연구하고 싶은 분들에게는 생각의 출처를 알려드리는 것이 향후의 학문적인 발전에 필요한 사항이라고 생각합니다. 그리고 좌파의 사유 속에 계신 분들도 자본주의 사회의 기업경영에 합류할 길잡이가 될 수도 있다고 보여집니다. 아무튼 이 부분을 읽으면 K이론을 보다 풍부하게 이해하는 데에 도움이 될 것입니다.

Q : 필자의 문체가 구어체 형식을 따르고는 있으나, 논리의 비약이 심한 부분도 있는 이유는?

A : 필자의 수련이 부족한 것입니다. 다만 쓰고 보니 구어체 형식이 보다 감각적인 이해에 도움이 되는 것으로 생각됩니다. 논리의 비약이 심한 부분이 많은 것은 게을러서 그러합니다. 향후 다행히 2판이 나오면 많이 보완할 것입니다. 다만, 필자의 사유는 단선적이지 않고 회전합니다. 핵심을 붙들고 주변 관련 사항들을 포괄적으로 설명하려고 하였습니다. Style의 장단점이 있습니다. 이 경우 산만해질 위험은 있으나 짧고 간결하면서도, 함축적으로 의미를 전달 할 수 있습니다.

Q : Management Centric이란 자연스러운 것이 아닌가요? 법조인들은 법을 위주로 생각하고 예술을 하는 사람은 예술을 위주로 생각하고 행동하는 것이 자연스러운 것이 아닙니까?

A : 그렇지 않다고 봅니다. 현행법은 자연법을 거슬러서는 아니되고, 예술의 美는 眞理를 토대로 하여야 삶을 위한 공헌을 한다고 보여집니다. 특히 경영활동은 많은 사람들에게 직접적인 영향을 미치는 활동이고 또 현실적으로도 사회적인 제약 속에서 움직여야 하기 때문에 경영과 사회의 관계를 항시 주목하여야 합니다.

19장 조직의 통합과 정치력 ; 사회학의 과제

「Neo-Taylorism을 기본축으로 political leadership을 발휘해야 한다」

Politics라면 국내 정치에 식상한 사람들은 dirty trick으로 받아들이거나, 원칙을 무시한 현실론자로 생각할 수도 있다. 그러나 두 사람 이상이 모여 살아가는 조직체는 서로 다른 의견을 조정하고 조직적인 활동을 하려면 정치력이 필요한 것이다. 기업으로 보면 경영이란 administration기능과 institutionalization(P. Selznick)[1] 기능이 있는데, 이 후자의 기능이 political leadership의 영역이 된다. Institutionalization은 한 기업에 mission을 부여하고, 구성원의 의지를 결집하는 기능을 말하는 것으로 현대에 와서는 기업문화의 본령이라고도 할 수 있다.

1. Social Integration

William Ouchi의 Z이론의 배경은 Emile Durkheim의 Social Solidarity에 있었다고 한다. 이 책이 주안점으로 한 것은 조직의 통합이었다. 조직체가 하나의 유기체처럼 움직일 때에 높은 효율성을 발휘한다는 것이다. 실제로 단결력을 가장 잘 과시하는 집단이 일본 사람들이라는 것은 잘 알려진 사실이다. 경제학자들은 Internal Transaction Cost라는 개념으로 이 현상을 설명한다. 조직 내부에서 협조가 잘 이루어지려면 무엇인가 infra가 잘 구축되어야한다. Infra가 잘 안되어 있으면, 거래가 발생할 때마다 높은 대가를 지불해야 한다는 것이다. 실제로 미국사회는 변호사가 판을 친다. 모든 계약관계에서 변호사가 필요한 만큼, 거래에 관련된 비용, 즉 transaction cost가 뒤따른다. 기업내부에서도 사람들은 한 조직체의 구성원이지만 이해관계가 일치하는 것도 아니고 같은 현상을 놓고도 서로 다른 시각을 갖고 있으면 협조 때마다 불필요한 모종의 cost가 발생한다. 집단이 단결하고 있으면 이러한 internal transaction cost가 낮아진다는 것이다. 일본의 경쟁력의 원천이 이것에서 오는 것이고 이를 뒷받침하는 소위 일본식 경영의 장점이 인사와 조직운영의 원리에서 온다는 점을 Z이론이 설명하고 있는 것이다.

그런데 Ouchi가 말하는 Social Solidarity는 Durkheim의 concept로 보면 Mechanistic Solidarity에 속한다. 다시 말하자면, 집단구성원의 성격이 동질화되는 것이다. 일본 사람들을 보면 금방 눈에 띈다. 회색 양복에 단정한 옷차림에서 말과 행동이 질서를 존중하고 개인적인 의사가 표출하지 않는다. 그러나 이러한 분위기는 요즘 일본에서 조차도 도전 받고있다. 그 이유를 K이론의 앞부분에서 설명하였다. 무엇이 문제였는가? Differentiation이다. 분화되고 다른 모습을 갖는 이른바 개성의 표출이다. 실제로 Durkheim이 찾고 있던 Organic Solidarity의 개념인 것이다. 각기 제멋대로이나 통합되고, 통합되어 있으나 각기 다른 것이다. 우리 눈에 비친 사람들 중에서 프랑스 사람들이 이 differentiation의 축이 가장 잘 발달해 있는 것 같다. 제 멋대로나 어디로 튀는지 가늠하기 어렵고 권력의 핵심이 어디에 있는지도 잘 모르게 변덕스럽다. Thomson社 인수를 번복시킨 사람들이다. 어찌 되었건 이 두개의 축을 해결하는 것이 오래된 사회학의 과제였다.

문제는 종교적이고 신화적이었던 Social Integration의 축이 기능을 상실한 현대 사회에서 이를 대체시킬 mechanism을 학자들은 찾고 있었다. 그래서 Max Weber만 하더라도 여러 종교의 특질을 연구하고 이것으로부터 보편적인 원리를 찾아 나선 것이다. 그의 연구업적 중 Protestantism과 Capitalism이 그것이고, 합리성이란 개념을 도출해서 조직의 운영원리로 삼은 것이 그 유명한 Bureaucracy(관료제 모형)이다.[2] Maslow역시 모든 종교가 지향하는 바가 인간의 자아 실현에 있었다 보고 자아 실현의 욕구를 말하게 되었다.

神들의 機製(Machine à fair des Deux)를 쓴 S. Moscovici는 지금까지의 Social Integration Mechanism을 연구한 후 한 걸음 더 나아갔다. Durkheim, Weber, Maslow, Marx와 유물론자들이 대상으로 하고 있었던 Elementary Forms of Society보다는 보다 더 분화된 형태를 보아야 한다는 것이다. Social Representations의 개념을 말하게 된 것이다. 현대는 종교 단위의 여러 integration mechanism들이 공존하고 갈등하는 것이 아니라, 그보다 더 분화된 가치체계가 공존한다. 가치체계라 하였지만 실은 욕망과 이해 그리고 집단과 개인의 identity가 표출하는 Social Representations인 것이다.[3] 다면화하였다. 실제로 우리 나라만 하더라도, 이해관계를 형성하는 구성원의 단위는 더 작게 분화되었다.

이러한 상황에서는 고정관념에서 탈피하는 것이 중요하다. 몇 가지 원리로 해결될 수 없는 것이다. 다시 읽는 경영학원론에서 꼬집었던 사항들은 독자는 기억하실 거다. X와 Y, 위생요인과 동기요인, 욕망의 5단계, 인간관계론에 대한 접근자체도 문제가 있지만 설령 원전에 충실한 정확한 설명이 가해졌다 해도, 현대의 조직들을 이끌어 가는 leadership으로는 부적절하다는 것이 한눈에 보인다. 바둑으로 치면 중반전투이다. 몇 가지 정석과 그 변화로는 해결이 안되고 판을 읽는 수 읽기의 힘이 필요하다.

2. Political Leadership

Politics라는 것에 오해가 없기를 바란다. 몇몇 trick과 propaganda로 정치가 되는 것이 아니다. 진정한 politics는 얽힌 실타래를 풀어내고 조직의 활로를 여는데에 있다. 현대의 기업으로 보면, 기술구조에 난맥이 있다. 대량생산과 저부가가치의 상품을 다룰 때와는 상황이 다른 것이다. 설령 제품자체는 전과 같다하더라도 인건비는 치솟고 경쟁은 격화되면서 품질과 생산공정 그리고 marketing에서 전과 같지 않다.

Political leadership은 구성원의 의지를 결집하는 기업문화의 본령이라고 했다. 그런데 이 기업의 문화가 전술한 바대로 그저 막연한 구성원들의 의식에서 나오는 것이 아니고, 일터에서의 업무 속에서 나와진다. 총체적인 사고가 필요하다. 기술구조, 제품의 특성, 경쟁상황, 인사관리와 관행, 현 사회의 문화변동, 이해관계의 충돌....등 수많은 요인들이 복합적으로 만들어 내는 것이 기업문화이고, leader는 역시 이것들을 총체적으로 다루어야 하는 것이다. 그 가운데에서 기업과 구성원에게 mission을 부여하는 institutionalization작업을 해야 한다는 점에서 최종적으로는 politics인 것이다.

필자는 Neo-Taylorism으로 회귀할 것을 권유한다. 기본적인 질서를 회복하는 일이다. integration과 differentiation축으로 보면, integration축을 강조한 것이다. 그리고 그 기본 전제는 판을 충분히 읽는 것이다. 안으로는 직무체계를 정비하고 밖으로는 information channel을 정비하는 일이다. 이 기본 infra가 정비되어야 합리적인 상식이 조직운영의 주류를 형성하고, 그 기반 위에서 팀제던 목표관리던 differentiation의 축으로 자율경영과 분권화 그리고 창의성과 더불어 조직내의 시민정신이 건전하게 발휘될 수 있다. 윤리의 기반이기도 하다. 그래야 최고 경영자가 제시하는 vision이 신뢰를 갖고 공허하지 않은 나의 문제로 인식되어 질 수 있다. 집단의 움직임이 업무를 둘러싼 현장에서 형성되는 것에도 주목해야 한다. 어떻다는 선입관을 가지기 전에 발밑에서, 즉 현장의 업무흐름에서 이해관계가 어떻게 얽혀 있는지를 보고 그것을 조정하는 작업이 선행해야지, 무조건 싸우지 말고 협력하라고 해서 해결되지 않는다.

집단이 합리적이지 않다는 말도 일리가 있다. Bureaucracy의 붕괴라는 표제에도 귀담아 들을 말들이 있다. 합리의 토대에는 신화적인 기반이 자리 잡고 있기 때문이다. 그러나 leader는 항상 집을 짓는 목수와 같이 건전한 상식으로 표현되는 합리의 틀을 구축해 가야한다. 그리고 그 합리성[4]은 진정한 신화체계와 imaginaire의 산물이기도하다.

Political leadership의 본령은 분명 이 imaginaire의 영역이다. 그러나 그것은 물적 토대에서 자라난다. Gaston Bachelard의 표현을 빌리자. "적당한 물질에 귀속시키면서 형식을 연구할 때, 비로소 인간적 상상력의 완전한 가르침을 볼 수 있다. 거기서 이미지라는 것이 대지와 하늘, 실체와 형식을 필요로하는 하나의 식물이라는 것을 이해하게 되리라… 시도된 바 있는 이미지의 대부분이 남아 있지 못한 것은, 그것들이 단순한 형식의 장난이며, 장식하지 안으면 안되는 물질에 진실로 적용될 수 없었기 때문이다."[5]

 각 주

··

1. Selznick P, "Leadership in Administration", Harper & Row, 1957

2. Max Weber, "Protestant Ethic and the Spirit of Capitalism", translated by T. Parsons, Allen & Urwin, 1976

Michael Novak은 카톨릭의 입장에서 이 주제를 다룬다.(카톨릭과 자본주의 정신 ; 한국경제신문사, 1993) 자본주의의 생명력은 이성적인 것과 근검절약이라는 청교도 정신보다는, 창조성에 있다는 것이다. 그리고 이윤은 새로운 상품, 새로운 시장 그리고 새로운 공정과 경영방식에서 초과 이윤이 발생한다는 것이고, 이점이 창조주 하느님의 형상을 닮은 인간의지의 실현이라는 것이다. 창조적 질서의 회복이라는 관점에서 노박씨는 교황청의 사회교리를 바탕으로 자본주의의 윤리를 다루고 있다.

3. Serge Moscovici ; 인간의 歷史는 신들의 역사이기도 하다. 고대 부족사회는 특히 그리스는 종족들끼리 전쟁을 하였다. 지는 부족의 신은 사라진다. 당시 그 부족의 신이 부족의 identity를 나타내고 있었다. 신은 그들 부족의 생명력을 불어넣고 있었다. 그들의 정신을 대변하고 있었다. 다른 측면에서 보면 신들의 전쟁이다. 인간에게 incarnated된 신들이 인간들을 움직여 역사를 이루어간다고도 볼 수 있다. 그러다 점차 한 부족과 문명을 포괄하는 커다란 paradigm이 분화한다. 이때 사회학자들은 하나의 신이 아닌 다원화된 신들의 機製가 (mechanism) 사회를 움직이고 있다고 보고, 이 신들을 논리적으로 개념화하고 공통분모를 찾아내고 사회학적인 의미의 틀을 찾기 시작했다. Marx, Weber, Durkheim, Maslow 등, 이들은 사회를 integrate할 수 있는 중추를 찾는 작업을 사회학의 과제로 잡아 나갔다. 출발점은 기존의 신들의 역할에 초점이 두어진 것이다. 유물론자들(Feuerbach)은 사회를 움직이는 두 개의 기둥은 종교와 정치라 했다. 그러나 그 정치와 종교는 무엇을 어떻게 먹느냐에 따라 영향받는다는 것이다. 현대에 오면, 몇 줄거리의 종교적인 paradigm은 더욱 분화한다. 이렇게 분화된 가치관과 행동패턴을 Moscovici는 social representations라 한다.

그렇다고 종교적인 의미가 사라진 것은 아니라고 보여진다. 다만 종교적인 정신은 해석학 (hermeneutics)으로 시대적인 상황을 판독하여 구체적이지만 간접적인 의미를 부여할 수 있다. 이점에서 신학적인 경영학이란 없다. 경영의 원리를 잘 따라서 경영을 잘하는 것이 신이 원하는 바일 뿐이다. 그러나 그 구체적인 상황은 잘 보면, 종교적인 의미로 무엇이라 해석을 내릴 수는 있다. 카톨릭 교황청의 노동헌장으로부터 이어지는 사회교리는 시대적인 문제에 대한 나름대로의 해석과 구체적인 지침을 부여하고 있다. 교조주의가 아닌 hermeneutics의 차원인 것이다.

4. 카리스마라는 것도 원래의 의미는 인류 문명의 기초를 놓은 사람들을 의미한다. 대표적인 사람으로는 모세를 든다. 모자익이라는 어원의 출처이기도 하다. 전통은 이 카리스마에서 출발한다. 그리고 합리성은 이 전통과 카리스마의 행동과 사고를 논리적으로 개념화한 것이다. Logos는 Platon이 그리스 12신중의 하나인 Apollo신을 논리체계로 개념화한 것이다. 이성을 떠받치는 힘이 필요하고 그 뿌리가 있어서 이성적인 것이 출현한다. 현대사회는 자꾸 이 전통과 카리스마를 제거 하려한다. 그러나 전통은 생성 발전하는 살아 있는 것으로 파악할 필요가 있다. 또 어느 시대이건 카리스마가 필요하다. 그것이 개인이 아니라면, 집단 또는 다수일 필요가 있다. 누군가에 의하여 떠 받쳐지지 않는 합리성은 존재할 수 없다. 그것이 전통화 한다는 것은 역사적인 흐름에서 자리 잡은 것을 의미한다.

5. 가스똥 바슐라르, "물과 꿈"

바슐라르는 상상력의 근원은 물, 불, 바람, 흙이라는 물질의 네 원소에 두고 있다. 물은 몽상이라는 시적 상상력과 가장 잘 부합하고 있다. 만일 물이 존재하지 않았다면, 몽상의 상상력이 피어오르지 않는다. 물을 보면 흐르는 생명력을 감지한다. 바닷물, 한강물, 연못… 이런 것이 있어서 사람들을 물을 매개로 시적인 상상력을 발휘하고 이를 표현한다.

바슐라르에게서 현실이란 이 imaginaire이다. 물질 자체는 물질일 뿐이다. 이 물질을 매개로 인간적인 상상이 만들어낸 것이 문명이고 우리의 실존이다. 그래서 imaginaire는 허구 또는 단순한 상상일 뿐이 아니다. 그것이 현실이다. 다만 그것이 물질을 매개로 장식하지 않으면 안 돼는 절실한 의미를 반영하여야 진실한 것이고 오래 살아 남는다.

Q & A Q & A Q & A Q & A Q & A Q & A Q & A Q & A Q & A

Q : 바슐라르로 끝나는 결론에서 논리적 비약이 심하지 않습니까?

A : "이익사회는 아름답다"라는 저서를 계획하고 있는데 다음번 저서에서 충분한 설명을 약속드립니다. 말과 실천 그리고 상상이 일치하여야 한다는 것을 의미할 뿐입니다. 그리고 상상은 허구가 아닌 실존이라는 것입니다.

結論 K 경영관리의 통합모델

기업에서 어떤 제도에 대하여 생각할 때에 고려해야 하는 사항을 대별하면 세 가지로 볼 수 있다. 첫째는 strategic한 면이고, 둘째로는 cultural, 셋째는 systemic한 면이다. Strategic하다는 것은 이러한 제도가 전략적인 점에서 보면 과연 우리 기업의 영업에 도움이 되는 것인지 판별하는 것이고, Cultural한 면이란 이 제도가 우리 기업의 생리에 부합하는 것인지 그리고 현재 상태에서 고려해야할 사항이 무엇인지를 가늠해 보아야 하는 것이다. 이를 문화 적합성이라고도 할 수 있다. Systemic한 점에서 보는 것은 이런 제도를 운영하려면 어떤 system을 움직여 나가야 하느냐는 것이다. Strategic한 점에서나 cultural한 점에서도 적합하더라도 이런 제도를 운영할 수 없으면 불가능한 것이고, 가능한 경우라도 가장 efficient한 방법이 무엇인지를 고려해야 한다(Systemic). K이론에서 제기한 문제를 요약하면 다음과 같다.

Strategic? : 영업을 위한 경영관리

- 기능적인 기업문화
- 成果主義의 실질적인 적용
- 목표관리에 의한 경영관리의 기본 Process

Cultural? : 이익사회로의 변화

- 가치체계의 발전적 통합
- 미비된 직무체계에 대한 배려
- 기본적인 실무처리
- 협력적 노사관계

Systemic? : 통합적 연계성(K 경영관리 통합모델)

- MBO 실패의 경험 ; 기업문화로 보강
- 직무분석의 한계 ; Activity Analysis
- 임금의 차등화 ; 총액 임금에 의한 성과의 반영
- Planning & Evaluation
- 경영혁신과의 연계성

l. Strategic 요인의 종합검토

개인도 마찬가지이지만, 그 기업이 어떤 곳이냐를 말해주는 것은 product concept 에 있다. 개인의 경우 무엇을 하는 사람이냐는 것이다. 기업도 그 기업이 만들어 내고 있는 재화와 용역이 무엇이냐가 그 기업의 identity의 가장 주요한 구성 요인인 것이다. 그런데 단순히 product의 종류만으로는 설명력이 약하고 그 product의 concept 가 핵심적으로 드러나야 한다. 예를 들어 자동차라면, 스포츠 스타일의 중저가 모델로서 젊은 사람들에게 대량으로 생산해서 공급할 수 있는 화려해 보이는 자동차라고 하면, 어떻게 만들어 팔아야하는 지를 가늠할 수 있게 된다. 영업(business)의 출발점이 이것이다. 경영관리 체제는 바로 이 product concept를 주축으로 하는 영업을 (business) 지원하기 위한 system이어야 한다.

1) 기능적인 기업문화

기업문화는 이런 점에서 보면, 영업전략을 위한 product concept를 주축으로 한 관점에서 보아야한다. 조직을 culture unit로 편성한다는 것은 product concept의 유사성을 분류하는 것을 의미하고(LG), 부문별 mission의 정의는 각 부문의 direction을 부여하는 기능적인 의미의 축으로 기업문화가 작용할 수 있게 된다. 또한 조직운용의 관점에서 변화관리의 과정에서 실제로 내재하고 있는 가치관을 발전적으로 통합 정돈하여 조직운용의 지침(경영이념에 해당)으로 활용한다. 이런 점에서 기업문화는 실질적인 조직의 실체를 반영하여 전략의 기본전제이자 전략을 담는 그릇으로서의 역할을 하게 된다. 목표관리와 인사제도와 관련하여 성과의 수치적인 결과에 치우치는 점을 general skill의 항목으로 보강되어져 과정에 대한 평가와 업무수행의 구체적인 지침으로 작동하게 된다.

2) 성과주의의 실질적인 적용

성과주의의 관점에서 경영관리는 지원체계를 운용하는 것을 의미한다. 완벽한 경영관리 체계를 위한 체계가 아니라 일 잘하도록 운영한다는 것이다. 평가의 기본 축이 능력이나 연공서열이 아니라 일 잘한 것, 즉 성과에 중점을 두는 것이다. 능력은 성과의 과정으로 충분히 고려되어지나, 능력을 위한 능력이란 약점을 오히려 보강 받게 된다. 태도 또한 어느 것이 事前的으로 옳고 그름의 차원을 떠나 무엇이 해당업무에 efficient한 것이냐를 본다는 점에서 능력의 일부이기도하다. 인사는 전략과 경영혁신을 지원하는 staff의 기능이 보강되어지고, 최종적으로는 평가에 의하여 성공적인 실천을 담보하게 된다. 이런 점에서 보면 임금체계는 성과를 반영하는 직무성과급의 골격이 전략적으로 가장 우수한 system인 것이고 이를 우리 현실에 맞게 수정해서 활용하여야 한다.

3) 목표관리에 의한 경영관리의 기본 Process

목표관리는 경영관리의 기본 축인 plan-do-see의 feed-back과정을 보강하는 제도이다. 이 기본적인 경영의 process(Fayol)가 무너져 있는 상태에서는 합리적인 경영이 제대로 시현될 수가 없다. See의 과정은 평가이고 이 평가가 planning에 feed-back되어지지 않으면 업무지시는 헛돈다. 왜냐하면, 종업원의 입장에서는 평가에 의해 자신의 신분이 영향 받는 것을 가장 신경 쓰기 때문이다. 계획되어진 것은 실천되거나 계획자체가 flexible하게 수정되어져야 하고 제대로 평가되어져야 한다. 그리고 보면, 기업문화는 경영관리의 soft-ware이고 목표관리는 hard-ware인 셈이다. 이 목표관리는 경영관리의 여러 제도들을 흡수하여 인사의 평가제도가 되고 기업문화를 반영하는 틀이 된다. 이런 것을 보고 어떤 기업은 목표관리를 Managing Performance & Development라고도 한다(유한 킴벌리).

2. Cultural 요인의 종합검토

조직접합성의 문제이기도 하다. 어떤 제도라도 그 조직의 생리와 현황에 부합하여야 한다. 우리 나라에서 cultural한 문제는 사회 분위기가 이미 Gemeinschaft에서 Gesellshaft로 이동하고 있기 때문에 영업에 가장 도움이 되는 경영관리 system을 좁은 의미의 합리적인 경영관리를 시행해도 무방하다고 보여진다. 미국식 경영 패턴이 유효하다는 의미이다. 다만 우리 나라는 문화변동의 이행과정에(transit period)에 있기 때문에 속도를 조절하고 상황의 특수성을 감안할 필요는 있다. 그리고 변환기에 혼란스러운 가치와 의견들을 발전적으로 통합해서 명쾌한 해석을 내릴 필요가 있다.

1) 가치체계의 발전적 통합

가치체계의 발전적 통합에서 언급되어진 내용의 골격은 우선 개인별로 그가 조직에 얼만한 기여를 한 것인가를 기준으로 능력의 차이를 반영하는 것은, 오히려 집단의 인화에 도움을 주는 것이라는 것이다. 현재 종업원 대다수가 이런 차등화를 원하고 있는 상태이기도 하다. 문제는 차등화의 정도인데 상상보다 큰 폭의 차등화를 원하고 있다. 이런 수준보다는 조금 적은 폭으로 차등화를 시행하는 것이 종업원 대다수가 원하고 있기 때문에 오히려 조직의 안정에 도움을 준다. 다음으로는 flexible한 것, empowerment, 자율경영 등의 용어는 조심스레 그 의미하는 바를 되씹어 보아야한다. 자율경영은 잘 발달된 control mechanism(예 ; 목표관리)이 작동되어야 가능하다. Flexible보다는 경영관리의 기본골격을 set-up하는 문제가 우리들에게 더 시급하다. 그래야 질서가 있는 flexibility가 가능하다.

2) 미비된 직무체계에 대한 배려

미국은 직무체계를 지나치게 정교하게 운영하면서 역할 분담이 경직되는 것을 막고, 또 수치에 의한 목표관리의 문제점을 보완하려고 flexibility를 강조하면서 팀제와 BPR에 의한 직무의 통합을 추진하고 있다. 그러나 우리 나라의 여건으로는 미국과 달리 우선 이런 기본적인 골격을 설정하여야 하는 실정이다. 그런데 미국과 같은 직무체계가 잘 발달되어 있지 않은 상태에서는 목표관리와 평가 그리고 BPR의 추진에 있어서 고려해야 할 점이 많이 있다. 우선 선행작업은 직무분석인데 외부노동시장이 발달되어 있지 않은 상황에서는 미국과 같은 식으로는 처리 할 수 없고, activity의 수준에서 처리하시길 권유한다. 직무를 중심으로 기업이 운영될 때에야 인적자원의 관리가 전문성을 확보하게 되며, 임금의 관리도 합리적이게 된다. 현대적인 기업에서 요구되는 multi-skill이란 대략 많아야 3개 정도의 skill을 의미하고 적어도 한 분야에서의 전문성은 심화 되어야한다. 직무를 들여다보아야 우리 기업에서 향후 어떤 skill이 어떻게 개발되어져야 하는지를 계획할 수 있게 된다.(인력확보의 관점에서 CDP가 운용되어야 한다)

3) 기본적인 실무처리

차분한 경영 engineering의 감각과 실천이 필요한 시점이다. 고도성장으로 들떠있다. 기업 내부에서 고비용 저 효율 구조를 개선하려면, 실천을 담보한 말을 하여야 하고(functional corporate culture), 기본적인 경영의 infra(직무체계) 위에서 기본 process(MBO)를 지키면서, 현업 팀장의 입장에서 여러 기법들을 통합하여(통합 모델) 실천적 예시(module)를 제시하여야 한다. Engineering 감각이라 하여 불필요한 수치에만 매달려 있는 것을 의미하는 것을 아니고, 의사결정에 필요한 information을 수집 분석하고 난맥으로 얽혀있는 문제들을 차분하게 풀어 헤쳐 구체적이고 실천적인 방향을 제시해야 한다는 것이다.

4) 협력적 노사관계

근로자 대다수가 일차적으로 이러한 경영혁신에 동의한다 해도, 반드시 노조가 이를 환영하는 것만은 아니고 노조의 조직적인 저항에 직면하면, 인사에 관련된 사항은 취업규칙의 변경을 수반하기 때문에 그 시행자체가 보류 될 수도 있다. 우리가 다루는 이러한 경영혁신 프로그램들의 성격 자체는 협력적인 노사관계의 구축에 도움이 되는 것이지만, 역으로도 협력적인 노사관계를 전제로 하고 있는 것이다. 가능하면, 경영관리 프로그램의 설계와 시행과정에 노조의 대표를 참여시켜 이해와 협조를 구하는 것이 좋고, 아니면, 관리직을 대상으로 먼저 시행하면서 노조를 후에 참여시키는 방법도 있으나, timing을 맞추는 것이 중요하여 분위기와 대세의 흐름을 포착했을 때에 그 시기를 놓치지 말아야한다.

3. Systemic? : K 통합모델의 例示

이러한 제반 요인들을 고려하여 현업의 실무자에게 필요한 통합적인 경영관리

system을 정리하면 다음과 같다. 이 모델을 중심으로 system의 문제를 정돈하자.

【 K 경영관리 통합모델 】

기업문화	목표관리와 Activity Matrix의 활용	지도와 평가	임금의 관리와 인사
slogan과 부문별 mission	업무목표	성과의 결과와 과정의 평가	총액임금에 의한 차등화
인사조직의 운영원리	process의 개선	차기의 planning guide와 인력계획	승진 · 전보 교육훈련 협력적 노사관계
윤리와 행동규범	업무수행의 과정		

1) MBO 실패의 경험 ; 기업문화로 보강

미국이 60년대 이후 목표관리를 추진하는 과정에서 수치결과에 지나치게 집착하여 MBO가 표류하자, 이를 극복하는 방안으로 기업문화측면에서 보강하게 되었다. 기업문화의 행동준칙이 MBO의 성과를 내기 위한 업무수행과정을 guide하고 평가하는 축으로 활용된다. 따라서 목표관리는 결과뿐이 아닌 전사적이고도 과정까지 중시하는 경영관리의 기본 축으로 작용한다. 여기서 기업윤리는 행동의 준칙 중에서지키지 않으면, 해당하는 문책을 받아야하는 imperative 사항이기도 하지만 업무수행과정을 efficient하게 이끄는 guide이기도 하다. K 경영관리 통합모델은 여기서 한 걸음 더 나아가, 기업문화에서 부문별 mission과 조직의 운영원리를 이끌어 내어 목표관리에 적용한다.

2) 직무분석의 한계 ; Activity Analysis

미국의 경영관리 system이 전제로 하고 있는 것은 직무급체계이다. 그러나 우리 나라는 향후 당분간은 외부노동시장의 발달되지 않아, 직무급체계를 운영하기 어렵게 되었다. 그래서 일과 사람 능력의 결합(matching)이 잘 이루어질 수 있으면서도 직무의 성격과 가치 그리고 필요 능력과 자질을 쉽게 파악할 수 있는 Activity Matrix

를 대안으로 제시하였다. 목표관리에서는 담당업무의 난이도 판정의 기준이 되고 업무와 process의 개선 목표에서 地圖의 역할을 할 수 있게 된다.

3) 임금의 차등화 ; 총액 임금에 의한 성과의 반영

문제는 총액임금의 평균과 그 차등화에 있는 것이다. 평균은 남 준 만큼 주고 자사의 영업성과에 따라 가감하는 성과배분의 개념이다. 성과배분은 부문 또는 팀별까지만 차등화 한다. 차등화의 기준은 직무성과, 즉 "일의 가치 x 量"인데 이 기준에 의하여 개별 임금의 차등화를 시현하면 된다. 그 방법은 현재 받는 급여는 그대로 두고 성과를 임금 상승 폭에 적용하는 것이다.(직무성과급은 직무가 바뀌는 것 자체로 임금 band가 달라진다.) 상승 폭을 직능자격제도 또는 연공급 임금체계에서도 시현이 가능하나 높은 차등화를 합리적으로 적용하는 데에는 무리가 따른다.

4) Planning & Evaluation

Evaluation의 의미는 다시 잘하자는 것이다. 무엇을 잘하고 못했는지를 가려, 차기에 반영하는 것이고 이에 따라 임금을 차등화 하는 것도 무게를 실어주자는 의미이다. 그러려면, 평가는 공정하고 공개되어 당사자에게 feed-back 되어져야 한다. 그리고 평가는 경영관리의 필수 사항으로 반드시 합리적으로 되어져야하며, 현업의 상사에게 절대적인 권한과 책임이 부여되어져야 하며, 업무지침(planning guide)과 그 맥을 같이 하여야한다. 그러려면, 평가항목을 지수화하는 것은 어디까지나 참조사항이어야 할뿐이다. Feed-back 되어짐과 동시에 능력향상과 CDP에 적용이 되어 Activity Matrix를 참고하면서 인력의 운용이 진행되어지도록 한다.

5) 경영혁신과의 연계성

이 모델에서는 자세한 예시는 없어도 BPR, TQM, ABC까지 연계되어 추진되어질 수 있다. Activity Matrix를 flow-charting 하면, BPR의 밑그림이 되고 업무혁신을 목표관리의 항목으로 넣고 업무수행과정까지 check하면서 BPR을 추진하도록 설계되어졌다. 그래야 BPR의 성공률이 높아진다. TQM은 그 방법을 목표설정과 추진단계에서 활용할 수 있고, TQM지수를 평가의 항목으로 활용하면서 지속적인 추진이 되도록 모델에 편입시켰다. 또 quality에 대한 중요성도 기업문화의 항목으로 그 중요성을 부각시킬 수 있다. Activity Based Costing은 개별 Activity가 목표관리의 mission에서 for whom을 먼저 정돈하면서 process상에서 product를 통해 고객에 이어지는 맥을 찾도록 운영되어지고 matrix상에서 얼마만한 비용이 투입되는 지를 가늠하여 흔히 말하는 Activity Costing을 계산하는 것보다 실용적인 접근을 하였다.(우리 나라에서 computer program화된 activity costing system은 그 실용성이 의문시된다.) 한 걸음 더 나아가 activity를 중심으로 차분히 업무를 전개할 수 있는 이른바 activity management의 밑그림을 그려 놓았다.

Q & A Q & A Q & A Q & A Q & A Q & A Q & A Q & A

Q : 조동성교수의 14가지 경영기법도 일종의 통합 모델이라고 할 수 있는데, 이것과의 차이점은?

A : 조동성교수님이 제시하신 14가지의 경영혁신 기법은 각각의 경영혁신 기법들이 갖고 있는 속성과 경영혁신 기법들간의 위상을 제시하여 놓은 것입니다. 회사는 기업마다 처한 상황에 따라 이상의 경영혁신 기법들 중에서 몇 가지의 조합(combination)을 선택하기를 권유합니다. 그런데 필자의 통합모델은 이상의 기법들을 모두 체계적으로 엮어 놓고 있지는 않습니다. 필자의 의도는 "목표관리" 라는 것이 경영의 기본적인 프로세스이기 때문에 일차적으로 평가와 이를 반영하는 임금 그리고 기업문화를 유기적으로 연결 시켰습니다. 그리고 ABC와 TQM 그리고 BPR을 연계할 시사점을 제시하고 있습니다. 그리고 이 책의 후반부에 Activity Matrix를 활용하여 현업의 관리자들이 경영혁신 방법들을 통일적으로 추진할 수 있도록, 일단 그 맥을 제시하고 있을 뿐입니다.

Q : K 통합모델의 예시는 있습니까?

A : 기업문화, 목표관리 제도와 매뉴얼, 성과주의 임금체계 그리고 Activity Matrix의 작성까지는 예시가 있습니다. 기업들이 consulting 의뢰를 할 때 이를 하

나의 package로 처리하면, 시간과 비용이 훨씬 절감이 되고 또 유기적인 연계성도 확보할 수 있습니다. 왜냐하면, 무슨 consulting을 하건 기초적으로 주요인사에 대한 면담과 문헌을 review하고 또 설문조사를 하게 되는데 이를 한꺼번에 하고 그후 필요한 제도를 설계하면 됩니다. 이 때 Package를 활용하면, 주요 변수들을 조정하면 됩니다. 향후 관리회계와 ABC와 TQM 그리고 BPR의 상세 내역까지 통합 모델에서 예시할 계획은 있습니다.

저자 약력

서울대학교 상과대학 상학과
한국 공인회계사
미국 Northwestern 대학 MBA(경영학 석사)
삼성물산, Kleinshcmidt, 마키타 등에서 근무
프랑스 Paris Ⅸ대학 경영학 박사
한국 노동연구원 연구위원
현 동덕여대 경영학과 교수
　　K 경영 연구소 소장

주요 컨설팅

연봉제 및 인사제도 ; 유한 킴벌리, Poscon, 한국 후지쯔
　　　　　　　　　　　 현대해상, 한국중공업, LG 엔지니어링
기업문화 : 신동아 그룹, 한일그룹, 대우전자
목표관리 : 대우전자, 한국 후지쯔
노사관계 ; 현대 3사(중공업, 자동차, 정공)

논문 및 저서

기업문화와 성과급(한국노동연구원)
신경영과 현장노사(한국노동연구원)
19세기 협동사상의 현대적 조명(신협연구소)
비정규 노동(한국노동연구원)
직무급과 직능자격제도(인사조직학회)
경쟁력과 임금체계의 국제비교(한국노동연구원)
인사 · 조직 패러다임 변화의 핵심(한국노동연구원)
K 연봉제와 목표관리 평가시스템
K 이익사회는 아름답다
K 평가와 계획

....

K 이론

초판발행 / 1998년 7월 6일
2쇄 발행 / 2001년 2월 6일
지은이 / 김성환
펴낸이 / 신영철

펴낸곳 / 한국능률협회
주소 / 서울 마포구 도화동 544 고려빌딩
전화 / (02)719-1424
팩스 / (02)715-7807
등록 / 1978년 5월 15일 (제13-19호)

값 / 18,000원
ISBN 89-7277-153-8